システムズ
アプローチ入門

人間関係を扱うアプローチの
コミュニケーションの読み解き方

中野真也・吉川 悟
Shinya Nakano & Satoru Yoshikawa

ナカニシヤ出版

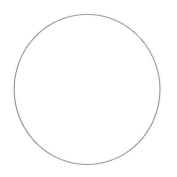

はじめに

　まず，システムズアプローチは，これまでの心理療法の諸理論とは異なり，日常的な人間関係を扱うことができるものだということです。日常的な人間関係を扱うことが前提となる方法は，ごく僅かしかなく，応用的に集団療法と称されるような方法であり，療法として特殊な集団を対象とした方法論がほとんどであったと考えられます。その意味では，何気ない人の日常そのものをどのように理解できるのかについて，システムズアプローチは多大な貢献が可能な方法なのだと考えられます。

　加えて，「合目的的」という言葉をご存じでしょうか。ある目的のためにこのように考えれば，その目的のためには利便的である，というような意味になります。臨床で着目されているシステムズアプローチという方法論は，この「合目的的」という言葉が最もぴったりくるものだと思います。臨床的な支援が必要とされている場面に対して，一定の〈ものの見方〉による理解をすることによって，より効果的な変化・変容を引き起こすことができると考えられるからです。

　さて，ここでこれまでの心理療法や対人援助の世界のあり方を整理し，システムズアプローチと対比して考えてみたいと思います。

　精神分析などの「心理過程の諸理論」，人の自己成長を重視した「人間観」，行動から人を理解しようとした「学習理論」，そしてトランスパーソナルなどの流れを汲む方法論など，これまでに心理療法は多彩な発展を遂げてきたといっても過言ではありません。しかし，これらの諸理論であっても，人の存在に

i

対して一定の〈ものの見方〉を前提としているものです。いわば，人の心理についての正しい〈ものの見方〉，心理学的現実構成が前提となっていて，それはそれぞれの立場にとって「理論」として，人についての正しい理解が存在するものだとされてきました。

　しかし，これらの諸理論を理解しようとすればするほど，ある面での人の心理的現実を理解しやすくはなるものの，同時に一定の立場に留まれば，別の心理的現実が見えづらくなってしまいます。人の心理的現実の多様性を包括的に理解できる〈ものの見方〉ではなく，一定の範囲の出来事が見えやすくなる，そういった理論であったと考えられます。そして，こうした諸理論の特性を活用して総合的に人を理解するためにそれらを統合しようとすれば，より複雑な心理的現実を理解するためのメタ理論が必要となってしまいます。いわば，本当の人の心をすべて説明しきれるようなメタ理論が求められることになりますが，現在ではそれほど簡単なものではないと考えられます。

　加えて，これらの心理的現実に対する諸理論を用いた臨床行為には，理論的背景を反映した手続きや知識，そしてそれらを活用するための経験が不可欠であるとされています。初学者にとってこれらの課題は，大きな負担となるものかもしれません。そして，経験という名の個人的エビデンスは，科学的データとしてある程度の想像の域での有効性は示されているものの，初学者が直ちに手に入れられるようなものとはなっていません。

　本書で扱おうとしているシステムズアプローチという方法論は，ある面で人の心理的現実を把握しようとするものですが，むしろ人の存在を「個」として考えるのではなく，「ある状況における個」として位置づけて理解しようとします。個人心理学の世界では，人には特定の特性が内在しているとの前提に立ってきましたが，システムズアプローチでは，おかれている状況ごとに「個」には異なる特性が備わっているかのように見える，と考えます。いわば，人の多様性は，その人に内在するものではなく，おかれている状況ごとに可変的で多様性のあるものであるという〈ものの見方〉に準じています。この「個」に対する理解の仕方が日常的な視点や，他の心理療法の諸理論による〈ものの見方〉とは異なり，より日常的な側面を理解しやすい〈ものの見方〉を提供している根拠となっていると考えられます。

システムズアプローチでは，理論という体系立てたものは存在せず，合目的的な〈ものの見方〉が求められます。最も重要なことは，人と人との「コミュニケーション」と「相互作用」について，これまでの諸理論や日常的な人間観とは異なる〈ものの見方〉が必要となるということです。したがって，本書の中では，この〈ものの見方〉がどのようなものであるかをできるだけ分かりやすくしたいと考えました。そのため，システムズアプローチという〈ものの見方〉を習熟していない初学者を登場させることで，日常的な〈ものの見方〉や心理療法の諸理論による〈ものの見方〉とどのような違いがあるのかを対話をとおしてできるだけ明らかにしたいと考えました。

　そして，臨床的に合目的的な〈ものの見方〉を活用する場合に，どのような活用方法があるのかについて具体的に述べることによって，システムズアプローチの〈ものの見方〉を活用する場面とのつながりを分かりやすくしたいと考えました。

　さて，ここまでの導入のための文章は，これまでの心理療法や個人心理学の前提との違いを簡潔に示してきましたが，以後の本書では，システムズアプローチの〈ものの見方〉をより鮮明にするために，これまでの日常的な〈ものの見方〉や諸理論とはあえて対立的な説明を加えています。しかし，誤解のないように述べておきたいのは，システムズアプローチの〈ものの見方〉を絶対的な真実として強調しているのではなく，あくまでも対比的な視点を持ち込むことによって，合目的的なシステムズアプローチの〈ものの見方〉との差異を理解していただきたいと考えたからに過ぎません。

　できるだけ多くの初学者にとって，システムズアプローチという合目的的方法論が身近になり，これまでにない人間関係に対する理解の指標としてシステムズアプローチが活用できることを期待して，本書に登場する「ハジメさん」の立場から読み進めていただければと思います。

目　　次

はじめに　*i*

Part Ⅰ　"関係"へのアプローチ編

Chapter 1　"関係性"を扱うアプローチ ——————————————— *3*
　⇒ 1-1. はじめに　*3*
　⇒ 1-2. "関係性"を見る・扱うということ　*4*

Chapter 2　"関係"を図示する ——————————————————— *15*
　⇒ 2-1. バランス理論　*15*
　⇒ 2-2. 見る人の基準とコンテクスト　*17*
　⇒ 2-3. 関係の線を，動きのある関わりとしての矢印にする　*20*
　⇒ 2-4. 関係図を描いてみる　*22*
　⇒ 2-5. 関係図を活用する　*25*

Chapter 3　関係を扱うアプローチの実際 ————————————— *35*
　⇒ 3-1. 面接冒頭のやりとりの実際　*35*
　⇒ 3-2. 来談にあたっての関わりとニーズを把握する　*40*
　⇒ 3-3. どんなコンテクストで，どう＋の関係をつくり，やりとり
　　　　 していくかを共有する　*41*

Part Ⅱ　システムズアプローチという
〈ものの見方〉のリクツ編

Chapter 4　相互作用 ———————————————————————— *47*
　⇒ 4-1. 相互作用という考え方　*47*
　⇒ 4-2. コミュニケーションの世界では，それに関わるものすべて

v

目　次

　　　　　　　が相互作用している　*51*

Chapter 5　人とのやりとりをどう捉えるか：語用論からパターンへ
　　　　　　　―――――――――――――――――――――――――*56*
　⇒5-1.　語用論とは？　*56*
　⇒5-2.　やりとりを「相互要求のキャッチボール」として捉える　*57*
　⇒5-3.　コミュニケーションを「要求」と「内容」の二つの側面か
　　　　　ら捉える　*59*
　⇒5-4.　一つひとつのやりとりのつながりを考える　*63*
　⇒5-5.　やりとりのつながり方から関係を捉える：コミュニケーシ
　　　　　ョン・パターンの入り口　*68*

Chapter 6　コミュニケーション・パターン ――――――――――*73*
　⇒6-1.　コミュニケーション・パターンとは？　*73*
　⇒6-2.　二者間におけるやりとりからパターンへ　*74*
　⇒6-3.　パターンの形成からシステムへ　*81*
　⇒6-4.　臨床場面におけるパターン　*86*

Chapter 7　システム ――――――――――――――――――――*92*
　⇒7-1.　システムとは？　*92*
　⇒7-2.　システムは内外の変化へ対応し，まとまりを保とうとす
　　　　　る：ホメオスタシス　*93*
　⇒7-3.　まとまりのあるシステムの特徴　*97*
　⇒7-4.　システムの3側面：機能，構造，発達　*104*

Chapter 8　人の認識をどう捉えるか：枠組みという考え方 ―――*111*
　⇒8-1.　枠組みと枠組みづけ　*111*
　⇒8-2.　コミュニケーションは枠組みの表示を目的とした行為であ
　　　　　り，そこには相手への期待や意図といった枠組みが関わっ
　　　　　ている　*116*

⇒ 8-3. 同じことでも，どう枠組みづけるかによって意味が異なる　*118*

⇒ 8-4. 枠組みづけ方や語り方は，その人のものの見方が反映されている　*121*

⇒ 8-5. 人のこころを「枠組みの集まり」として考えてみる　*127*

Part Ⅲ　臨床実践編

Chapter 9　システムズアプローチにおけるセラピー ──────── *135*

⇒ 9-1. セラピーをシステムとして捉えた場合の流れ　*135*

⇒ 9-2. システムズアプローチにおける治療哲学　*139*

⇒ 9-3. セラピーの場に寄せられているニーズを考慮する　*143*

⇒ 9-4. Th の視点から見たセラピーの流れ　*147*

Chapter 10　ジョイニングと治療システムの形成 ──────── *152*

⇒ 10-1. ジョイニングとは？　*152*

⇒ 10-2. ジョイニングの実際　*154*

⇒ 10-3. システムの変化とジョイニング　*165*

Chapter 11　情報収集 ───────────────────── *168*

⇒ 11-1. 情報収集とは？　*168*

⇒ 11-2. 面接序盤のジョイニング段階における情報収集　*169*

⇒ 11-3. Cl からの訴えを聞く　*173*

⇒ 11-4. 「しばり」をかけつつ，一つずつ具体的に押さえる　*176*

⇒ 11-5. 相互作用・パターンとしての情報収集　*186*

Chapter 12　仮説（アセスメント）の設定 ─────────── *196*

⇒ 12-1. システムズアプローチにおける仮説設定　*196*

⇒ 12-2. 得られたパターンから，何を把握し，仮説（アセスメント）とするか　*197*

⇒ 12-3. 仮説（アセスメント）の設定へ　*203*

目　次

⇒ 12-4. 仮説（アセスメント）からの展開　*207*

Chapter 13　介入の下地づくりと治療的介入 ——————————— *214*
⇒ 13-1. 治療的介入に向けての下地づくり　*214*
⇒ 13-2. 仮説（アセスメント）からの治療戦略　*219*
⇒ 13-3. 下地づくり過程の実際①：パターンの共有と問題の再構成　*223*
⇒ 13-4. 下地づくり過程の実際②：変化にあたっての課題へ対応する　*227*
⇒ 13-5. 治療的介入と面接の結び方　*231*

Chapter 14　継続面接と治療的変化の定着，増幅 ——————————— *238*
⇒ 14-1. 継続面接開始時のジョイニングと仮説検証　*238*
⇒ 14-2. 仮説検証と変化の定着の実際：第二回面接冒頭から　*239*
⇒ 14-3. それで？　この後は？　*245*

Part Ⅳ　各論編

Chapter 15　システムズアプローチの基本的留意点 ——————————— *251*
⇒ 15-1. システムズアプローチの実践における疑問　*251*
⇒ 15-2. 他の対人援助との相関について　*256*
⇒ 15-3. システムズアプローチの治療者としての成長を視野に入れる　*261*

あとがき　*267*
索　引　*271*

コラム 1　人は「ある（存在する）」と思ったものとコミュニケーションする　*55*
コラム 2　「無視する」「黙っている」ことも，非言語的な行動もコミュニケーションである　*63*

viii

コラム3 「私，死にたいんです！」と訴えるクライエントへの対応場面 72
コラム4 学習Ⅱとパターン 80
コラム5 なんでパターンになるの？ 85
コラム6 フィードバック・ループについて 91
コラム7 システムは見る人の頭の中にある 96
コラム8 地図は土地ではない（The map is not the territory） 115
コラム9 仮説設定⇒検証⇒修正のプロセス 151
コラム10 Thのスタイルとさまざまなジョイニングの仕方 166
コラム11 メッセージの拘束性と質問 185
コラム12 治療システムの仮説（アセスメント） 213
コラム13 介入について―Thの一つひとつの言動も介入になる？― 218

本書ではG. Batesonならびに共著者の原著情報を参照の都度章末に記載し，邦訳のタイトルを併記した。また参照した邦訳は下記による。
佐藤良明（訳）（2000）．精神の生態学（改訂第2版）新思索社（Bateson, G.（1972）．
   Steps to an ecology of mind: Collected essays in anthropology, psychiatry,
   evolution, and epistemology. New York: Ballantine Book.）
Bateson以外の文献も参照の都度章末に記載した。

Part I
"関係" へのアプローチ編

　Part I では導入部として，"関係性" を扱うアプローチについて説明していきます。ここでは，Part II で説明する「相互作用」「コミュニケーション・パターン」「枠組み」「システム」といった用語を使わずに，なるべくシンプルに "関係性" の視点を示し，関係性で見ていく世界へ読者のみなさまをお誘いしていく内容になっています。

　なお，本書ではそれぞれのポイントの概要を提示し，具体的な事例という題材をもとに，小吉さんとハジメさんの対話によって説明していく構成になっています。小吉さんはシステムズアプローチを当初から志向し，医療現場やスクールカウンセラーなどの領域で実践を続けている臨床歴 15 年ほどの臨床心理士です。ハジメさんは，大学院を卒業して現場に出て 2 年目の臨床心理士になったばかりの若手で，システムズアプローチや家族療法に関心がある人です。各章のポイントについて，小吉さんが説明し，ハジメさんが質問し，二人がやりとりをしながら，具体的なポイントについて学んでいきます。

Chapter 1 "関係性"を扱うアプローチ

⇨ 1-1. はじめに

　"関係"という言葉は誰もが日常的に耳にすることでしょう。夫婦，家族，友人や，学校，職場などでの人間"関係"は必然であり，それらの関係が良い・悪いなどと話題にされています。多かれ少なかれ"関係"について誰しも考えながら生活しており，"関係性"や"関わり"について扱っているとも言えるかもしれません。

　心理療法の歴史を振り返ると，その創始者とされるフロイト（Freud, S.）の始めた精神分析では，主として患者の精神内界とそこでの葛藤に焦点が当てられており，家族や友人など関わる人のことは切り離され，あくまで患者の精神内界の一部として取り上げられていました。治療は一対一で行われ，家族などは治療を阻害するものとして面接室に入ることが禁じられていました。今ではここまで厳密ではないかもしれませんが，"関係"についてむしろ禁忌として扱われてきた経緯があります。

　1950年代に入って始まった家族療法（Family Therapy）は，そうした状況に一石を投じました。当時理解不能とされていた統合失調症（当時は精神分裂病）の患者の妄想といった症状が，家族との関わりによって生じたという観察が一つの契機でした（Bateson et al., 1956）。またある人は，少年院での心理士の仕事で，その中では非常に優等生の少年が，出所後すぐに再び犯罪をして戻

Chapter 1 "関係性"を扱うアプローチ

って来てしまった経験から，「家族を含めた環境」を考える必要性を感じたそうです。「個＋環境」を一つのセットとし，その中での"関係"や"関わり"を扱うアプローチとして発展してきました。

　人は誰もがさまざまな人やモノ，情報などと関わり合いながら生活しています。そうした関わり合いの中で臨床的な問題も起きるし，「問題」を抱えながらいろいろな人と関わり生活しています。ごく当たり前のことかもしれませんが，これらの"関係"や"関わり"を考えながら，臨床的実践につなげていくこと，そのためのものの見方や方法論が"関係性"を扱うアプローチであり，その一つが本書で取り上げるシステムズアプローチです。

⇨ 1-2. "関係性"を見る・扱うということ

　それでは"関係"や"関わり"を見る・扱うというのはどういうことでしょうか？　具体的な事例をもとに，小吉さんとハジメさんのやりとりを交えながら説明してきましょう。

〈事例〉　Aさん　33歳男性。食品会社勤務。妻と娘（2歳）との3人暮らし
電話予約時のメモ（5月末）：4月に期待されて異動し，営業から企画の仕事になった。GWを過ぎたあたりから眠れなくなり，やる気が出なくなってきた。「自分はおかしいのでは」と思い，インターネットでストレスチェックをしたところ，「うつ病」に該当したため，心療内科へ受診した（6月初め）。

〈初診時の冒頭場面〉
Dr：今日はどんなことでいらっしゃいましたか？
A：はい。4月に異動してから忙しい毎日で，5月頃から眠れなくなってきて，今では仕事に行くのがやっとなんです。これまでならしないようなミスをしたり，言われたことを覚えていられなかったり……。ネットで調べたら，「うつ病」ってなってしまって，何とかしないとマズイと思って来ました。このままだと上司にも同僚にも，妻にも迷惑をかけてしまって，どうしたらいいのかと。

小吉：ハジメさんはこれを見てどう思うかな？　もちろん情報量が少なくて，分からないことは分からない前提で。

ハジメ：眠れないし，頭が回らない，やる気が出ないってのは，「うつ」かなと思います。

小吉：まず，程度は分からないにせよ，「うつ」っていう状態ってことだね。他には？

ハジメ：ええ。だから，どのぐらいの「うつ」なのか，食欲はあるのかとか話を聞けたらと思いました。

小吉：次に「うつ」状態がどのぐらいなのかってことだね。

ハジメ：あとは大変な仕事を頑張っているから，真面目で頑張り屋さんな性格なのかなって。

小吉：Ａさんの「性格」と思われることに着目したんだね。真面目で，頑張り屋さんかなって。

ハジメ：はい。それで，治療のために「うつ」だからお薬を飲んだ方がいいかなと。状態にもよりますが，仕事がストレスになっているようなので，休職した方がいいかもって思いました。

小吉：そうすると，「うつ」だから，治療のためにお薬を飲んで，ストレスを減らして，休んだ方がいいって思ったんだね。

ハジメ：？？？　それって普通の考え方じゃないですか？

小吉：そうだね。多くの人がそんなふうに考えるかもしれないし，これまでの講義でもそのように教えられたかもしれない。でも「関係性」を扱うアプローチでは，ちょっと違った視点から考えるんだ。

ハジメ：どういうことですか？

小吉：じゃあ一つずつ説明するよ。

１）「問題」との“関係”

小吉：はじめに「問題」とＡさんの関係について取り上げてみよう。Ａさんと，問題とされる「うつ」との関係はどのようなものだろう？

ハジメ：「うつ」との関係ですか!?　うーん……。

小吉：じゃあ少し戻ってみよう。受診時のＡさんにとっての「うつ」ってどん

Chapter 1 "関係性"を扱うアプローチ

なものかな？　それに何が関わっているだろう？

ハジメ：えーっと……，心療内科に来て，Dr に「うつ」かどうかを診てもらお
　　うとしているとか。

小吉：もう少し詳しく教えてくれる？

ハジメ：本当に「うつ」なのか Dr に診て欲しいってことじゃないですかね。

小吉：そうすると A さんにとって，「うつ」はまだハッキリしない何かで，そ
　　れを Dr に「うつ」かどうかを診てもらおうとしてるってことかな。

ハジメ：そういうのもあるかなと思いました。

小吉：そういう可能性もあるね。その場合，どんなことが関わっているかな？

ハジメ：それはストレスチェックで「うつ病」に該当したからじゃないです
　　か？

小吉：そうだね。想像でいいんだけど，ストレスチェックでは，どんなことが
　　書いてあったと思う？

ハジメ：たとえば結果で「あなたは『うつ病』の可能性があります。なるべく
　　早く心療内科の病院を受診し，医師に相談して治療を受けましょう」とかじゃ
　　ないですかね？

小吉：そうなると，ストレスチェックで「うつ病の可能性」って言われて，受
　　診を勧められて，それを受けて A さんは受診したってことだね。

ハジメ：はい。他には仕事とかですかね。

小吉：仕事がどんなふうに関係してるかな？

ハジメ：仕事が忙しくて大変って。

小吉：「仕事が大変なこと」と，「うつ」ってどう関係しているかな？

ハジメ：ええっ!?

小吉：仕事が大変だったら，みんな「うつ」になるわけじゃないよね？

ハジメ：あー，そうですね。

小吉：ハジメさんだったら，どんなふうに大変だとストレスかな？

ハジメ：毎日仕事が遅いと体力的にも厳しいですが……。

小吉：遊びみたいに楽しい仕事だったり，ただゆっくりやってるだけなら，そ
　　んなにストレスにならないんじゃないかな？　あるいは大変でもそれほどス
　　トレスにならない場合も。

1-2. "関係性"を見る・扱うということ

ハジメ：時間が長いとか量とかだけじゃないですね。そういえば卒論の時には，大変でしたが，最後はゼミのみんなで協力して，充実感があって睡眠時間が短くてもあまり辛くはなかったです。

小吉：課題や仕事の量もそうだけど，仕事内容や種類とかでも違うよね。関わる対人関係にもよるし。

ハジメ：Ａさんは企画に異動になったってありますね。新たな分野で慣れなかったのでしょうか？

小吉：「慣れる」って一口に言っても，不調が現れるまで1か月強だから，慣れるほどの時間もなかったかもしれない。そもそもムチャブリされたり，これまでのやり方とまったく違っていたら慣れるもなにもないしね。

ハジメ：「仕事がストレス」って言っても，いろんなことが考えられますね。

小吉：こんなふうに，Ａさんと「うつ」との関係，それに「仕事」や「ストレスチェック」などがどんなふうにつながり，関わり合っているかを考えていくんだ。

ハジメ：こういうのが「関係性を考える」っていうことですか？

小吉：違いを分かりやすくするために，ここまでのところをごく簡単に図にしてみよう！

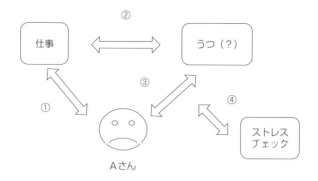

小吉：ざっとハジメさんが挙げてくれた要素を四角で囲って示したものになる。それについての"関係"，より具体的に言うとつながり方・関わり方は矢印で示されたものになる。

7

Chapter 1 "関係性"を扱うアプローチ

ハジメ："関係"は矢印ですか？

小吉：そう理解していいよ。たとえばどんな「仕事」で何をやるかってのは，仕事の内容になる。「うつ（?）」の状態も内容と言える。それらに「どうつながり，関わり合っているか」を関係として示すのが矢印になるんだ。

ハジメ：具体的に言うと，どんなことですか？

小吉：③で言えば，ハジメさんが挙げた例だと，Ａさんは「うつ（?）」に対して，ハッキリさせようと関わっている。それでDrの診察を受けに来た，とか。

ハジメ：そういうのが関係ってことですか。

小吉：そうだね。Ａさんは「うつ（?）」にどう関わっているかだから。他にも，「気にしないようにする」とか「気合で乗り切ろうとする」とかあるかもしれない。そうした関わり方や対応の仕方がここでいう"関係"であり，それを矢印で示しているんだ。

ハジメ：なんで矢印は双方向になっているんですか？

小吉：いいところに気が付いたね！　これには，「うつ」がＡさんにどう関わっているかもあるからだよ。

ハジメ：？？？

小吉：たとえば，「うつ（?）」は，Ａさんが仕事や何かをするのを邪魔するものかもしれないし，やる気を無くさせたり，眠りにくくするとも言えるかもしれない。外在化し擬人化した言い方だけど，後に説明する「相互作用」として考えていくんだ。

ハジメ：他の矢印はどうなりますか？

小吉：じゃあ③も含めて説明するね。

①**Ａさんと「仕事」の関係**　　「仕事」からどんなふうにすることを求められているか。Ａさんがどのように対応しているか。具体的に言うと，Ａさんの「仕事」への向き合い方や取り組み方，結果としての行き詰まり方について。

②**「仕事」と「うつ（?）」の関係**　　「仕事」がどのように「うつ（?）」とされた体調不良に影響しているか。「うつ（?）」的になっていくことで，「仕事」にどのように影響するか。

③**Ａさんと「うつ（?）」の関係**　　「うつ（?）」がＡさんにどのように影響し

ているか。Ａさんが「うつ」にどう向き合い，考え，対応しているか。
④**「ストレスチェック」の関わり**　　Ａさんや「うつ（？）」との関わりのこと。
Ａさんが「自分はおかしい？」と考え，「そうさせる何か」を「調べる」という
対応をするなかで見つけた情報。「うつの可能性があり，受診を勧める」とい
うメッセージにより，何かが「うつ（？）」となって受診を勧めた一つの要因に
なっている。

ハジメ：向き合い方，取り組み方，影響の仕方ですか？

小吉：そういうのをつながり方・関わり方として考えていくんだ。「仕事」や
　　「うつ（？）」がどのようなものかっていう内容も大事かもしれないけど，そ
　　れに（が）「どのようにつながり，関わり合っているか」を考えていく。これ
　　はどんな事例でも共通するポイントだよ。

ハジメ：これまであまり矢印のようなことは考えてきませんでした（苦笑）。

小吉：できれば具体的に動きがイメージできる形で"関係"を捉えていけると
　　いい。ここでは，大雑把にでも「関係は矢印」って覚えておいて。

ハジメ：分かりました。

２）関係者との"関係"

小吉：「問題」との関係ではＡさん個人のことに説明上あえて留めていたけど，
　　これは他のアプローチでも多かれ少なかれ扱っているポイントかもしれない。
　　関係者との"関係"は，一般にイメージしやすいとも言えるけど，家族療法的
　　なポイントになるよ。たとえば，Ａさんと妻との関係はどうだろう？

ハジメ：「妻にも迷惑をかけてしまって……」とＡさんは言ってますが。

小吉：じゃあ「迷惑をかけてしまう」って，たとえばどんなこと？

ハジメ：えーっと，Ａさんが眠れなかったり，体調が悪くて，奥さんに心配を
　　させてしまうってことじゃないですか？

小吉：うん。そうすると，奥さんはどんなふうに心配して，Ａさんに関わって
　　るかな？

ハジメ：「体調大丈夫？」「無理しないで」とかじゃないですか？

小吉：そう言われて，Ａさんはどう返していると思う？

Chapter 1　"関係性"を扱うアプローチ

ハジメ：Ａさんですか？　うーんと……，「大丈夫だよ」とか。それで奥さんも納得して，任せているとか。

小吉：まとめると，奥さんが心配して声かけると，Ａさんは「大丈夫」と返し，奥さんは納得してＡさんに任せるっていう夫婦の関わり方だね。

ハジメ：そういうのをイメージしました。これも"関係"ですね。

小吉：そうだね。今の関わり方だね。仮に奥さんは，Ａさんの考えを理解して合わせてくれる人なら，医者に「休養が必要」と言われ，納得すれば家ではＡさんも休めるかもしれないね。

ハジメ：そうじゃない場合もありますか？　仲が悪い場合とか？

小吉：そうだね。仲が悪かったり考え方が違って，「うつなんて怠けだ！」とか奥さんが怒っていたり，「仕事ばかりで無理するから」と呆れていればもちろん違うよね。

ハジメ：でも「迷惑をかけてしまって」って言ってるじゃないですか。

小吉：Ａさんが言う「迷惑をかけてしまって」は，どんな夫婦の関わり方を言ってるのかって考えていくんだ。たとえばね，お互い理解し合っている"いい関係"だとしても，奥さんはＡさんの体調不良を心配で見てられない。顔を合わせてもどう接したらいいか分からなくて，不安そうにしているとしたら？

ハジメ：Ａさんも奥さんに悪いと思って休めないかもしれないですね。そういうこともあるか。

小吉：それにね，子どももいるよね。2歳の娘。まだ手がかかるし，子育てでも奥さんは大変かも。

ハジメ：あ，娘のこと忘れていました。

小吉：奥さんは娘のことを世話しながらになるよね。娘が「パパ遊んで」とか言って，Ａさんが休んでいるところへ行こうとする。その時に奥さんが娘にどうするかとかもある。

ハジメ：娘のことも考えないとですね。

小吉：「うつ」になって家でゆっくり休養っていうのが，すんなりいく事例なら大丈夫かもしれない。でも，一口に休養っていっても，さまざまな家庭の事情も考慮しないと，落ち着いて休みにくい場合もあるよ。

1-2. "関係性"を見る・扱うということ

ハジメ：職場での対人関係はどうでしょうか？　上司や同僚にも「迷惑をかけてしまって」と言ってますが。

小吉：これも具体的にどんなことかによって違うよね。たとえば上司とAさんの関係で、上司がAさんにどんなことを求めているか。ムチャを強いていたとか、むしろ気遣って負担を減らしていたか、とかね。それにAさんがどう応えようとしているかっていうように関わりを考えていく。ここまでを図にしてみよう。

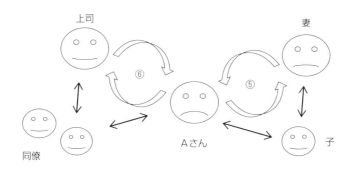

⑤**Aさんと妻との関係**　Aさんが妻に何をどう関わっているか。それに妻がどう応じているか。逆に妻がAさんに何を求めどう関わり、それにAさんがどう応じているか。

⑥**上司とAさんの関係**　上司がAさんに何をどう関わり、それにAさんがどう応じているか。あるいはAさんが上司にどう関わり、それに上司がどう応じているか。

小吉：妻と上司を具体的にピックアップしたよ。具体的な説明は省略したけど、細い矢印もそれぞれ⑤や⑥のように考えることも可能だよ。

ハジメ：ここでも矢印なんですね。

小吉：そういうこと！　関係、関わり方を矢印のようなものと考えるんだ。「迷惑をかけてしまって」といった思いも大事だけど、それが実際にどんなふうに関わっているかを押さえていく。同様に「関係が良い・悪い」や「上下・

Chapter 1 "関係性"を扱うアプローチ

対等な関係」「信頼関係」といった止まった（静的な）特性のようなものにするのではなく，動きや関わりが分かるように。

ハジメ：矢印っていうのは動きのある関わりとしてのものなんですね。

小吉：そう考えてもらえるといいね。

3）セラピストとの"関係"：治療関係について

小吉：最後にセラピスト（以下 Th）との"関係"についてだよ。いわゆる治療関係って言われるもの。ここでは Dr に相談しているけど，カウンセラーなどの援助職に置き換えてもいいし，広く相談場面として考えてみよう。

ハジメ：これも矢印で考えるんですか？

小吉：そうだよ。動きのある関わりとして矢印で考えるんだ。Dr が「今日はどんなことでいらっしゃいましたか？」と尋ね，Ａさんが話しているよね。

ハジメ：経緯を説明して，「どうしたらいいのか」って。

小吉：この「どうしたらいいのか」っていうのも，「迷惑をかけてしまって」と同じように，具体的にどう関わって欲しいってＡさんが考えているかって見ていくんだ。

ハジメ：どういうことですか？

小吉：「うつ」なんだから，お薬と休養っていう一般的な治療を示せばいいってだけじゃない。Ａさんなりに，専門家へ相談に来ている理由があって来院している。ＡさんがDrなり，カウンセラーなりに「何をどう求めて，関わっているか」がある。

ハジメ：たとえば？

小吉：ハジメさんが言っていたように，「うつかどうかを診て欲しい」のかもしれない。あるいは，なるべく仕事を続けながら治療ができないかとか，薬を飲まないで何とかならないかとか。もし休むなら，職場にどう言えばいいのかとか。

ハジメ：「どうしたらいいのか」も，いろんな場合がありますね。

小吉：だから，援助者の側に立てば，Ａさんが「何をどう求めて，関わっているのか」を把握すること。それに援助者がどう応じるか。そうした双方向の関わりによって，ＡさんとThの"関係"が変わってくる。図にしてみよう。

1-2. "関係性"を見る・扱うということ

Aさん　　　　　　Th

⑦ ThとAさんの関係　　Aさんは何をどう求め，Thへ関わっているか。それにThがどう応じるか。また，Aさんの訴えや関わりに対して，Thが何をどう治療・援助として提示し，Aさんがどう応じているか。

ハジメ：ここまでと同様に動きのある関わりを矢印で示すことは分かったつもりですが，具体的にはどのようになるのでしょうか？
小吉：3つ例を示してみよう。

Aさんが今の不調を訴えつつ，仕事が続けられるにはどうしたらいいかを求め，
a：Thは「うつ」であり，一時休職しての休養が必要と医学的な対応を指示する。
b：Thは話を聞き受容し，共感を示す。
c：Thはその要望に応じ，どうしたらいいかについてアセスメントし，提案する。

小吉：Aさんからの要望と関わりは共通だったとするね。aでは，Thは医学的な対応を指示する関わりを示す。そうなるとAさんはどうなるかな？
ハジメ：医学的な対応の指示に従うのでは？
小吉：そうだね。シンプルに言えば，従うか従わないかになるね。Thが指示し，Aさん（患者）が従うかどうかっていう治療関係になる。
ハジメ：bは？
小吉：bでは，Aさんの気持ちを受容し，共感を示す対応だね。そうなると，Aさんが話し，Thがその心情を受け止めるっていう治療関係になるね。そうなるとAさんはどうなるかな？

13

Chapter 1 "関係性"を扱うアプローチ

ハジメ：話を聞いて分かってもらったとか。

小吉：そうだね。辛いなどの心情を分かった・分かってもらえたっていう治療関係になるかもしれない。

ハジメ：確かにそうですね。ｃは？

小吉：Ｔｈが要望に応じてアセスメントや提案をしている。Ａさんの要望を中心にした相談をする治療関係とも言える。

ハジメ：要望を中心にした相談の関係ですか!?

小吉：「何をどう求め，それにどう応じるか」という二者関係を見ていくのは関係者との関係と同じ。ただ，Ｔｈ自身もその一人と考え，相手と関わることになる。そのため，それぞれの適否は別として，Ｔｈの関わり方によってＴｈ－Ｃｌの関係の仕方が変わってくるんだ。

ハジメ：関係の仕方が違うと，どうなるんですか？

小吉：冒頭のＡさんの訴えに戻ってみよう。Ａさんの訴えは，その扱われ方や意味が治療関係によって異なってくる。たとえば医学的に適切な対応のため（ａ）と，心情を話し受け止められるため（ｂ）と，何を求めそれに応じてどうするか・できるか（ｃ）というように。

ハジメ：難しいですね。こんなこと考えてカウンセリングしたことないです（苦笑）。

小吉：これは極端な分け方だけど，一口に治療関係と言っても，質が違ってくることになる。関係性を扱うアプローチとしては，Ｃｌの訴えを内容だけでなく，関わりとして自分に向けられている矢印として捉えること，さらにはＴｈ自身も自分の関わりを矢印としてＣｌに向けていると考えつつ行うこと。これも含まれるって考えておいてね。

ハジメ：関係は矢印ですね！

■文　献

Bateson, G., Jackson, D. D., Haley, J., & Weakland, J. H. (1956). Toward a theory of schizophrenia. *Behavioral Science*, *1*(4), 251-264. (「統合失調症の理論家に向けて」)

Chapter 2 "関係"を図示する

前章では,大まかな説明ではあるものの,頭を切り替えるために「関係は矢印」のようなものとしました。ここでは,事例の全体を図示することによって,視覚的に"関係性"を理解し扱うことを取り上げます。

⇨ 2-1. バランス理論

関係を図示するためのステップとして,ハイダー(Heider, F.)によるバランス理論(1944)を紹介します。社会心理学の領域で提唱されたものですが,ホフマン(Hoffman, L.)による『家族療法の基礎理論』(1981/邦訳,2006)でも一部取り上げられており,簡便でありながら関係者間の関係を図示するのに活用できます。

その基本は三者関係です。二者間の関係を,何かしらの基準から「良し悪し」で捉え,+か−で示します。三者であればA−B,A−C,B−Cと三つ

①安定状態　②安定状態　③不安定状態

Chapter 2 "関係"を図示する

の関係の線が示されますが，この三本の線の＋と－を掛け合わせ，その結果（積）が＋であれば安定状態，－であれば不安定状態とします。

　父母と子の三人家族で考えてみましょう。①は三者がすべて良好な関係で，安定している。②は，父は母と子ともに関係が良好でなく，母子の関係は良好である安定状態。たとえば，父が家庭内別居している場合や，勉強については父がうるさく，母と子はそうした父のことはよく思っていない場合です。③は，父母それぞれが子どもとは良好な関係ですが，父と母の関係は良好でない不安定状態。たとえば，両親が不仲で，子はそれぞれと仲が良く，間に挟まれて葛藤している，といった具合です。必ずしも不安定状態が悪いといったことではなく，変化に向けての移行状態になることもあります。

　これを関係者間の関係を図示して整理していくのに用います。基本は安定状態にあるとします。**安定状態ならば「三者関係の＋と－の掛け合わせが＋になる」**というルールを利用し，すべての三者関係が＋になるように，関係の線に＋－を入れていきます。たとえば，②の図で，父の友人で関係が良好であるDさんがいたとします。Dさんを入れると，父とDの関係は＋となります。そうすると，Dと母の関係はどうなるでしょうか？　父と母が－，父とDが＋，掛け合わせると＋になる。つまり，

　　　式：（－：父と母）×（＋：父とD）×（「？」：母とD）＝（＋：安定状態）

となり，「？」は－となります。同様に，子とDの線も，父と子が－，父とDが＋なので，－となります。父の友人は，父と仲良くない母と子からすると，仲の良くない人の味方になる，といった感じです。さらにEさんを加えても，誰かとの関係が＋か－かが分かれば（たとえば母と＋），Dさんと同様に＋か

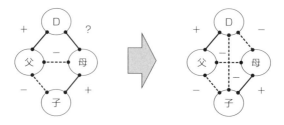

16

－かを考えていくことができます（母とEは＋，父と－であれば，Eと父は－
に）。そのため，別名「敵の敵は味方」理論とも呼ばれています。

小吉：関係者間の関係をバランス理論を用いて，＋と－というシンプルな形で
　図示したものだよ。ここまでは分かるかな？
ハジメ：バランス理論自体は分かりました。でも「関係は矢印」だったのに，
　＋と－の線ですか？
小吉：「関係は矢印」の一歩手前ってところかな。どんな事例でも，いろんな
　人が関わり合っている。それを手始めに，＋や－だけでもいいから，頭の中
　で図として整理できるようにって意味だよ。
ハジメ：こういう図をいつも頭の中で考えながらやっているのですか？
小吉：この図そのものではないけど，関係はいつも意識しているし，いざとな
　れば図に描けるぐらい整理しておくんだ。問題の内容だけでなくてね。
ハジメ：これは関係者だけに言えるものですか？
小吉：応用としては，前章の「うつ」のように，擬人化して一つの要素として
　もOKだよ。それらを含めて，"関係"を意識しておくんだ。後に説明する
　「システム」への一歩としてね。「さまざまな要素が相互作用する（関わり合
　う）全体」がシステムだから。
ハジメ：つながっていくんですね。
小吉："関係"をまずは線で，次に矢印で，そして具体的な動きとしての相互
　作用へとつなげていく。専門用語は後に説明するとして，関係を図示するこ
　とから始めてみよう。これからポイントを示すね。

⇨ 2-2．見る人の基準とコンテクスト

　巷では「親子関係が問題だ」とか「夫婦関係が悪い」などと言われることが
多いですが，それで納得したかのように思えても，セラピーや援助では役立た
ないことがほとんどです。このような関係図においても，関係が良い悪いとだ
け言っても有用ではありません。
　人が「良い悪い」という場合には，必ずそれを言う・見る人の何かしらの

Chapter 2 "関係"を図示する

「良し悪しの基準」が関与しています。国語のテストが 70 点だったとして，それが「良い点数」か「悪い点数」かは，いつも高得点かどうかや，クラスの平均点，期待された結果かなど，何かしらの基準から見ての「良い悪い」を表現しています。人間関係においても，「仲が良い」というのは，話題や趣味が合う，困った時に助け合う，いつも一緒にいるなど，それを見る人が何かしらの視点から述べています。

　バランス理論に限らず，関係を図示した場合は，必ず「図で示した人が，何かしらの視点から，ある場面や状況における関係者間の関係を示したもの」になっています。人間関係は一言で「良い悪い」と言えるものではないのです。喧嘩ばかりしている夫婦も，生活を共にするうえで協力している部分はあり，趣味など共通の話題では仲良しなんてこともしばしばです。場面や状況が違えば，関係の良し悪しも違うことにもなりうる。**図示することは，ある場面や状況においての関係を示し，それはその人たちの関係の一断面となる**。この場面や状況を本書では「コンテクスト」と呼ぶことにします。**関係を考えていくうえで，そこに関わるコンテクストはセット**です。そのため，明示するかは別にしても，図を描くにあたって，「どんな場面や状況において，どの視点から良し悪しを考えての図なのか」を意識しておくことが重要となります。

　例を挙げてみましょう。前節で示した①と②の図を用いてみます。

①の例：「普段の生活の家族関係」　②の例：「子の不登校についての意向」

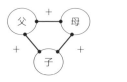 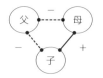

　この例では，「普段の生活の家族関係」では父と母と子それぞれの関係が＋です。外食をしたり，一緒に休日を過ごしたりと，日常生活を過ごすうえでは関係は良好としています。しかし同じ家族でも，「子の不登校についての意向」は，母と子の意見は一致していて＋だけれど，父は違う考えをもっていて，母と子の考えと合わないという点から－としている。上記で示した二つの「　」

18

で示したコンテクストは，それぞれの家族や事例で異なるでしょう。またコンテクストが逆で，「子の問題についての意向」では家族の考えが一致している（①）が，「休日の過ごし方」では母子では一致しているが父は違う（②），といった場合もあると思われます。このように，**どんな場面で何をもって良し悪しとするのか，そのなかで誰と誰のどの関係（線，矢印）を扱うのか**を押さえることで，その活用につなげていきます。

小吉：次のステップは「どんなコンテクスト（場面・状況）で，何についての関係なのか」を押さえることだよ。

ハジメ：理解できるのですが，これはそんなに大事なことなんですか？

小吉：あるコンテクストにおいて考えが合わないことで「関係が悪い」とするよね。それなのにコンテクストがどこかへ行ってしまい，本気で「あの両親は仲が悪い」とThが考えてしまうなんてこともよくある。そうすると悪い部分ばかり注目して「家族関係が問題」っていう話になって，問題や関係が悪化してしまうこともしばしば。他のコンテクストでの関わりも見えにくくなってしまうこともあるよ。

ハジメ：そんなことがあった覚えがあります（苦笑）。

小吉：「家族関係が問題」なんて大きく考えてしまうと，Thとして相手を問題視して関わることになってしまうよね。治療関係も築きにくいし，やりにくいよ。「○○のコンテクストでClや家族が困ってる・行き詰っている」って考えて，それを協力して取り扱っていけるように。

ハジメ：Thの関わり方にもつながっていくんですね。

小吉：だから「どんなことについての関わりなのか」を意識することはとても大事なんだ。そのうえで，どの線や矢印を扱おうとするのか，変化させようとするのかを考えていく。「何についての良し悪しなのか」も見る人によるし，セットにしてね。

ハジメ：分かりました。

Chapter 2 "関係"を図示する

⇨ 2-3. 関係の線を，動きのある関わりとしての矢印にする

　一つずつステップを踏むために，問題の内容だけでなく，それに関わる人たちの関係を線にすること，次にその関係図のコンテクストを意識することを説明してきました。そして次は，**関係の線を動きのある関わりとして矢印にする**ことです。前節で述べたように，臨床実践につなげるには，動きのある関わりとして，関係を矢印にしていくことが望まれます。人が他者へ関わる際には，「相手に何かを求めて関わっている」と考えることが基本です（Chapter 5「人のやりとりをどう捉えるか」を参照）。こうした関わりのポイントを矢印にし，双方向の矢印で示す。バランス理論の図の＋や－を，それぞれが何を求めて関わっているかを入れた矢印にしていく作業です。

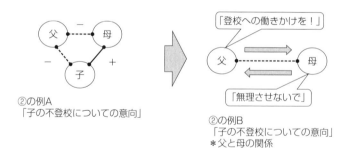

②の例A
「子の不登校についての意向」

②の例B
「子の不登校についての意向」
＊父と母の関係

　ここでは，②の例で父と母の関係を取り出してみました。「子の不登校についての意向」というコンテクストで，それぞれの意向が異なるため関係は－とします。ただし，「それぞれがどんな考えで，どう違うのか」や「父（母）は母（父）に何を求めて関わっているか」は示されていません。これを双方向の矢印として，父の母への関わり方，母の父への関わり方のポイントとして図に入れていきます。例Bでは，父が母へ「登校への働きかけを」求めて関わり，母は父へ「（子に）無理させないで」と関わっている。それぞれの不登校についての意向が異なるという点で－とする，ということになります。これを三者関係にすると，父は母や子に「登校への働きかけ」を求め，子は「学校に行きたく

ない」とし，母は「無理させたくない」と子に応じている，といった場合もあるかもしれません。そうなると「子の不登校についての意向」といったコンテクストは，父対母子の「登校への動きをするかしないか」と言い換えることもできるかもしれません。

　関係者が何をどう求め関わっているかを図にし，全体の動きを捉えていくことで，事例における「問題との関係」や「関係者間の関係」を見ていくことになります。

ハジメ：＋－だけでなく，「それぞれが何を求めての関わりなのか」って考えていくんですね。

小吉：「父と母は関係が－」ってだけじゃなくて，「子の不登校についての意向」で，「父は母に『登校への働きかけ』を求め，母は父に『無理させたくないで』と求めていて，考えが一致してない」っていうのは大分違うよね。

ハジメ：聞いていると違うのは分かるのですが，どう変わってきますか？

小吉：動きがイメージしやすくなるんじゃないかな？　父は母（や子）に「登校して欲しい」と思って関わっている。登校に関わるコンテクストであれば，出勤前でも帰宅後でも，母や子にそういう関わり方をしているかもしれない。

ハジメ：動きをイメージするってことですね。

小吉：それに加えて「何を求めているか」っていう要望をセラピーに活かしていくんだ。

ハジメ：要望を活かすですか？

小吉：Thとして自分が関わっていくなら，Clや家族が何を求めて関わっているかを理解して，Thが関わった方が治療関係ができやすい。それだけでなく，「何を求めての関わりか」を押さえた方が，治療目標を設定したり，どこからどう問題を扱うかをやりとりしやすいって考えているんだ。

ハジメ：ずいぶん違ってきそうですね。

小吉：じゃあ事例を用いて関係図の活用のワークをしてみよう！

Chapter 2 "関係"を図示する

⇨ 2-4. 関係図を描いてみる

〈事例〉
Thは小学校配置のスクールカウンセラー（以下SC）
ClはB子（小4女子）の母。家族は父，母，B子，弟（1歳）の4人。
経過：大人しく，運動が苦手なB子は9月の運動会の練習を嫌がるようになり，運動会を機に学校を休むようになった。担任と教頭が母と面談し，遅れてでも母が子と一緒に登校すること，欠席時も連絡することを依頼した。しかし，数日は遅刻して母と登校したものの，その後欠席が続き，連絡も来なくなった。担任が電話をしても出ないことが多くなってきている。なお，遅刻して登校した際に対応した養護教諭によると，母は体調が悪く「自律神経失調症」で通院しており，B子が学校を休んでいることは父には話していないとのことだった。欠席が続いたため11月になって教頭からSCへ相談があり，母へのカウンセリングを依頼された。

小吉：この事例を用いて関係者間の図を描いてみよう。多くの関係者と関わりが出てきて，うまくつながっていない事例だよ。こうした場合には特に活用のしがいがある。すべての登場人物を入れなくてもいいし，結局役立たないと意味ないから，ハジメさんがやりやすいように試しに描いてくれるかな。
ハジメ：分かりました。うーん，どこから手をつければいいのか……。
小吉：学校と家族それぞれ分けてやってみる？
ハジメ：じゃあ学校から。

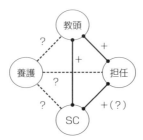

ハジメさんの描く学校関係者の図

2-4. 関係図を描いてみる

ハジメ：とりあえずやってみたんですが……。

小吉：この図を説明してくれるかな？

ハジメ：教頭と担任は一緒に面談しているので＋にしました。教頭はSCに母へのカウンセリングを依頼しているので，これも悪くないかと思って＋に。そうするとバランス理論で言えば，二つの線が＋なので，残った担任とSCは＋かなと。

小吉：うんうん。それで情報からは明確でないけど＋にしたから「＋（？）」なんだね。

ハジメ：あと養護教諭をどうしたらいいかと思って。

小吉：どう迷ったの？

ハジメ：養護教諭はB子や母へ対応してるっていう意味では，担任や教頭と同じで＋かなと。でも，面談で話していない母の病気や父に内緒にしてるっていうことを母と話しているから，母にとっては担任や教頭とは違う人になってるのかなと思いまして。

小吉：いい着目点だね！　どの人の目線で，何のために，どのコンテクストにおける関係の図なのかで変わってくるっていうのが，そういうことなんだ。

ハジメ：そういうふうに迷っていてもいいんですか？

小吉：ここで言えば，ハジメさんやThであるSCのための図だから。一つだけの正解があるってわけではないよ。事実と異なるのはバツだけど。

ハジメ：じゃあどうしたらいいですか？

小吉：関係図は一枚にまとめなくちゃいけないわけじゃないから，二枚描いてもいい。でも，今ある情報では分からないなら，自分がThなら話を聞いて押さえようっていうポイントにして，このまま「？」にしておいてもいいね。

ハジメ：話を聞くポイントにする？　そういうのアリなんですか？

小吉：関係図の作成法の一つとしてバランス理論を紹介したんだ。シンプルで関係者間の整理に役立つけど，それだけじゃ収まりにくい部分も当然あるし，こだわりすぎないでいいよ。大事なのはセラピーのための地図を作ってThがやりやすくなることだからね。未完成の地図にしておいて，分かったところから少しずつ書き込んで，全体像が分かって進みやすくなる感じで。

ハジメ：そんなにこだわらないでいいんですね。

Chapter 2 "関係"を図示する

小吉：とりあえずこのままで，コンテクストも決めにくいだろうし，家族の方を描いてみようか。

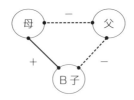

ハジメさんの描く家族関係の図
B子の不登校について

ハジメ：家族の方も迷ったんですが，母が「父に内緒にしている」っていうことを重視して，「B子の不登校について（知っているか知らないか）」というコンテクストでの図にしてみました。母とB子は知っていて父へ内緒にしているから＋，父は母とB子から知らされていないからーに。

小吉：そうそう。どこの視点からの関係図なのかを意識して描くことが大事だよ。ハジメさんの図はその視点から見ればそうなるね。迷ったってのは？

ハジメ：教えてもらったように，父に内緒にしているからといって，母と父が仲が悪いかは分からないですし。あと，B子が学校を休んでいて，それを母がどう思っているのかも分からないなと。

小吉：いい着目点だね。そういう意味では？がいっぱいになるかもだけど，異なるコンテクストで他の図を描いてもいい。さて，学校と家族を組み合わせて描いてみようか？　コンテクストも意識して。

ハジメ：どうやってまとめたらいいでしょうか？

小吉：人が多くて複雑だから，担任と教頭は「学校」という大きな括りでまとめちゃおうか？　養護は別にして，線も書かないでもOK。

ハジメ：そういうのもアリですか？　コンテクストは「登校について」とかでいいですか？

小吉：いいよ。学校側がSCに求めたのは，登校のための「母とのカウンセリング」だからね。SCもひとまず線を書かないでもいいし。

ハジメ：やってみます。

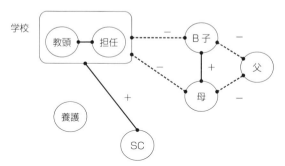

ハジメさんの描く事例の関係者図
B子の不登校について

小吉：大分スッキリしてきたね！
ハジメ：母とB子の線は＋でいいのでしょうか？
小吉：もちろん母もB子が学校に行かないことは困っているかもしれない。でも結果的に「B子の不登校を容認してる」ってすれば，＋でもいいかもね。
ハジメ：はい。でも，あれ？？　SCと母の線をこれで描くとなると，－になってしまいますが……。
小吉：いいところに気付いたね！　それがこの事例のポイントだよ。じゃあ実際に活用するにあたって，どうしたらいいかを考えつつ応用していこう。

⇨ 2-5. 関係図を活用する

1）Thの立ち位置と関わり方

小吉：まず「B子の不登校について」というコンテクストで，ポイントとなる関係を見ていこう。まず学校と母の関係の線が－だけど，これはどうだろう？
ハジメ：学校側（担任と教頭）が母と面談して，遅刻して一緒に登校したり，欠席の連絡をするよう母に依頼したのに，数日はしたものの欠席が続き，連絡も滞るようになった，ってことですよね。

Chapter 2 "関係"を図示する

小吉：そうだね。そうすると，「何を求めて関わっているか」で矢印にすると，どうなるかな？

ハジメ：うーん……。学校はＢ子の不登校改善への協力を求めてるって感じでは？

小吉：OK！ それに対して母は学校へは？

ハジメ：これはなんて言っていいんでしょうか？　養護との話では，「自律神経失調症」で体調が悪いって。

小吉：体調が悪くて，どうなんだろう？　ここも明確でなくて，たとえばでいいよ。

ハジメ：体調が悪くて，できないってところでしょうか。

小吉：可能性あるね。とりあえず（仮）でそうしておこう。学校側はＢ子の不登校改善への協力を母に求めるけど，母は体調が悪くて応じられないっていうそれぞれの矢印で，関係が－に。弟も１歳ってこともあるかも。学校側とＳＣの関係の＋は？

ハジメ：学校側がＳＣに母とのカウンセリングを依頼し，ＳＣは書いてはいませんが，それを受けるっていうことで＋かと。

小吉：そうなってるよね。だから不登校改善のために，学校側とＳＣが協力関係になる。ここまでのやりとりを入れて，修正するね。

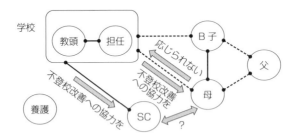

小吉：さて，こうして図にするとどうだろう？

ハジメ：学校側の「不登校改善への協力を」っていう求めにＳＣが応じて母に関わろうとすると，学校と母との関係と同じようになってしまうってことで

すか!?

小吉：そういうことだよ。

ハジメ：先生ではなくて，SC という専門家でも？ 人は違うのに。

小吉：母から見て SC がどう映るかだね。「先生とは違う人」って認識されれば，違うかもしれない。でも，「学校の先生と協力している学校側の立場の人」って思われていると，母からすれば同じように「不登校改善の協力を」と求められるって思われるんじゃないかな。

ハジメ：こういうのが「敵の敵は味方」っていうことですね。

小吉：バランス理論ってこういう場面では特に役立つね。所属する組織での Th の立ち位置や事例において関係者間でどう見られるかを振り返ったりするのにも有用だ。関係者間の関係がどのようになっているか，その中での Th の立ち位置とどう動くかを考えるのに，パッと見て分かりやすい。知らずしらずのうちに巻き込まれてしまっているなんてことも，割とよくあることじゃないかな。

ハジメ：図にするまで気付きませんでした。じゃあ SC はどうしたらいいのでしょうか？

小吉：学校の依頼を受けて，母とカウンセリングするならば，SC と母との関係を＋にしないといけないよね。SC と母で治療関係ができ，B子の不登校にせよ，なんにせよ話し合える関係にすることが最優先。さて，どうやって SC が母に＋になるような関わりをするか？

ハジメ：うーん……。「不登校改善のための協力を」って学校側が言ってるから，バランス理論で言えば，いったん学校を敵にして，母と仲良くなるとか？

小吉：それも一つの方法ではあるね。

ハジメ：ホントですか!? そんなことしたら，SC は学校と敵になっちゃうじゃないですか？

小吉：確かに SC は学校組織の一員だし，学校で先生たちと協力しながらやっていく仕事だから，学校からの要望に応じていく必要はある。でもそれでうまくいかないんだし，そういった場合はいったん置いておいて，コンテクストを使い分けたりする必要があるね。

ハジメ：コンテクストを使い分ける？

Chapter 2 "関係"を図示する

小吉：敵になるかは別としても，少なくとも SC と母の関係を＋にするために
　　　は，母の立場に立っているって思ってもらわないと。そのためにどんなコン
　　　テクストがあるかな？

ハジメ：うーん，たとえば体調のことを心配するとかですか？

小吉：それもアリかもね。「B子のことも大事ですが，お母さんの体調のこと
　　　も心配で，ご負担にならないように，どうやっていけばいいかについてお話
　　　を聞いてご相談できませんか？」ってなれば，母もカウンセリングに「応じ
　　　られない」にはならないかもしれない。

ハジメ：そういうもっていき方もあるんだ。

小吉：そうなると，母とのカウンセリングは「母の事情を聞く」っていうコン
　　　テクストとして母に関わることになる。学校側へも，「不登校改善のために，
　　　『母の事情を聞く』」ってことになれば，－とはならないかもしれない。

ハジメ：そうすると図にすれば，学校，母，SC どれも「不登校改善のために
　　　『母の事情を聞く』」というコンテクストで，＋の関係になる？

小吉：そうなればそれがいいね。でもすべてのコンテクストで＋にしようなん
　　　て思わないでいいし，まずは「CI である母との治療関係をつくる」ってこと
　　　が第一歩だよ。後に説明する「ジョイニング」っていうのも，「セラピーのた
　　　めに治療的に機能するシステムをつくる」ってことで，関係者間の関係の中で，
　　　Th が有効に振る舞えるように関わっていくことだよ。

ハジメ：全体を見たうえで Th がどう関わるかなんですね。

小吉：言葉にすると簡単だけど，自分が実際に Th の立場にいると決して簡単
　　　なことではないよ。ただ「問題」を扱っていくうえで，その内容だけではなく
　　　て，こうしたコンテクストと関係者間の関係の全体を見たうえで関わるって
　　　いうのが関係性へのアプローチとも言えるね。

ハジメ：この後どうするんですか？

小吉：大まかな概略を示してみよう。

2）「問題」について話し合える治療関係をつくる

　とにもかくにも，「問題」について話し合える治療関係をつくることから始
まります。どんなに「こうしたら良くなる」といった効果的な方法があったと

2-5. 関係図を活用する

しても，ThとClや家族が話し合いをできなければ効果は出ません。まずは**「相談の土俵に乗る」**ことができるように**治療関係**をつくることになります。初めからモチベーションが高く，相談する気になっているClや家族であれば，「問題」についてすぐ話し合えるかもしれません。しかし，B子の事例のように関係者間で話し合える関係になっていなければ，これが第一であり，相談できるようになれば半分解決といってもいいかもしれません。

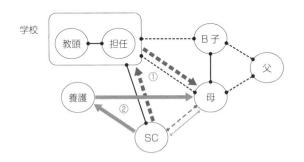

　B子の不登校に働きかけるには，その理由や内容はどんなであれ，誰かがB子と＋の線をつなぎ，働きかけることになります。母とB子の関係，担任や学校関係者とB子の関係などです。今の情報には出てきていませんが，父や養護教諭，あるいはこれ以外の人物も可能性があります。しかし，家に引きこもり誰にも会おうとしなければ，誰かを通じて働きかけるしかないでしょう。

　この事例では，学校側からSCへ「母とのカウンセリング」の依頼がなされています。保護者である母が，少なくともカウンセリングの場に来てくれるよう，＋の線をつなぐ必要があります。しかし，これまでの延長で「不登校改善の働きかけを！」と求めても，母は変わらず「応じられない」となるでしょうし，強引にカウンセリングを設定しても母が警戒していたり，嫌々その場にいるだけで話し合いにならない可能性もあります。

　そのため，誰かから母へ「カウンセリングの場に来る」気持ちになるような＋となる線をつなげることになります。SCが担任や教頭といった学校側と協議し，「不登校改善の働きかけを！」ではなく，母が乗るような線をつなぐよう働きかけるのも一つです（①）。また，母から「病気や父に内緒にしているこ

29

Chapter 2 "関係"を図示する

と」の話を聞いた養護教諭から働きかけてもらうのも一つの方法かもしれません（②）。いずれにせよ，「不登校改善への働きかけ」のコンテクストではなく，母が乗るようなコンテクストで，＋の線をつなげて，SCへのカウンセリングにつなげることから始めることになります。

小吉：「問題」について話し合える関係づくりの説明だよ。関係図を用いて，＋の線をつなぐというところ。

ハジメ：カウンセリングの前のことなんて，これまであまり考えていませんでした。カウンセリングに来ないと，その事例はもうダメかと。

小吉：話し合いになっていない事例は，「相談の土俵に乗る」ことから始めないとね。かなり仕事の幅を広げることが求められるかもしれないけど，そうでないと難しい事例ってしばしばあるよ。

ハジメ：＋につなげるコンテクストってどんなものがありますか？

小吉：前に言ったように，「病気で心配」や「事情を聞きたい」とか。ともかく母の立場に立って，母が来てもいいと思えるようなものになるね。分からなければ，それを探すところから始めることになる。

ハジメ：父へアプローチするのはどうでしょうか？　内緒にしてて，学校からの連絡で知れば，動き出す可能性もあるんじゃないでしょうか？

小吉：もちろんそれも線の一つだね。ただ＋になるかどうか，それを探ってみてもいい。下手をすると，母が内緒にしているのに，「学校側が勝手に動いた」として学校と母との関係がより悪くなってしまうかも。

ハジメ：リスクありますね。SCが直接っていうのはどうですか？

小吉：母からするといきなり知らない人からになるし，SCという立場上の問題もあるかもしれないけど，ダメってわけじゃないよ。

ハジメ：実際にはどうやって働きかけますか？　電話に出てくれないみたいですが。

小吉：電話でも時間帯を工夫したり，留守電に違うコンテクストを示せば応じてくれるかもしれない。家庭訪問でも，手紙でも。とにかく，母に＋となるようなコンテクストでつなげるようにやってみることだね。

30

2-5. 関係図を活用する

3）関係を扱いつつ,「問題」へアプローチする

　「問題」について話し合える治療関係をつくり，そのうえでアプローチしていくことになります。「B子の不登校」を問題とした場合，誰かがB子と＋の線の関係をつくり，働きかけることになる。「B子の不登校」の要因が，運動が苦手なことや，クラスでの人間関係，担任との関係などどんな内容でも，関係をつくり，関わり方を扱っていながら「問題」へアプローチしていくのは同様です。

　関係図に戻ってみましょう。B子に働きかけるためのB子と誰かの関係の線は，整理すれば意外と少ないものです。

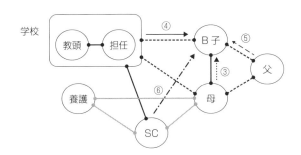

　仮に先ほどの②の，養護教諭を通じてカウンセリングとなり，母と話し合える関係ができたとします。そうなると，以下の関係が例として挙げられます。

③母とB子の関係　「問題」についての母とB子との関わり。母がB子を説得したり，やる気を出させたり，力をつけさせたりする。
④担任など学校とB子との関係　たとえば担任がB子と会って話ができるようにする。そのうえで，学校での配慮も含めて「問題」について相談する。
⑤父とB子との関係　父がB子と「問題」について関わり，相談や働きかけられるようにする。
⑥SCとB子との関係　SCがB子と会って話ができるようにし，そのうえで「問題」について相談できるようにする。

Chapter 2 "関係"を図示する

主な人物だと上記になりますが，他にも養護教諭や出ていない人物との関係の線も引くことは可能です。もちろん，どれか一つの関係だけでなく，たとえば母とB子の関わりを扱いつつ，それに担任が効果的に関われるようサポートしたりもOKです。ただし，どの関係を扱うかはClである母の要望や，SCという立場上学校側の要望に応じつつ対応していくことになります。また，変化しやすい関係から扱っていったり，Thのスタイルによって得意なところからアプローチしていくのもベターです。個人や問題のアセスメントもしつつ，関係も考慮しながらThが関わっていくことになります。

実践においては，こうした関係図をセラピーのための地図として持ちながら，必要に応じて具体的なコンテクストにおける動きのある関わりを取り扱っていきます。たとえば母とB子の関係であれば，「不登校を許容している」という意味では関係は＋かもしれません。しかしB子はたとえば「クラスでの人間関係」を理由に学校に行きたがらないけど，母がそれを何とかして学校に行かせようとするコンテクストになれば，－の関係になるかもしれません。ここで，この母とB子の－の関係を，具体的な関わり方を把握して，＋になるようにカウンセリングで協議するといった流れになります。この部分の詳細は後の章で具体的に説明していきます。家族療法では派手な技法が目立つかもしれませんが，どんな技法を用いるにしても，こうした関係性へのアプローチが基本にあってこそと言えます。

ハジメ：誰と誰がってなると，関係の線ってこれだけなんですね。

小吉：B子の問題となると，「B子と誰か」ってなるから，だいたいこんなもんだよ。

ハジメ：ついつい自分なら直接B子に会わないとってなるんですが。

小吉：もちろんそれも一つだし，それがハジメさんにとってやりやすいなら，それでいいよ。複数面接だったり，関係を扱うのが不慣れなら，無理せずそうした方がいいかも。少しずつ関係図を頭に入れたりしながらやれるといいね。でもそうなると，最低限「B子がSCと会う」っていうコンテクストで，母がB子に＋の関わりをしてもらう必要があるよね。

ハジメ：そうなるか。それを母と話し合うってことですね。

小吉：そういうこと。ちゃんとつながる関係になれるよう，事前に頭に入れて
　　おこう。

ハジメ：母と関係をつくり，どの関係を扱うかを意識しつつ，関わっていくっ
　　てことですね。

小吉：そうだね。でも学校へのコンサルテーションなら，担任や養護教諭が母
　　と関係をつくり，B子への関わりを考えていけるようにしてもいい。そうす
　　るとたとえば担任と母の関係を＋にし，そこから母とB子や担任とB子の関
　　係を扱っていく形になるかも。

ハジメ：そっか。ThがつながっているClから，どの関係の線を引くかになる
　　んですね。ところで父と母やB子との−の関係は，どうしたらいいですか？

小吉：どういうこと？

ハジメ：B子の問題だし，父に内緒にしていないで，父も関わった方がいいん
　　じゃないかと思って。

小吉：それは場合によるんじゃないかな。母とのカウンセリングから始めると
　　なると，母がそれを望むかってのもある。父に内緒にしている理由もね。そ
　　れに母が子どもや家のこと，父は主に仕事っていう役割なら，無理に父に伝
　　えて協力してもらわなくても，母がB子の問題を何とかしていけるなら，父
　　のことは置いておいても構わないかもしれない。もちろん母の状態が芳しく
　　なく，父に関わってもらう必要性があるなら別だよ。

ハジメ：そっか！　−の関係は＋に変えなくちゃって思ってました。

小吉：ほらほら，そんなに大きなことを考えないで。そうなれたらいいのかも
　　しれないけど，すべての関わりが＋になるってことはそうそうないよ。母が
　　B子に関わりやすくなって＋が強くなればってのもあるし，B子が苦手克服
　　したり，人付き合い上手になって力がつくってのでもいいかもだし，担任が
　　母やB子にうまくサポートできるようになるってのでもいいかもしれない。
　　より望ましい方向に行っていればセラピーとして前進だし，すぐに進まなく
　　てもまずは話し合っていける関係のなかで相談できれば，少しずつ進んでい
　　くかもだよ。

ハジメ：ゴールはいろいろなんですね。「登校させないと」って思ってました。

小吉：持ち込まれた問題は「B子の不登校」だから，それが解決できればグッ

Chapter 2 "関係"を図示する

ドだね。でもそこに至る道筋はいろいろあっていいし，事例によってはすぐに登校とはいかないものもあるよ。どこの関係を扱うかも含めて，何を治療目標や中継点にするかによっても違うし，表面的な問題に囚われすぎないでね！

ハジメ：望ましい方向に行けばですね。分かりました。

■ 文 献

Heider, F.（1944）．Social perception and phenomenal causality. *Psychological Review, 51*, 358-374.

Hoffman, L.（1981）．*Foundations of family therapy: A conceptual framework for systems change.* New York: Basic Books.（亀口憲治（訳）（2006）．家族療法の基礎理論—創始者と主要なアプローチ　朝日出版社）

Chapter 3 関係を扱うアプローチの実際

⇨ 3-1. 面接冒頭のやりとりの実際

　ここでは，関係性を扱うアプローチとして，実際のやりとりを示します。面接冒頭の SC と母のやりとりから，関係図の活用を含め実際はどうなるのかの一例から，そのポイントを押さえていきましょう。
　事例は前章で扱った B 子の事例を用います。ただし，SC と母のカウンセリングに至っていることが前提であるため，少し情報を加えます。

〈事例〉
Th は小学校配置の SC
Cl は B 子（小 4 女子）の母。家族は父，母，B 子，弟（1 歳）の 4 人。
経過：大人しく，運動が苦手な B 子は 9 月の運動会の練習を嫌がるようになり，運動会を機に学校を休むようになった。担任と教頭が母と面談し，遅れてでも母子で一緒に登校することと，欠席時も連絡するよう依頼した。しかし，数日は遅刻して母と登校したものの，その後欠席が続き，連絡も来なくなった。担任が電話をしても出ないことが多くなってきている。遅刻して登校した際に対応した養護教諭によると，母は体調が悪く「自律神経失調症」で通院しており，B 子が学校を休んでいることは父には話していないとのことだった。欠席が続くなかで，11 月になって教頭から SC

35

Chapter 3　関係を扱うアプローチの実際

> へ相談があり，母へのカウンセリングを依頼された。
> 追加情報：なお，母への連絡は学校側で話し合いを行い，養護教諭が自ら
> 申し出てすることになった。養護教諭が家庭訪問し，母と話したところ，
> 母は「午後であれば」と話し，翌週に SC とのカウンセリングが設定され
> た。

小吉：それでは，実際のやりとりを見ていこう。関係図のところでは SC の動
　き方も含めてあれこれ話したけど，ここでは養護教諭が母に会って，カウン
　セリングが設定され，SC はカウンセリングから関わる形で。

ハジメ：ここまでの説明は分かったようにも思いますが，実際のところはよく
　分かりません（笑）。そんなに違うものでしょうか？

小吉：それでは違いを分かりやすくするために，問題の「内容」に焦点を当て
　るアプローチの SC の X さんと，「関係」を扱うアプローチの SC の Y さんの，
　二つのやりとりを示すことにするね。はじめは X さんから。

1）問題の「内容」に焦点を当てたアプローチの場合
〈カウンセリング冒頭：X さんの場合〉

X1：初めまして。SC の X と申します。

母1：よろしくお願いします。

X2：早速ですが，今日はどんなことでご相談に来られましたか？

母2：はい，えーっと。うちの子が，小4の娘なんですが，運動会あたりから
　学校を休むようになりまして。それで養護の先生から「相談してみたら」っ
　て言われて。

X3：お子さんが学校を休んでいるんですね。運動会あたりからというのは？

母3：運動がもともと苦手で，体育の授業とか嫌がることはあったんですが，
　運動会の練習で，他の子からちょっとからかわれたようで……。

X4：からかわれた？

母4：はい。学年みんなでやるのがあるみたいなんですけど，うまくできなく
　て，それをクラスの子から言われちゃったみたいなんです。

X5：それで学校を休むようになった？

母5：はじめは練習がある日にぐずって，「お腹が痛い」とか言っていて。運動
　会も行けなくて，最近はずっと休んでいます。

X6：家ではどんな様子ですか？

母6：部屋に籠ったままで，昼ぐらいになると起きてきて，テレビを見たりゲー
　ムをしたりとか……。

X7：そうですか。学校の話はされていますか？

母7：学校の話になると黙ってしまって……。担任の先生からの電話も出よう
　としないんです。

X8：じゃあ担任の先生としばらく会ってないんですか？

母8：運動会の後，先生たちから「遅刻してでも一緒に連れてきてください」
　って言われまして。2，3日は遅れて一緒に行ったので，その時以来です。

X9：遅れて行ったときの様子はいかがでしたか？

母9：先生から「からかわれたりしないよ」って言ってもらったのですが，そ
　れでもクラスの子の目が気になるようで……。先生と一緒に教室に一度入っ
　たのですが，次に行った時は固まってしまって……。

X10：そうなんですね。それでお母さんもご心配されていらっしゃる？

母10：……はい……。

ハジメ：なんだか普通っていうか，優しい SC のように思えますが……？

小吉：もちろん優しい SC かもしれないし，決しておかしいとか悪いってこと
　じゃないよ。ただ関係を扱うアプローチとの対比で，内容に注目しているや
　りとりの例だから。

ハジメ：内容に注目している？

小吉：ハジメさんはやりとりを見てどんな印象かな？

ハジメ：えーっと，どんな相談か聞いて，子どもが不登校だから，どんな様子
　かを丁寧に聞いてるって感じです。

小吉：「子どもの不登校」という問題で，その内容である様子を聞いていくっ
　てのが問題の内容に注目しているっていうこと。

ハジメ：はい。えっ？　それがなにか……？

小吉：関係性を扱うアプローチなら，「問題の内容」も扱うけど，それについ

Chapter 3　関係を扱うアプローチの実際

ての関係を扱っていくんだ。

ハジメ：これまでもそう説明されてきましたが……。

小吉：まずB子の不登校っていう問題だけど，CIはお母さん。お母さんと＋の
　　関係をつくるっていうのは説明したよね。だから，お母さんの要望は何か，
　　誰とどうつながり関わり合っているかを考えていくんだ。

ハジメ：お母さんの応じられない事情を考えていくってあたりですか？

小吉：それも含めて関係を意識しながらやりとりし，お母さんの要望を把握し
　　て，＋の関係をつくっていく。実際のやりとりを比べて見てみよう。

2）"関係"を扱うアプローチの場合
〈カウンセリング冒頭：Yさんの場合〉

Y1：初めまして。SCのYと申します。

母1：よろしくお願いします。

Y2：今日のご相談は養護のC先生からお話しがあったとお聞きしましたが？

母2：はい。わざわざ家庭訪問していただいて，「専門のカウンセラーが来るか
　　ら，相談しませんか」って勧められて。

Y3：C先生から勧められて，どうされましたか？

母3：せっかくそう言っていただいたので，「午後からなら」と。

Y4：「午後からなら」っておっしゃいますと？

母4：あのー，1歳の弟がいるんですが，私の母に預ける都合で。母がうちか
　　ら1時間ぐらいかかるもので。

Y5：1歳のお子さんがいらっしゃるんですね。それじゃあまだ手がかかります
　　よね？

母5：そうなんです。ちょっと落ち着きがなくて，目が離せないもので……。

Y6：それじゃあ大変ですね。

母6：手がかかるのもあるし，それだけじゃなくて，私が朝起きられないんで
　　す。

Y7：お母さんが起きられない？

母7：弟が生まれてから気分の波があって，調子のいい時はいいんですが，す
　　ごく疲れやすかったり，特に朝がダメになってしまって……。C先生にもお

38

話ししたんですが，心療内科に通ってお薬を飲んでいるんですが，「自律神経
失調症」って言われてます。

Y8：それじゃあ病気で大変なうえに，手がかかる弟もいて，Ｂ子も学校行か
なくてってことですか？

母8：ええ。Ｂ子を学校に行かせないととは思うのですが，Ｂ子も行きたがら
ないですし，私の身体がついていかなくて……。学校の先生方には申し訳な
いのですが……。

Y9：お父さんはお母さんやＢ子のことはどうお考えでしょうか？　Ｃ先生か
らＢ子のことをお父さんにお話しされてないとお聞きしたのですが。

母9：はい。主人には言ってないんです。今は大事な仕事を任されたらしく，
特に忙しくて帰りも遅くて。私の病気でただでさえ負担をかけてしまってい
るので，これ以上迷惑かけてもと……。このままではいけないとは思ってる
んですが……。

Y10：それではお母さんのご病気や弟さんのこと，Ｂ子のこと，お父さんに伝
えるかなどいろいろご事情があるなかで，どこからどうしていけばいいかを
考えていくために，お話を聞かせていただいてよろしいでしょうか？

母10：はい。お願いします。

ハジメ：ずいぶん違いますね⁉　ビックリしました。

小吉：Ｂ子のような事例だと，特に違いが出ると思うよ。

ハジメ：どういうことでしょうか？

小吉：「子どもの不登校」という問題について積極的に相談し，何とかしよう
と考えている母，つまり自らの問題として相談しているCIの場合。そうする
と「問題の内容」について相談したいっていう要望・ニーズがCIにあるから，
「問題の内容」に焦点を当てたやりとりを面接序盤でしても，ニーズをもとに
やりとりできるし，それで関係もつくりやすい。

ハジメ：「子どもの不登校」についての相談ってことで，SCと母と＋の関係が
つくれるってことですか？

小吉：そういうこと！　だけど，相談したいことが違っていたり，誰かに勧め
られて自発的ではない来談だったりする場合には，簡単には＋の関係ができ

Chapter 3　関係を扱うアプローチの実際

にくい。だからこそ，何を問題とし，それをどう扱うかについて，CI とどう
関係をつくるかを考えながらやりとりしていくことが大事になる。

ハジメ：詳しく教えてください。

小吉：じゃあ一つずつ見ていこう！

⇨ 3-2. 来談にあたっての関わりとニーズを把握する

小吉：はじめに，「来談にあたっての関わりとニーズ」を把握することがポイ
　　ントだよ。

ハジメ：来談経緯のようなものでしょうか？

小吉：一般に来談経緯と言われるものに含まれるかもしれないね。でも単なる
　　経緯ではなくて，多くの場合 CI はセラピー・相談の場に至る前に，誰かと困
　　り事について相談していたり，誰かから勧められたりして，その結果として
　　セラピーの場に来ていると考えられる。そうした関わりのなかで，CI や関係
　　者がなにかを求めて相談に来る。そこには問題や関係者との関係の一端も含
　　まれるし，それを押さえることから始めるんだ。

ハジメ：具体的にはどういうことですか？

小吉：B子の事例では，養護の C 先生が SC とのカウンセリングを勧めて，来
　　談しているよね？　そうすると，そこでどんな関わりがされたかってことを
　　押さえる。

ハジメ：C 先生から勧められて，どうしたかってあたりですね（Y2 から Y3）。

小吉：そうだね。この場合は，C 先生が「専門のカウンセラーが来るから，相
　　談してみたら」と勧めて，母が「午後なら」と答え，Y がその事情を聞いてい
　　くやりとりになっている。

ハジメ：これってそんなに大事なものですか？

小吉：これまで担任ら学校の働きかけにはなかなか応じられなかった母が，ど
　　うやって「カウンセリングに来る」っていう動きに至ったかはとても重要だよ。
　　仮に，C 先生から「病気のことに詳しいカウンセラーだから，相談してみた
　　ら」って勧められて，母が「それなら」ってなったとしたらどうかな？

ハジメ：それだと母は「病気の相談」に来るかも。

3-3.　どんなコンテクストで，どう＋の関係をつくり，やりとりしていくかを共有する

小吉：っていうように，何を求めてセラピーの場に来たのかが変わってくる。
　そうすると，母のニーズを押さえたやりとりをした方が，＋の関係をつくり
　やすいよね。

ハジメ：そういうことになるんですね。

小吉：だからこの場合は，「午後からなら」っていう母の事情を聞いていくこ
　とになるんだ（Y4）。積極的ではないかもだけど，来談に至るＣ先生の勧めに
　応じられた母の事情やそれにまつわる関わりを聞いていく。そうすると，弟
　のことや母の病気・体調の話が出てきた（Y4から母8）

ハジメ：ふむふむ。こうした母の事情を理解し共感するって形で，母と＋の関
　係をつくるってことですね。

小吉：母が弟や病気のことをSCに伝え，それらを「分かって欲しい」という
　母のニーズとして理解し，それを押さえた関わりをしていくんだ。

ハジメ：B子の不登校の事情は全然出てこないのですが，それは扱わないんで
　すか？

小吉：内容をまったく扱わないっていうわけではないよ。母とやりとりしなが
　ら，B子の不登校についての話題になれば聞いていき，同じような情報が出
　るかもしれない。でも，それにしたって，実際に働きかけるとしても，図で言
　えばB子への関わりの＋の線をつくらないと，いくら理由が分かっても働き
　かけられないよね。

ハジメ：そういうやりとりになって，どう関係をつくるか，そのうえで内容も
　扱うってことですね。

小吉：来談に至る関わりやニーズを押さえ，それを関係づくりに活かすってこ
　とを押さえておいてね。

⇨３3.　どんなコンテクストで，どう＋の関係をつくり，やりとりしていくかを共有する

小吉：前節の復習にもなるけど，どんなコンテクストでどう＋の関係をつくる
　かというポイントだよ。来談に至る関わりやニーズを活かして，Yは「さま
　ざまな母の事情を考慮したうえで，どこからどうしていくかを話し合う」と

41

Chapter 3　関係を扱うアプローチの実際

いうコンテクストを提示し，母が了承しているね（Y10から母10）。

ハジメ：そうやって終わってますね。それってどういうことになるのでしょうか？

小吉：これまで母は「不登校改善の働きかけを！」と求められ，「応じられない」ってなっていたよね。このコンテクストのままで話を聞くと，母は「いろいろ話を聞かれるけど，応じられないことを求められるのでは」と危惧し，警戒しながらやりとりをすることにもなりかねない。

ハジメ：子どもの話をするにしても，母からすると違うってことになる？

小吉：母が警戒しながら話をしていくことになるのか，「大変な事情をいろいろ分かってもらえる」と思いながら話をするのかは，ずいぶん違うんじゃないかな。

ハジメ：それはずいぶん違いますね。そういうことになるのか……。

小吉：問題やさまざまな話題について，どうやりとりをしていくのかという「セラピー・相談のコンテクスト」によって，取り扱われる話題の意味が異なってくるんだ。だから，ClにとってもThにとっても，やりとりがしやすい関係ができると，そのあとの展開が変わってくるよ。

ハジメ：「共有する」とありますが，これは必ず言葉にするものですか？

小吉：この事例みたいにClが警戒してそうなら，そうじゃないよってハッキリ言葉で示して共有できるといいね。でも必ずじゃないよ。

ハジメ：ところでYはお父さんの話を聞いていますが（Y9），こんなに早く聞いても大丈夫なものなのですか？

小吉：どういうこと？

ハジメ：夫婦仲が悪い話とか，言いにくい話なのかと思っていたのですが。

小吉：事例によってはそういう可能性もあるよね。そういう意味で言えば，母の事情を聞く流れでYが質問をし，母が答えている。弟や病気の話題（内容）も，Yが質問すれば，母は素直に応じて答えるっていう関わりが続いているから，その延長でYがお試しで聞いたら答えたってことじゃないかな。

ハジメ：じゃあ母が言いにくそうにしたら，どうなりますか？

小吉：それなら父の話題は母が言いにくいことだと理解し，保留にして後で聞いてもいいよ。ここでは「母のさまざまな事情を理解しようとする」ってい

3-3. どんなコンテクストで，どう＋の関係をつくり，やりとりしていくかを共有する

う流れだしね。

ハジメ：この流れにすれば，簡単に相手が答えるってわけじゃないんですね。

小吉：それは Th の関わり方にもよるし，事例にもよるよ。もちろんスムーズ
にいく事例ばかりじゃないし，分かりやすい例として挙げたけど，必ずこう
なるって思わないでね。でも，来談に至る関わりやニーズを活かして，関係
をつくる。そして＋の関係になれるようなコンテクストを共有するってポイ
ントは同じだよ。

ハジメ：分かりました。

Part II
システムズアプローチという
〈ものの見方〉のリクツ編

　Part IIでは，システムズアプローチの考え方となる〈ものの見方〉について説明します。家族療法の本では，システム論という考え方から説明を始めますが，ここではコミュニケーションについての考え方から展開していき，「システム」として全体を考えることへつなげ，その基礎となるポイントを一つずつ押さえていきます。

Chapter 4 相互作用

⇨ 4-1. 相互作用という考え方

　本章では，システムズアプローチという〈ものの見方〉の最も基礎的な考え方であり，前提となる**相互作用**（interaction）について述べていきます。

　相互作用とは「二つ**以上**の**存在**がお互いに影響を及ぼし合っていること」と辞書的には定義されます。筆者らのシステムズアプローチの〈ものの見方〉では「**人のコミュニケーションの世界（精神・心理的過程）においては，関わるものすべてが相互作用的につながり，関わっている**」と考えます。

因果論的な考えと相互作用的な考えの違い

　多くの場合，何かしらの出来事が起こると，人は「それは○○だからだ」というように，その出来事が起こる原因やそれに値するようなもの（人の性格とか物事の性質など）に還元して考えます。原因⇒結果という因果論という考え方です。相互作用という考え方では，その出来事が起こるには，関わるさまざまな要素が相互に影響し合っていると考えるので，因果論とは大きく異なります。以下に具体例を挙げて考えていきます。

〈ある男女の待ち合わせの一場面〉
D男：ごめん。電車に乗り遅れちゃってさ。

Chapter 4　相互作用

E子：まったくもう。いつも待たせるんだから！
D男：15分ぐらいで怒るなよ。じゃあ映画館行こう。
E子：えー。時間ギリギリだしヤダ。他のがいい。
D男：いいじゃん。走れば間に合うよ。第一「他の」ってなんだよ？
E子：他のこと。映画はもうイイ。
D男：まったく勝手なんだから……。
E子：それはこっちのセリフよ！

小吉：ここからシステムズアプローチというものの見方の前提となる相互作用
　という考え方の説明だよ。具体例で考えよう。まずハジメさんはこのやりと
　りを見てどう思った？
ハジメ：こんなこと言うと男は勝手だと女性から言われちゃうかもしれません
　が，E子はなんかわがままだなあと。
小吉：どうして？
ハジメ：D男が遅れたのは悪かったけど，映画に決まっていたのに「映画はヤ
　ダ」って言って，他を聞いても「他のこと」としか言わないし。じゃあどうし
　たいの？　って感じだからですかね。
小吉：とするとハジメさんは，二人のやりとりのなかからE子さんの言動を見
　て，予定してた映画をヤダって言ったり，他を聞いても具体的に言わないな
　どの点から，「E子はわがまま」って思ったんだよね？
ハジメ：そう思いました。
小吉：今のハジメさんのように，起こった出来事を「E子のわがまま」と人の
　性格などの原因に還元して考えるのを，「因果論的な考え方」と言うんだ。
ハジメ：でもそれって普通のことじゃないですか？
小吉：「わがまま」とするかどうかはともかく，E子があれこれしたのは「E
　子が○○という性格だから」とか「○○という特徴があるから」とか，その個
　人の属性とでも言えるようなもののためと考えるのは，普通のこと。多くの
　人がそのような考え方をしていると思うよ。そうした考え方を因果論とか還
　元論って言うんだ。

4-1. 相互作用という考え方

ハジメ：因果論は普通の考え方？

小吉：個人の性格とか特徴などの原因が何かを考えていくのは普通の考え方。「E子はわがまま」とすると、「わがまま」だから、わがままな行動を他の場面でもするって考えていく。

ハジメ：デートの時とかわがままなことをしそう。僕だったら付き合いたくないなあとか、勝手ですけど（笑）。

小吉：そうそう。そんなふうにその人の行動とかを「その人の性格のせい」とか考えていく。心理テストなんかもいろんな反応を数値化したりして、その人をいくつかの項目から性格づけていったりする。これも基本的には因果論・還元論的な考え方の一つ。これはこれで科学の発展に役立ってきたし、重要な思考法の一つ。

ハジメ：じゃあ相互作用ってのは何なんですか？

小吉：相互作用は「関わるさまざまな要素がお互いに影響し合っている」という考え方。だから、たとえばE子が予定していた映画を「ヤダ」って言ったのは、E子の「わがままな性格」ではなく、E子が「ヤダ」って言うことに関わるさまざまな要素が関係し、影響していると考えていくんだ。E子の事情や考え、D男の行動とか。ハジメさん、ちょっと考えてみて。もしE子が予定していた映画をヤダって言ったのはD男の行動が影響しているとしたら？

ハジメ：むむむ。うーんと……、D男が遅刻してきたから怒って言ったとかですか？

小吉：そうそう。そんな感じ。しかもE子は「いつも待たせる」って言ってるよね？

ハジメ：あっ!!　そうですね。たかだか15分って言っても、それが毎回毎回のことだと、さすがにE子も怒るかもしれない。

小吉：そうだよね。E子が怒ったことには、D男が毎回遅刻してきたことや、もしかしたらE子が「D男が真剣に受け止めて、遅刻するのを直して欲しい」という考えがあって、これらの要素が影響しているかもしれない。

ハジメ：そう考えると、E子がわがままじゃないような気がしてきました（苦笑）。E子の立場に立って考えてみると、D男が勝手だからって感じもしますし。

Chapter 4　相互作用

小吉：どういうこと？

ハジメ：D男は遅刻したのに，E子が怒ってもちゃんと謝っていないし。だからD男が勝手だなって。

小吉：それだとE子が怒ったことにD男の言動をつなげて考えたのはOKだけど，E子が怒った理由をD男の性格に還元して考えてるよね？　それも因果論。

ハジメ：つなげて考えるのはOK？　D男の性格にしたのは因果論？

小吉：何らかの出来事の原因を「○○のせい」とするのは因果論的な考え方。「E子のわがままはD男が勝手だから」というのは，「D男が勝手だから」と原因を他に移し替えただけで，「○○のせい」としているのは一緒。個人だけじゃなくて，「喧嘩になるのは二人の性格のせい」としても，「あの家族は常識がない」にしても，「不況なのは今の政治が原因」にしても，原因⇒結果と考えているから因果論。

ハジメ：何かのせいにするのは因果論。

小吉：そう。E子が怒ったのは，D男が遅刻したり，E子に事情があったことが影響している・つながっていると考えるのが相互作用的な考え方。

ハジメ：「どうつながり・関わっているか」が相互作用ってことですか？

小吉：そういうこと。「どうつながり，関わっているか」を考えていくのは，誰かや何かのせいにするためじゃない。それを考えていくのは，治療や援助につなげるためだから。たとえば二人の言い合いが「どうつながり，関わっているか」を捉えて，二人がうまくやっていけるようになるためにつながり方を変えるって考えていく。一つの解釈として，二人のやりとりを第三者の視点で相互作用的に言い換えてみると次のようになる。

　D男が謝って言い訳すると，E子が不満を言って，D男がたしなめて映画に行く提案をすると，E子が反発して提案を拒否し，D男が提案の拒否に不満ながらも理由を聞くと，E子が理由は言わず提案の拒否の形で不満を言って，お互いに「勝手」と言い合いになる。

小吉：あえてまとめるなら，たとえば「待ち合わせという約束を破った」とい

うことについてＥ子は不満で，Ｄ男は「気にすることじゃない」って思って
いて，言い合いになっている場面とも言えるかもしれない。

ハジメ：言われるとそんな気も。一つひとつのやりとりがつながってるってこ
とですか？

小吉：一つひとつのやりとりもつながってる。お互いに影響し合っている。こ
ういうのが相互作用っていう考え方なんだ。

⇨ 4-2. コミュニケーションの世界では，それに関わるものすべてが相互作用している

「**人のコミュニケーションの世界（精神・心理的過程）においては，関わる
ものすべてが相互作用的につながり，影響し合っている**」

　一般的には，「○○のせい」と同様に，「あの人は○○という性格だ」とか
「あれは○○という性質だ」というような，因果論的にその人や物に特性が内
在していて，それが物事や出来事の結果になっていると言われます。しかし，
システムというものの見方から相互作用的に考えると，一見するとそれが真実
と思われるようなことであっても，人のコミュニケーションの世界（精神・心
理的過程）では，相互作用していると考えていきます。

〈例①〉　大間のマグロのお寿司でも，三ツ星レストランの料理でも，「美
味しい」とは限らない
　最高級とされる大間産のマグロを使ったお寿司や三ツ星レストランの料
理は，一般的にはそれ自体が「とても美味しいもの」と言われています。
しかし，どんなに「美味しい」とされるものであっても，必ずしも美味し
いと感じられるとは限りません。喉がカラカラだと，寿司も喉を通らない
でしょう。目一杯の満腹ならば，何を食べても美味しいとは感じません。
こってりしたものばかり食べた後だと，100円のアイスの方が美味しいか
もしれません。美味しいと感じるのは，その料理の特性だけで決まるので
はなく，食べる人の体調やその前に食べたものなどと関係している，お互
いに影響し合っていると言えます。

51

Chapter 4　相互作用

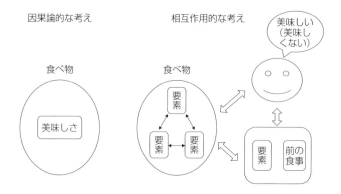

小吉：まず一見当たり前の，真実のようなことでも相互作用であるという例。これを図にしてみたよ。

ハジメ：言われればそうかもしれないですが……。でもこれって「コミュニケーション」なんですか？

小吉：大事なポイントだね。当たり前のように使われる言い回しだけど，システムというものの見方では，人の認識など心理的過程に関わる情報のプロセスをコミュニケーションとして考えている。D男とE子のやりとりから「わがまま」と思ったように，「美味しい」と感じるには，「料理を見る」⇒「手に取る」⇒「口に入れて味わう」といった一連のプロセスを経て「美味しい」と認識している。だからこれもコミュニケーション。

ハジメ：そうすると，大間の寿司や三ツ星レストランの料理それ自体に「美味しさ」があるのではなく，さまざまなこととの相互作用のなかで食べる人が「美味しい」と思うってことですか？

小吉：そうそう。食べ物自体に「美味しさ」という特性があるのではなく，体調などの要素も関わっているなかで，人が食べるプロセスのなかで「美味しい」と認識しているということ。つまり，一見当たり前のようでも，実はその人の基準から「〇〇」とされているということ。ちなみに近代科学の影響で，基本的にほぼみんなこのような考え方をするとも言われているんだ。

ハジメ：へえー。なんか頭の体操しているみたいです。

小吉：そうだね。「相互作用」っていう頭の使い方の説明と練習と考えていいよ。

4-2.　コミュニケーションの世界では，それに関わるものすべてが相互作用している

じゃあ次の例。

〈例②〉　時計（モノ・時間）との相互作用例

　　出勤前にFさんが時計を見て慌てる一場面
　　F：朝起きて時計を見る⇒時計が7時半を示している⇒F：「8時までに家をでないと遅刻する」と驚く⇒F：目を見開き，布団から飛び出る⇒F：慌てて準備を始める……。

〈例③〉　ニュース（情報）との相互作用例

　　あるニュースを見た時のGさんの思考プロセス
　　テレビで「不況で就職難」のニュースが流れる⇒G：ニュースを見聞きする⇒G：自分の仕事について思い浮かべる⇒G：仕事の先行きを不安に感じる⇒G：あれこれ対策を考える⇒G：改善策が思い浮かばず，気持ちが落ち込む⇒G：テレビを消し，自室に籠る……。

小吉：次は時計というモノやニュースという情報と相互作用している例。

ハジメ：時計やニュースとのコミュニケーション？　コミュニケーションって人同士のものだと思っていたのですが……。

小吉：一般的にはそうかもしれない。でも人の精神・心理的な過程では，モノや情報，人の観念などともお互いに影響し合い，例のようにつながり関わっているとも考えられる。本来は時計が示す時刻はただの数字という記号だったり，2，3本の針が異なる角度を示しているだけ。だけどそれに人が意味をもたせて，心理的に影響を与えるものにしているならば，コミュニケーションの世界に含まれると考えているんだ。ニュースもただの音声や映像ではなく，それが人と相互作用を起こすならコミュニケーションになりうる。のどかな景色を見て和むのも，寒気を感じて「風邪かな」と思うのも環境や身体とのコミュニケーション。もちろん，その時にその人にまったく関わらないものならば，それはコミュニケーションに含まれない。

ハジメ：確かに思い出の曲を聞くと，その時ことを思い出して「あの時は良かったなあ」ってなったりします。これもコミュニケーションなんですね。

小吉：そういうこと。音楽でも，匂いでも，身体の感覚でもそう。

Chapter 4　相互作用

ハジメ：関わらないものはコミュニケーションに含まれないってのは？

小吉：たとえばドラマとかで女子社員２人が給湯室で上司の悪口を言ってる場
　面ってあるじゃない？　女子社員２人にとっては上司はいないものとして，
　２人で悪口を言ってる。でも上司がこっそり入ってきてその場にいても，２
　人は気づいて意識してなければ，そのままいないものとして悪口を言ってる。
　ふとどっちかが上司のことを気づくと，２人の世界に上司の存在が入ってきて，
　上司がいない時とまったく別のコミュニケーションが展開される。

ハジメ：ありますね，そういう場面。存在に気づかないと，実際にはいても，
　いない前提で２人がやりとりしてる。この時が「関わらないものはコミュニ
　ケーションに含まれていない」ってことですね？

小吉：逆に存在に気づいた後は，上司の存在が要素として２人の会話に影響す
　るようになる。こうなると２人の会話に関わり，コミュニケーションの要素
　に含まれることになる。これが「コミュニケーションの世界では，関わるこ
　とすべてが相互作用している」ということなんだ。

コラム1　人は「ある（存在する）」と思ったものとコミュニケーションする

　昔の人は神様のような存在を想定し，「神様！　どうか雨を降らせてください」と雨乞いのお祈りやお供えをし，雨が降ると神様に感謝するということがありました。目に見える形で実在しなくとも，昔の人の中には神様の存在があり，やりとりをしています。このように，人はその人にとって「ある（存在する）」とされているものとコミュニケーションすると考えられます（Bateson, 1970）。

　他の一般的な例として，サンタクロースを信じている子どもたちは，サンタクロースと実際に会話しているような行動も見られます。臨床的な例で言えば，「若い女性は痩せていなければならない」と考える摂食障害のクライエントさんにとっては，そのように他の人や現代社会が「痩せていなければならない」とまるで言ってくるような存在として，目に写っているかもしれません。また，「受験」というものが差し迫っていると考える人にとっては，頭の中に「受験」というものが存在しているがゆえ，プレッシャーを感じていると考えられます。

　逆に言えばその人にとって「存在しない」ものとはコミュニケーションが成立しないと考えられます。神様やサンタクロースの存在を信じていなければお祈りやお願いすることもないでしょう。先の摂食障害のクライエントさんの例でも，その人にとって「痩せているかどうか」を気にする相手（たとえば同年代の人）でない人（たとえば赤ちゃんやお年寄り）の目は，まったく影響しないかもしれません。「受験」を意識していない人は，そこからプレッシャーを感じることもないでしょう。

　想像上のものにせよ，ものや自然や社会というものにせよ，その人にとって「ある（存在する）」とされているものとの間では，コミュニケーションしていると考えられます。

■文　献

Bateson, G.（1970）．Form, substance, and difference. *General Semantics Bulletin,* No. 37, 5-13.　Reprinted in R. Grossinger（Ed. 1978），*Ecology and consciousness*（pp. 30-42）．Richmond, CA: North Atlantic Books.（「形式・実体・差異」）

Chapter 5 人のやりとりをどう捉えるか：語用論からパターンへ

⇨ 5-1.「語用論」とは？

　ここでは人のやりとり・相互作用をどう捉えるかについてのポイントを説明していきます。**語用論**という「言葉の使い方とコミュニケーションする人たちの関係性の学問」を参考にしています。もともとはワツラウィックら（Watzlawick, P., Bavelas, J. B., & Jackson, D. D.）が『人間コミュニケーションの語用論』(1967) という著書の中で「コミュニケーション公理」という形で打ち出したものを，システムズアプローチの発展のなかで，私たちなりに解釈し，臨床的に用いやすい形にしたものになります。

　ちなみに語用論というのは，言語学の主流である言葉の意味を研究する「意味論」や，文章の構成を扱う「統語論」と異なり，言葉の用いられ方について扱う言語学の一分野です。一つの定義として，リーチ（Leech, G. N.）は「言語表現とそれらを用いる人たちとの関係の研究」(1980) と述べています。これらを参考にして，①一つひとつのやりとりをどう捉えるか，②そのやりとりのつながりをどう捉えるか，③やりとりのつながり方から関わる人たちの関係や関わり方をどう捉えるかについて説明していきます。

⇨ 5-2. やりとりを「相互要求のキャッチボール」として捉える

　人がコミュニケーションする際に，多くの場合ではメッセージの内容が注目されます。しかしシステムズアプローチでは，そのメッセージの内容だけでなく，「そのメッセージの**内容を相手に伝えて**，それについての**反応を求める**」という意味での「**要求**」という側面があると考えます。別の言い方をすれば「**『〇〇』という内容について応じよ**」という**要求**がメッセージには**含まれて**いるとなります。たとえば電子メールでは，文面がどんな内容であれ，その文面を送って相手からの返事を待つことになります。返事が来れば文面がどうであれ「相手がメールに応じてくれた」ということにもなりますし，返事が来なければ「相手がメールに応じてくれなかった」として「無視された？」とか「何かあったのかな？」などと思うかもしれません。返事が来れば，その文面に対して返事をし，要件や話が一区切りするまでメールでのやりとりが続くことが多いでしょう。その場合，文面の内容はどうあれ，メールを送って相手が返してくれるようにお互いに要求を続けているという側面があると思われます。普段あまり意識されていないかもしれませんが，メールだけでなく，メッセージを投げかけて，相手が反応してくれるか，どのように反応してくれるかということは，日常的なコミュニケーションでも見られます。そのため，やりとりを「**お互いに相手に要求し，それに応えることのつながり**」として，「**相互要求のキャッチボール**」のようなものとして捉えていきます。以下に例を挙げて説明します。

〈例：あるメールのやりとり〉

Ｈ１：今日，暇？　一緒にゼミの課題やらない？

Ｉ１：いいよ。どこでやる？

Ｈ２：図書館でいいんじゃない？　いつもの二階の隅の部屋とか

Ｉ２：えー⁉　あそこでこの前話してたら「ウルサイ！」とか注意されたし

Ｈ３：そんなことあったの⁉　じゃあ12号館の部屋でどう？

Ｉ４：OK。部屋押さえておいてね

Chapter 5　人のやりとりをどう捉えるか：語用論からパターンへ

H 5：了解

　「要求」という側面が分かりやすいように，メールのやりとりを例にしてみ
ました。Hは「ゼミの課題を一緒にする」（H 1）という文面でＩを誘うメール
を送っています。この誘いのメールに，Ｉはその内容を「いいよ」という内容
で応じつつ，「どこでやる？」と課題をする場所についてHに質問しています
（Ｉ 1）。その質問にHが応じて答えて……というやりとりが続きます。このよ
うに，

**コミュニケーションはメッセージを投げかけ，それを受け止め，投げ返すとい
う，相互的に要求を投げて受けて投げ返すというキャッチボールのようなもの**

と考えられます。

小吉：ここからやりとり・相互作用をどう捉えるかについての具体的なポイン
　　トを押さえていくよ。やりとりを「相互要求のキャッチボール」として捉え
　　ていくというポイント。
ハジメ：「要求」っていうのは普段意識してませんが，言われると確かにあり
　　ますね。メールの返事が来ないと「なんで返してくれないんだろう？」とか
　　思いますし。
小吉：そういう側面って，普段のコミュニケーションでもあるよね？　「おは
　　よう」って声かけしても，返してくれないと嫌な感じになったり。
ハジメ：せめて会釈するだけでもあると違う。声をかけて，返してくれるかど
　　うかって大事です。
小吉：そうそう。そういう言葉だけでなく，非言語的なものも含めて，「投げ
　　たボールを相手が返してくれるか？　どう返してくれるか？」ってとても重要。
　　たとえばキャッチボールでも，サッカーのパス交換でも，バトミントンの打
　　ち合いでもいいんだけど，「投げかけそれを受け止め投げ返すというやりと
　　り」がコミュニケーションと考える。
ハジメ：そう考えると分かりやすいです。急に全力投球で返ってくるとビック

58

リして「怒ったのかな?」とか思うし，いいテンポでキャッチボールできると会話が弾む。そういうことですよね?

小吉：おっと!　ずいぶんハジメさんからいい球返ってきてビックリしたよ（笑）。ここで言いたかったのはそういうことなんだ。これまでの僕とハジメさんのやりとりもキャッチボールだし，ハジメさんからボールが返ってこないと僕も「どうしたんだろう?」ってもなるし。

ハジメ：ははは（笑）。そんなこと思ってたんですか?

小吉：もちろん。大事なことを考えたり，ボールを返しにくそうだったりすれば，いったんキャッチボールのスピードを落としたり，しやすくするために分からないところを説明したりする。あるいは「どこが分かりにくい?」と質問したり。これって患者さんやCIと話す時も一緒だよね?　いいキャッチボールができるようにすること。

ハジメ：そうか。臨床も一緒。キャッチボールは大事!　でもそうするとメッセージの内容は?　要求とごちゃごちゃになってるんですが。

小吉：それが次のポイントだよ。

⇨ 5-3.　コミュニケーションを「要求」と「内容」の二つの側面から捉える

　システムズアプローチでは，コミュニケーションを「要求」と「内容」に分けて捉えていきます。この場合の内容とは，HとIの例では，それぞれのメールの文面・言葉にあたる部分で，「一緒にゼミの課題をやらない?」や「図書館でいいんじゃない?」などです。日常会話なら，それぞれが話した言語の内容を意味します。このような直接的な言語内容だけでなく，たとえば誰かが「泣いている」というのも，行為の内容として捉えます。しぐさや言葉の強弱など非言語的な表現も，その表現に含まれるものとして内容と考えます。

　多くの場合，独り言などを除いて，コミュニケーションする際には何かしらの内容のメッセージを誰かに向けて投げかけていると思われます。その内容のメッセージを誰に投げかけ，どのように受け取って欲しいか，どのように投げ返して欲しいかといった要求の側面が，意識的無意識的に含まれていると言っ

Chapter 5　人のやりとりをどう捉えるか：語用論からパターンへ

てもいいかもしれません。キャッチボールで言えば，誰に向けてボールが投げられているか，相手に受け取りやすいボールで投げているかどうか，どんなボールを投げ返して欲しいかといったことです。このような要求の側面と，そのボールに乗っかっている言葉や球種といった内容という側面があり，これらは種類が異なると思われます。この要求と内容の二つの側面の関係性を整理すると，HとIのメールのやりとりを例にすれば，以下の図のようになります。

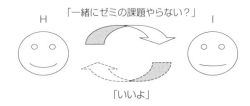

　この図では，メッセージの内容が矢印に乗り含まれるものとして示され，そのメッセージを矢印の形で相手に投げかけるのが要求となっています。「一緒にゼミの課題やらない？」という内容が含まれたボールがIに投げかけられ，それを受け取ってIがHに「いいよ」という内容が含まれるボールを投げ返す。ちなみにあえて図で示そうとするならば，身振りや表情，音声といった非言語的な要素は矢印の色や模様で表せるかもしれませんし，誰に投げかけられているかを矢印の向きで示したり，命令や指示，提案や曖昧な要求といった要求の種類を矢印の形（鋭利な矢印だったり，ぐねぐねしている矢印，先がとがっていないものなど）で示すかもしれません。厳密な図示の方法があるわけではありませんが，要求と内容の側面を分けて捉えていきます。

小吉：コミュニケーションを相互要求のキャッチボールとし，そのうえで要求と内容を分けて捉えるというポイント。
ハジメ：分かるって言えば分かりますし，なんかイマイチなところも……。
小吉：説明を変えてみよう。メールで考えてみて。メールを送信して相手の返信を求めるのが要求で，相手へボールを投げている。その投げるボールにメッセージの内容が書かれていると考えてもいい。絵文字とか言葉にならない

非言語的なものも含めてね。

ハジメ：相手へ投げるメッセージに内容が乗っかっている？

小吉：そう言ってもいいね。「要求」と「内容」はコミュニケーションにおける別の種類のポイントって考えられる。

ハジメ：でも内容の中に「○○してください」っていうのもあるじゃないですか？　要求的なものが内容に含まれているものが。

小吉：いいツッコミだね！　内容的に相手の反応への要求が含まれている場合もある。まったく別のものというよりは，要求の側面も内容の側面も関わり合っている。「○○してください」と言うみたいに，内容がどんな相手への要求であるかを補って明確にしている場合もある。

ハジメ：他もありますか？

小吉：逆に「あなたなんか大嫌い」という内容のメールを相手に送るってのは，内容的に相手が嫌いで一見拒絶しているようだけど，それをわざわざ伝えるってことは，何かしらの反応を要求しているとも考えられる。文脈にもよるけど，内容と要求が矛盾しているように思える場合もある。他にも「あなたなんか大嫌い」という言葉なのに，笑顔の絵文字がついていると内容的に矛盾して，どんな要求かよく分からないようなメールとか。コミュニケーションは複雑だから，明確に種類分けできるものではないけどね。

ハジメ：そういえばそんなのもありますね。あと要求の種類って？

小吉：これも「何種類あります」とか明確に分けられるものでもないだろうけど，「○○してください」というお願いとか，「○○しなさい」という指示・命令とか，「○○してみたら」とかいう提案とか。相手にどんな投げやすいボールを投げているか，どんなボールを投げて欲しいかといったボールの投げ方みたいなもの。

ハジメ：ボールの投げ方ですか？　確かに考えてみると，要求の出し方っていろいろありそう。でも明確にないんですか？　あると覚えられて楽なのに……。

小吉：残念ながら。それに臨床実践だと，「○○しなさい」という内容で相手の反応を求めたとしても，それがどんな場面で誰に向けて言ったのか，つまり文脈・コンテクストによって全然意味が異なる。上司が部下に「○○しな

Chapter 5　人のやりとりをどう捉えるか：語用論からパターンへ

さい」と言ったのと，部下が上司に「○○しなさい」って言ったのでは全然違うよね？

ハジメ：ああー。そうですね。普通の指示と生意気な反抗とか。それだと種類分けしても意味ないかあ。

小吉：だから厳密に種類分けはできないけど，場面や誰に言うかも含めて，「誰に向けてどんな内容のボールを投げているか」を考えていくことが大事なんだ。

ハジメ：でも分ける意味が今一つまだピンと来てないのですが……。

小吉：次の説明につながるところだけど，「メッセージのどんな内容またはどの部分に相手が反応してボールを投げ返しているか」ってところがポイントかな。

ハジメ：どういうことですか？

小吉：たとえばハジメさんが友達に「この前の飲み会楽しかったね！　ところで今度の土曜暇？」ってメールを送ったとする。その返事が「あの飲み会さあ，俺はつまらなかったよ」だったらどう思う？

ハジメ：そうなの!?ってビックリするかなあ。

小吉：うん。それで？

ハジメ：それで……。あ，今度の土曜ってどうなのかなあって。

小吉：そうそう。つまり「この前の飲み会」って内容には返事してるけど，「土曜の予定」については返事をしていない。つまり，内容によって応じているところと応じてないところがある。応じていないのは，それよりも「この前の飲み会」について言いたいことがあるのかもしれないし，あえて無視したのかもしれない。理由は分からないけど，内容によって応じたところと応じていないところがある。

ハジメ：確かに。大事な部分に対しての返事がないと，へこんだりしますし。

小吉：どんな内容の要求のボールを出して，それで相手がどう返すか，それのつながりを考えていくのが次のポイント。

5-4. 一つひとつのやりとりのつながりを考える

> ## コラム2 「無視する」「黙っている」ことも，非言語的な行動もコミュニケーションである
>
> 「おはよう」と声をかけて，相手が返事をしなければ，声をかけた人は「聞こえてない？」とか「無視された？」などと思うかもしれません。このことをコミュニケーションの要求という側面から考えると，「『おはよう』という声かけに応じよ」という要求に対して，返事をしないということは要求に応じていないと考えられます。このように「無視する」や「黙っている」ということは，言語内容は伴わない反応でありながらも，「相互要求のキャッチボール」として考えれば，コミュニケーションであると言えます。ボールを投げたのに相手が無反応だったとしたら？　それは決してコミュニケーション上では無意味なものではありませんよね？
>
> また，非言語的な反応もコミュニケーションであると考えられます。「おはよう」の代わりに微笑みかけても，内容は異なれど似たようなあいさつ的な働きかけであるとも考えられます。「おはよう」と声をかけられて，微笑み返したり，怪訝な顔をしたり，嫌そうな顔をする。それぞれ「おはよう」という内容のあいさつに応じよという要求に対して，応じたり，応じにくかったり，応じないことを示す反応かもしれません。言葉ではない身振りやしぐさ，表情といったものも，コミュニケーションの内容的側面であり，「相互要求のキャッチボール」のなかでボールを投げて，受け止め，投げ返しているかのなかで考えていくことになります。
>
> このように考えると，赤ちゃんは言葉ではコミュニケーションできませんが，泣きわめいたり，ぐずったりして，お母さんにオムツ交換やおっぱいなどを求めていると考えられます。また，かん黙の子どもは，「黙っている」という行動を周囲の人に示すことで，その意味内容は明確でないながらも，周囲に何かしらの反応を要求していると捉えることもできます。それに対して周囲の人が反応する形で，コミュニケーションが成立し，生活を送っていると思われます。

⇨ 5-4. 一つひとつのやりとりのつながりを考える

ここまでコミュニケーションを「相互要求のキャッチボール」として考え，その一つひとつのメッセージを要求と内容の側面に分けて捉えることを述べてきました。それらを前提としたうえで，一つひとつのメッセージがどうつながっているのかについて考えていきます。それは，

「『○○』という内容について応じよ」という要求が投げかけられ，それに対し

63

Chapter 5 人のやりとりをどう捉えるか：語用論からパターンへ

て応じるか（受け止めるか），どのように応じるか，どんな要求を投げ返すか
という点から，やりとりがどうつながっているかを考えていく

ということになります。以下に例を挙げて説明していきます。

〈例：ある母が子にゲームを止めるよう促す一場面〉
母1：「まだゲームやってるの？」
子1：……（反応せずゲームを続けている）
母2：「聞こえてるの⁉」
子2：「ウルサイなあ。なに？」
母3：「もう18時よ！　ゲーム止めて宿題やりなさい‼」
子3：「ええー。あとちょっとだけ」
母4：「ちゃんと約束したでしょ！」
子4：「分かったよ，もう」（ゲームを止めて，宿題にとりかかる）

これを上記ポイントを踏まえて解釈した一例を示すと以下のようになります。

母は「ゲームをしているか」と子に尋ね（母1），子は反応せず（子1），母
は「聞こえているか」と子に応じるよう求める（母2）。子は返事をし，「ウル
サイなあ」と嫌がることを示しつつ，「なに？」と母に要件を聞く（子2）。母
は「時間だからゲームを止め，宿題をやるように」と子に指示をする（母3）。
子は「ええー」と不満を示しつつ，「あとちょっとだけ（ゲームを続けさせて）」
と譲歩する案を提示する（子3）。母はそれに応じず，「約束したでしょ！」と
ゲームを止めるように強く促し（母4），子は不満を示しつつも，「分かった
よ」と母の要求に応じることを言葉で示し，母の指示に従いゲームを止めると
いう行動をする（子4）。

小吉：一つひとつ見ていこう。母が「まだゲームやってるの？」と子に問いか
　　　けても，子は無反応（子1）。これを相互要求のキャッチボールの点から考え
　　　るとどうだろう？

64

5-4. 一つひとつのやりとりのつながりを考える

ハジメ：子は聞こえなかったんですかね。ゲームに集中してて……。

小吉：そうかもしれない。無視したのかもしれないし，聞こえなかったのかも。これだけだと明確ではないけど，母からするとボールを投げたのに，子が受け取ってないってなる。

ハジメ：投げられたボールを受け取っていない。

小吉：だから母は「聞こえてるの？」（母2）と子がボールを受け取って応じるよう求めている。ボールが届いているかの確認もあるかもしれない。

ハジメ：キャッチボールになっているかどうかってことですか？　聞こえているかどうかって。

小吉：だから「相互要求のキャッチボール」で考えていく時にも，それに応じるかどうかは別にして投げたボールがちゃんと受け取られているか，つまり「投げかけたメッセージが相手につながっているか」が第一のポイント。当たり前のようだけど，つながっていなければそれにどう応じたか・つながっているかを見ていくことにはならない。

ハジメ：当たり前過ぎて気づきませんでした（苦笑）。

小吉：大事なポイントだから押さえておいて。それで子は「ウルサイなあ。なに？」と返事をした（子2）。ここで母からのボールが子に受け取られ，つながり，「なに？」と子がボールを投げ返した。

ハジメ：うんうん。

小吉：ここもね，さらっと流すとそんな感じだけど，たとえば子の返事が「ウルサイなあ」だけだったらどうかな？

ハジメ：んーっと……，返事をしただけとか？

小吉：返事をしたけど，「ウルサイなあ」って嫌がってることを示しただけ。もしそれだと母は次どうするかな？

ハジメ：えっ!?　んーっと，返事しただけで話を聞こうとしてないし，母は「ゲーム止めなさい!!」とか怒るかも。

小吉：そうかもしれないよね。比べるとどうかな？

ハジメ：ずいぶん違ってきますね！　子が母の話を聞こうとしているかっていう態度と，それによって母が何をするかも変わるかもしれない。

小吉：だよね。だから「ウルサイなあ」と「ウルサイなあ。なに？」は，投げ

Chapter 5　人のやりとりをどう捉えるか：語用論からパターンへ

られたボールにどう応じているかっていう点では，母の求めへの子の応じ方
が違う。それが違うだけで，続くやりとり・相互作用が変わってくるかもし
れないんだ。

ハジメ：ずいぶん細かく見ていくんですね。

小吉：細かいようだけど，大事なポイントになることもあるよ。「どんな求め
にどう応じ，どう返すか」ってのは，その人たちの関わり方だし，それを一つ
ずつどうつながっているかを見ていく。それは母と子の関わり・関係の一端
が押さえられることになる。ここでは文字だけだけど，非言語的な情報も含
めてね。

ハジメ：これって行動分析みたいなものですか？

小吉：似てるところもあるかもしれない。刺激⇒反応のつながりを対人関係に
応用してるとも言えなくないね。話戻って，子が「なに？」と問い，母が「ゲー
ムを止めて，宿題をやりなさい」って指示し（母3），すぐ止めるかどうか
って話になる。

ハジメ：解説では，子3のところで「あとちょっと」と譲歩する案を提示する，
とありますが，これはどういうことですか？

小吉：母の「ゲームを止めて宿題をやりなさい」いう要求に，子がそのまま従
うのではなく，「あとちょっと（続けさせて）」っていう要求を返しているよね。
それを「応じないわけではないけど，もう少しやってから」というような要
求を「譲歩案」としたんだ。

ハジメ：これもそんなに違いがあるものでしょうか？

小吉：もしも子が「嫌だよ！　今いいところなんだから」って言ったらどうか
な？

ハジメ：母の指示に子はまったく言うことを聞かないって感じですね。これだ
と母と言い合いになるかも。

小吉：そうだよね。逆に子がそう言って，母が「まったくもう」って折れちゃ
うと，全然言うことを聞かせられないっていう関係になる。

ハジメ：ああ，そっちの可能性もあるか。でもそうなると全然違う。

小吉：別の角度から考えると，この母と子は，母が指示を出しても，子が譲歩
してでも要求を出せるとも言える。

5-4. 一つひとつのやりとりのつながりを考える

ハジメ：自分の要望が言えるってことですか？

小吉：そうだね。少なくともこの場面では，母に言われたら何も言えずに従うのではなく，子は要望を言えている。少なくともまったく言えない関係じゃないって分かる。

ハジメ：これだけのやりとりから，すごくいろんなことを読み取るんですね。

小吉：相互要求のキャッチボールって視点から見ると，こんなふうにも読み取れるし，それによって関わりを押さえていくことができるよ。

ハジメ：解釈例では最後に「言葉では」とか「という行動をした」なんてわざわざ書いてありますけど，どういうことですか？

小吉：それはね，この「一連のやりとりの結果がどうなったか」を強調するためだよ。母が子にゲームを止めて宿題をさせようとするコンテクストで，結果的に子が従ってるよね（子4）。でももし子が「分かったよ，もう」と言ったけど，ゲームを続けて宿題をやらなかったとしたら？

ハジメ：言葉では従ってるけど，実際はそのとおりにしてない!!

小吉：だから，やりとりの結果がどうなったかを押さえることってとても重要なんだ。意味がまったくと言っていいほど変わってしまうこともある。ここまで説明してきたように，一つひとつの反応もつながり方やその終わり方で意味が変わってくるんだ，言葉だけでは，本当に理解したかとか，そのとおりにするかは定かでないこともある。

ハジメ：先生に怒られて，その場では「ごめんなさい」って言うけど，あとで「アイツうるせえ」とか言って，言うこと聞かないヤンチャな子どもを思い出しました。そういうことってありますね。

小吉：ただ情報を伝えるってだけではなく，「コミュニケーションは，人を動かし，変化させるもの」って考えるんだ。ここではゲームと宿題のコンテクストだけど，母が子にどう言い聞かせ動かすかの　断面が示されている。そうすると，母がどうやって子を動かしたか。ここでは「ゲームを止めさせて，宿題をさせる」ってことを母が子にさせたか。その動かせ方を押さえておくことがとても大事。この場合は，どうやっただろう？

ハジメ：うーんと……。「約束したでしょ！」ですか？

小吉：そうだね。「約束」っていうことを母が持ち出して，子を動かした。これ

67

Chapter 5　人のやりとりをどう捉えるか：語用論からパターンへ

で言葉だけでなく，実際に子の行動が変わった。ここまで押さえて，ちゃんと「相互作用を把握した」ってなるんだ。

ハジメ：ううーん。細かいし難しいです。でもそう捉えると，たった8行のやりとりで，すごい情報量があるんだって驚きです。

小吉：言葉の内容だけを追うとそれこそちょっとしたやりとりかもしれない。でも相互要求のキャッチボールとそのつながり方で見れば，もっと多くの情報が得られるし，そこから考えられることもたくさんある。

ハジメ：でもまだ全然整理できてません（泣）。

小吉：一度きっちり説明するために細かくやったけど，すごいレベルが上がった話になったと思う。いっぺんには無理だし，少しずつやっていこう。

⇨ 5-5.　やりとりのつながり方から関係を捉える：コミュニケーション・パターンの入り口

　第4節で「相互要求のキャッチボール」として，一つひとつのつながりを捉えることを説明しました。そこから一歩進んで，やりとりのつながり方から関係を捉えることを説明します。次章で説明するコミュニケーション・パターンの入り口と言えるかもしれません。なお，コミュニケーション・パターンとは「コミュニケーションにあたって，**繰り返し現れる特殊な相互作用であり，つながり方・関わり方**」のことです。ここでは簡単に押さえておいてください。

　システムズアプローチにおける関係の捉え方は，一言で言うと以下のようになります。

　実際に起こっている相互作用・やりとりのつながりをデータとして，要求にどう応じているか（いないか）という点からつながり方・関係を捉える

　まず相互要求のキャッチボールがどのようにつながっているかを捉えます。たとえば子がゲームをしている状況で，母は子に問いかけに応じるように求め（母2），子は（積極的でないながらも）返事をして，母に要件を尋ねています（子2）。つまりこの部分で言えば，子がゲームに熱中しているなかで「母の問

5-5. やりとりのつながり方から関係を捉える：コミュニケーション・パターンの入り口

いかけに子が応じて聞き返す」というやりとりのつながりが見られます。これが他の同様の場面でも見られるのであれば、「子どもが好きなこと（ゲーム）をしている状況で、母の問いかけに子が応じて聞き返す」関係であると考えていくのが、やりとりのつながり方から関係を捉えるということです。

　ただし、現象としてこのつながりが確認できるのは、今のところ例で挙げた一場面です。これがもし他の場面でも同様に起こっているのであれば、「母の問いかけに子が応じて聞き返す」という母子の相互作用・つながり方が繰り返し起こっている、つまりこの母子のコミュニケーション・パターンであると考えていくのです。実際にそうなっているかは、他の場面でも同様の相互作用が起こっているかどうかを確かめる必要があります。一方で、「母の問いかけに子が応じて聞き返す」というつながりが一度でも起こっているということは、「母の問いかけに子がまったく応じない」という関係ではないと言うことができるでしょう。

　日常的には「あの親子は仲がいい」とか、「この母子関係は葛藤関係にある」などと表現されたりすることが多いかもしれません。しかし、これらの表現は、実際にどんな相互作用が起きているかを示してはいません。具体的なやりとりをもとに、そのつながり方から関係を捉える、それがシステムズアプローチのものの見方であると言えます。

小吉：「『○○』という内容に応じよ」という要求とそれにどのように応じているかという点からつながりを捉えてきたけど、それをもとに関係性を考えていくというところ。

ハジメ：「母の問いかけに子が応じて聞き返す」というのは分かります。他にはこの例だとどんな関係が表れていますか？

小吉：「母が指示をし、子が譲歩案を出す」（母3→子3）ってのもあったよね。これも「母が指示したことに対して、子が他の案（自分の要望）を出せる関係」と言えるかもしれない。

ハジメ：そうでしたね。他には？

小吉：全体を通して言えば、「子がワガママ言っても、母が約束を守らせることができる関係」ってのも言えるかも。ゲームをしてて、子が譲歩案を出し

Chapter 5　人のやりとりをどう捉えるか：語用論からパターンへ

ても（子3），母が「約束」として再度指示して，子が従ってゲームを止めて宿題をしている。これが母子のつながり方，つまりコミュニケーション・パターンであれば，同様のコンテクスト（例：他の場面で子がゲームや漫画など好きなことをしている時）でも，同じ種類の相互作用が見られることになる。

ハジメ：なんか二人のやりとりのイメージが出てきました。他の場面でも，そんなことが起こっていそうです。

小吉：具体的にやりとり・相互作用しているイメージが出てくるような，つながり方の形で関係を捉えていくんだ。**具体的な相互作用のつながり方で関係を記述していくのが大事だよ。動きとしてイメージできるようにね。**

ハジメ：「他の場面でも同様のことが起っているか」ということがありますが，これは？

小吉：例の中での母子の相互作用で，そういうつながり方が見られるよね？　だけど，約束をしてない日曜日の昼間に，母が「ゲームを止めなさい」と言っても子がゲームを止めないとしたら？

ハジメ：そうなると母が子に言い聞かせられるのは約束があってのこと。

小吉：そうすると「約束していれば，子があれこれ言っても，母が言えば子が従う関係」となるかもしれない。つまり同様の相互作用が起こるには，「約束」が条件ということになる。

ハジメ：どんな条件（コンテクスト）で同じ相互作用が起こるかということですか？

小吉：そういうこと！　パターンはコンテクストとセットになっている。「○○という場面（話題，条件）では，母が△△すると，子は◇◇する」っていう具合に。友人同士でも，家族でも，たとえば「野球（子ども，Aさん）の話になると，いつもみんなで話が盛り上がる」「お金の話になると，母は××と言い，父は▽▽と言う」みたいなことだよ。

ハジメ：そういうのってありますね。それってゲームの例だと，母や子にとってどんなことになりますか？

小吉：「約束」が条件のコンテクストであるならば，母は約束していれば子を言い聞かせられるって思っているし，同じパターンの行動をする。子からす

5-5. やりとりのつながり方から関係を捉える：コミュニケーション・パターンの入り口

ると，約束をしていると宿題しないでゲームしていたら怒られるかもって思っているかもだし，約束してなければ言うこと聞かなくていいってなっているかもね。

ハジメ：ふむふむ。ちなみにたとえばこの母子を「宿題について話ができる関係」と言うのはダメですか？　説明の中で，そういうのと違うとありますが。

小吉：もちろん言ってもいいよ。でもその表現だと，母が「宿題やろうよ」って言って，子が「じゃあお母さん教えて」って答えて，母が「いいよ。どこからやる？」なんてやりとりも，「宿題について話ができる関係」って言葉から連想できたりしない？

ハジメ：……。あー，それも含まれるかも。

小吉：因果論的に「仲がいい」とか「宿題の話ができる」とか表現した場合，具体的にどんな相互作用が起こっているかがイメージできないんだ。そうなるとうまく理解できないし，相互作用を変えるという治療的変化につなげていくことが難しくなってしまう。もちろん CI や家族はこんな相互作用用語で考えてないし，面接でやりとりする場合には CI や家族にも分かるようにそうした表現を使っても OK だけど，どんな相互作用と対応しているかを押さえておかないといけない。だからセラピストの頭の中では，翻訳して相互作用的な関係の形で押さえておく。具体的にイメージしておけるように。

ハジメ：そういうことですか。

小吉：どんなキャッチボールが起こっているかが具体的に分かるように，関係を捉えていく。そのためのつながり方の把握なんだ。

■文　献

Leech, G. N. (1980). *Explorations in Semantics and Pragmatics.* Amsterdam, Netherlands: John Benjamins B. V. (内田種臣・木下裕昭（訳）(1986). 意味論と語用論の現在　理想社)

Watzlawick, P., Bavelas, J. B., & Jackson, D. D. (1967). *Pragmatics of human communication: A study of interactional patterns, pathologies and paradoxes.* New York: W. W. Norton. (山本和郎（監訳）尾川丈一（訳）(1998). 人間コミュニケーションの語用論　二瓶社)

Chapter 5 人のやりとりをどう捉えるか：語用論からパターンへ

コラム3 「私，死にたいんです！」と訴えるクライエントへの対応場面

　カウンセリングや診察で，クライエントが入室してくるなり，「私，死にたいんです！」と訴えたとします。このような場合どうされますか？

　訴えの内容だけ考えると，クライエントさんは自らの死を望んでいることとなり，治療者は「そんなこと言われても……」や「死にたいという人とどう治療するのか？」と困ることになるかもしれません。あるいは治療者としての倫理的な判断から「死にたいというのを説得して止めなきゃ！」となるかもしれません。

　しかし，要求の側面から考えた場合，クライエントさんは治療場面において，治療者に対して「『死にたい』という内容を示し，それに反応せよという要求を出している」と考えられます。この場合の要求は，「死にたいという気持ちを理解して欲しい」であったり，「死にたいというぐらいに切迫している状況をどのように対処したらいいか教えて欲しい」であったりするかもしれません。治療者へ何を求めているかはケースバイケースではありますが，このように考えると，例として治療者は「いったい何があったの？」とか，「よく分からないんだけど，それってどういうこと？」と質問するかもしれません。

　実際の臨床場面において，治療者はその場その場のやりとりで相手の要求していることに対応することが求められます。その際に話の内容だけに引きずられずに，「相手がその内容を自分に伝えることで，何を求めているか」を理解しようとすることが重要であり，要求の側面から考えることは，こうした場合においても有用と思われます。

Chapter 6 コミュニケーション・パターン

⇨ 6-1. コミュニケーション・パターンとは？

　本章で説明するのは,「コミュニケーション・パターン」という考え方についてです。前章で「つながり方・関わり方」という言葉で表現したものと同義であり,以後コミュニケーション・パターン(あるいは「パターン」と略記)と表記します。定義づけをすると,

　コミュニケーション・パターンとは,特定の相互作用が繰り返されることで形成される,関わる人やものとのつながり方・関わり方となる特殊な相互作用のこと

と言えます。たとえば,ある家族が外食をした際の支払いのやり方として,母が支払い,父は子どもを連れて先に出るなどの「外食時の家族の支払いのパターン」が挙げられます。また,ある人には,仕事を始める時にはまずパソコンを開いて,メールチェックをしてから始めるといった「仕事開始のパターン」があるかもしれません。ある曲を聞くと,関連した思い出が想起されて,楽しい気分になるといった「ある曲を耳にした時の連想パターン」といったものもあるかもしれません。これらの例は,すべて初めて相互作用することではなく,相互作用が繰り返されて形成されたものです。普段私たちはこうしたさまざま

73

Chapter 6　コミュニケーション・パターン

なパターンとなっている相互作用を行いながら生活していると考えられます。

　また，パターンとは，言い方を換えると「**対象との特殊な関わり方**」であり，結果としてその人にとっての「**ある出来事の体験の仕方**」になっているとも考えられます。先の家族の支払いの場合，父の立場で言えば，支払という出来事に関わる際は，支払いは母に任せ，父は子どもの世話をするという体験の仕方をしているとも言えます。

　導入として，初対面の二人がやりとりを始め，二人の間でのつながり方・パターンができるまでを例にして説明していきます。初対面の二人であれば，この二人の間でのつながり方はまだ形成されていません。初対面でやりとりを始め，相互作用を繰り返すうちに，二者間での特殊なつながり方・パターンが形成されていく様子を示していきます。

⇨ 6-2.　二者間におけるやりとりからパターンへ

〈**例**〉　**ある男性と女性の出会い**
　タロウとハナコは初対面。タロウはヨウイチの友人であり，ハナコはユウコの友人で，共にヨウイチとユウコのカップルに誘われて，一緒に4人で好きなアーティストのライブに行く予定でした。しかし，ヨウイチとユウコが2人そろって遅れてくるとの連絡がありました。待ち合わせ場所に2人は現れず，人見知りのハナコは困って1人で佇んでいます。そこヘタロウが現れて……。

タロウ1：あのー（微笑みかけながら），ハナコさんですか？
ハナコ1：え，ええ（緊張した面持ちで）。
タロウ2：良かったぁー，見つかって。俺，タロウです。ヨウイチの友人の。
　初めまして
ハナコ2：こ，こちらこそ……。
タロウ3：よろしくです。まったく困っちゃいますよね。二人して遅刻するなんて（苦笑）。

ハナコ3：ええ。人も多いし，ここに来たの初めてで……。

タロウ4：俺もです。すごい人ですよね。ホント。

ハナコ4：あのー，どうして分かったんですか？

タロウ5：ヨウイチから聞いてて。150 cm ぐらいで，たぶん赤いコート着てるって。だからそうかなって思って声かけてみたんだ。違ったらどうしようかと（笑）。

ハナコ5：そうなんですか（笑）。良かったです。

タロウ6：ところで，このアーティスト好きなの？

ハナコ6：はい。高校時代から知ってて。

タロウ7：じゃあ△△って曲？　俺もあの曲でハマってからなんだ！

ハナコ7：私もです！　サビのメロディが好きで……。

（その後，アーティストの話で盛り上がる）

1）相互要求のキャッチボールとして考えてみる

ハジメ：ベタなドラマや映画みたいな出会いですね（笑）。

小吉：説明の必要上，初対面の二人がぎこちなくやりとりを始める設定にしたかったからなんだけどね（苦笑）。ここでは二者間の相互作用が始まって，つながり方・パターンが形成されていく物語。実際には言葉だけじゃなく，身振りや外見の好みとかあるだろうけど，それは置いておいてね。

ハジメ：この例で相互作用とかパターンとかってどういうことですか？

小吉：まったくの初対面の二人であれば，自分がこう言ったら，相手がなんて言うかとか予測できない状況だよね。

ハジメ：でも前もって聞いてた情報から分かることもあるんじゃないですか？　たとえばハナコは「タロウは優しい人だよ」って聞いてるとか。

小吉：そういうのもなくはない。でも「優しい人」だとすると，初対面の時に実際にどんな相互作用になるかって予想できる？　具体的に何て声をかけてくるかとか。

ハジメ：具体的にまでは分からないですね。「優しい」って言ってもいろいろあるし。

小吉：もちろん上司と部下とか，先生と生徒とかなら，多少は立場上こうする

Chapter 6 コミュニケーション・パターン

だろうって予測できることもあるけど，実際にどんなやりとり・相互作用に
なるかは予測できない。だから初めはギクシャクする。

ハジメ：ギクシャク？

小吉：やりとりする人からすれば，どんなやりとり・相互作用になるかが分か
らないから，一つボールを投げかけてみて，どういうふうに受け取って，ど
う投げ返してくるかが分からないなかで，ボールを投げてみることになる。
タロウからすれば，タロウ1「あのー（微笑みかけながら），ハナコさんです
か？」というメッセージは，ボールを投げて，ハナコがどう反応するかを探
りながらの言葉と考えられる。

ハジメ：そうですね。まだハナコかどうかも分からないですし。様子見で声を
かける。

小吉：タロウ1のハナコかどうかの確認の要求に対して，ハナコ1「ええ」と
応じて，とりあえずのキャッチボールの開始となる。

ハジメ：前の章で出た「キャッチボールが成立しているか」というポイントで
すね。

小吉：ここでも「一つひとつのやりとりがどうつながっているか」がポイント。
ハジメさん，気づいたことある？

ハジメ：タロウが声をかけて，ハナコが緊張しながら答えているというか。ざ
っくりした印象ですが……。

小吉：OK！　言い換えれば「タロウが話題を振って質問し，ハナコがそれに
答えている」というやりとりのつながりが見られるとも言える。タロウ1で
は「ハナコかの確認」，タロウ2は「自己紹介とあいさつ」，タロウ3は「二人
が遅刻して困る」という話題でタロウがハナコにボールを投げる。それぞれ
にハナコは緊張しながらも応える，というつながりでキャッチボールしてい
る。

ハジメ：言われてみると，そんなふうに見えますね。

小吉：このつながりは，タロウ6の「このアーティスト好き？」でも，タロウ
7の「（好きになったきっかけは）△△って曲？」という投げかけと，ハナコ
が応じるところでも見られる。つまり，この例では「タロウが話題を振って
質問し，ハナコがそれに答える」というやりとりのつながりが何度も観察で

76

6-2. 二者間におけるやりとりからパターンへ

きる。

ハジメ：確かに。僕の言いたかったのはそれです！

小吉：頭の動かし方にはおいおい慣れていこう。さらに加えて言うと，「タロ
ウが話題を振って質問し，ハナコが答える」と，タロウはどうする？

ハジメ：うーんと……。タロウは受けているというか拾っているというか。

小吉：そう！　タロウが質問して，ハナコが答えると，タロウは「良かったぁ
ー」（タロウ2）とか，「よろしくです」（タロウ3）とか，「俺もです」（タロ
ウ4）とか，ハナコが応じたコメントに対して，プラスの返答を示している。
つまり，「タロウが話題を振って質問し，ハナコがそれに答えて，タロウが肯
定的に受け止めて，続けてタロウが質問し……」の繰り返しが見られる。

ハジメ：はい。でもそれはどういうこと？

小吉：まずどんなやりとり・相互作用になるか分からないなかで，ボールを投
げてみて，返ってきてというやりとりをしていくうちに，そういうつなが
り・キャッチボールになったということ。

ハジメ：やりとりをしてみて，つながり・キャッチボールになった……？

小吉：二人の間では，やりとりをしてみて，このつながりで会話が盛り上がっ
た。ギクシャクしたところから，徐々にスムーズなやりとりになったことが
観察できる。

ハジメ：印象としては何となく分かるのですが，どこから分かりますか？

小吉：初対面でハナコが緊張している状況で，タロウが話題を振って，ハナコ
の返答の言葉数がだんだん増えてきたり，タロウがほほえんで，ハナコも笑
みを返す（タロウ5⇒ハナコ5）ことであったり，「私もです！」（ハナコ7）
とタロウの話題にハナコが同意を示したり（笑），しているところかな。

ハジメ：ふむふむ。確かに打ち解けてきた時に見られる反応ですね。

小吉：一つの指標としてね。それでここでハナコの視点に立って考えてみよう。
人見知りで緊張しているハナコにとって，タロウはどんな人に思えただろ
う？

ハジメ：うーんと，話しやすいとかですかね。

小吉：恐らくそういう印象はもったんじゃないかな。言い換えれば「キャッチ
ボールしやすい人だなあ」って。「振られた話題に答えると，プラスの反応が

77

Chapter 6 コミュニケーション・パターン

返ってくる」ということは，ハナコからすれば「私の投げたボールでいいんだ」とか，「ボールを投げればちゃんと受け止めてくれる」という印象になる。

ハジメ：自分が言ったことが受け止めてもらえると，話がしやすくなるということですね。

小吉：そういうこと。ハナコからすれば，緊張しながらも言ったことを受け止めてもらえることが続けば，ボールが投げやすくなる。あとはタロウの投げるボールが受け止めやすい，返しやすいとも思えるかも。

ハジメ：受け止めやすいボールをタロウが投げてくれる。

小吉：そう言ってもいいね。ハナコからすれば，初めはタロウがどういうボールを投げて，どう返してくれるのかが分からない。でも，やりとりをしてみたら，「投げれば受け止めてくれる」「受け取りやすいボールを投げてくれる」となって，「タロウは話しやすい人だ」という第一印象になるかもしれない。

2）コミュニケーション・パターンという視点から考えてみる

ハジメ：これはコミュニケーション・パターンなんですか？ 「タロウが話題を振って，ハナコが答えて，タロウが受け止めて，続けて話題を振る」っていうやりとりのつながりが繰り返し見られるのですが。

小吉：繰り返し見られるし，この場面での二人の間でのつながり方・パターンとなるかもしれないし，そう言ってもいいかもしれない。でも，これだけでは二人のつながり方として定着しているとまでは言えないかな。

ハジメ：定着している？

小吉：二人が会って話をするといつも「タロウが話題を振って，ハナコが答えて……」となれば，二人の会話のつながり方・パターンと言える。また，「ハナコが緊張している時は」という条件で同じつながり方が見られれば，その条件下のパターンと言える。でもまだこうしたやりとりのつながりは，初対面のこの時だけかもしれないし，それなら二人のつながり方・キャッチボールの仕方にはなってないよね？

ハジメ：そういうふうに考えるんですか？

小吉：二者間でやりとり・相互作用が繰り返されれば，何らかのやりとりの仕方・キャッチボールの仕方となる相互作用のつながり方・パターンは形成さ

6-2. 二者間におけるやりとりからパターンへ

れると言える。でも，初対面のこのつながりが，2人のつながり方となるか
どうかってこと。

ハジメ：2人のつながり方になるかどうか……。

小吉：個人レベルで言えば，たとえばハナコからすると，「タロウは私が困っ
ている時は，タロウから声をかけて，助けようとしてくれる」というような
二人の間での相互作用のつながり方となるようなものが，パターンと言うんだ。
それぞれが意識しているかは別として。

ハジメ：確かに，まだハナコからすれば，「初対面でのキャッチボールがしや
すかった」ぐらいの印象ですよね。

小吉：恐らくね。タロウから見てもそうだろうし。だから，「相互作用のつな
がり方・関わり方がすでにできている」という意味での「関係」がまだ成立
していない状況。逆に，二人のやりとりが繰り返されて，二人の間でのつな
がり方・パターンが形成されれば，ある種の「関係」が成立していると考え
るんだ。

ハジメ：前章の例のゲームの母子であれば，繰り返されてパターンができてい
るから「関係」としていい？

小吉：母子ならそう考えていいよね。でも初対面の最初の場面だと違うってこ
と。タロウとハナコでも，やりとりが繰り返されればパターンが形成されて
いくはず。

ハジメ：そうなると，このやりとりにはパターンは現れてないんですよね？

小吉：視点を変えると，タロウやハナコのパターンの一部は現れているはずな
んだ。

ハジメ：どういうことですか？

小吉：タロウもハナコも，たとえば「初対面の人と会った時の相手との接し
方」っていうのは何度も経験しているはずだよね。だから，タロウがハナコ
に声をかける時にも，「タロウの初対面の人への接し方」という個人のつなが
り方・パターンは出ているはずなんだ。

ハジメ：「ハナコと」っていう二人の間では初めてだけど，タロウの「初めて
の相手への接し方」のパターンは出ていると考えるんですね。でも一部っ
て？

Chapter 6　コミュニケーション・パターン

小吉：たとえば何かしらのタロウのパターンは出ているはず。でもコンテクストとして，「初対面の人への接し方」なのか，「初対面の女性への接し方」なのか，あるいは自分の好みの女性，友人の彼女の友達だから，など，どんなコンテクストのパターンなのかはハッキリしないよね。

ハジメ：いろいろなことが考えられますね。

小吉：だから「タロウの人への接し方」というパターンの一部は現れているだろうけど，それがどんな「関わる人やものへのつながり方」であるかは，他のデータなどを参照しないと，確かめられないね。

ハジメ：はい。

小吉：こうした初めてのやりとりの場面は，臨床実践で言うと，後に述べる治療関係・システムの作り方（ジョイニング）において重要なポイントになる

コラム4　学習Ⅱとパターン

　ベイトソン（Bateson, 1972；邦訳，1990）は「学習の論理階型論」という論文において，人や生物体の学習（変化とその定着）について「学習Ⅱ」という概念を示しました。0（ゼロ）学習というのは，すでに定着している条件反射的な反応で，たとえば「4時間目終了のチャイムが鳴ると，給食の時間だと認識する」「梅干しを見ると，唾液が出る」といったもの。学習Ⅰは試行錯誤的な学習であり，やり方が分からない状況でいろいろ試しながら覚えていくもの。たとえば，自転車がまだ乗れない子どもが，いろいろ試しながらペダルの漕ぎ方を練習するといったことです。学習Ⅱは，モノゴトへの取り組み方を覚えることであり，自転車の乗り方を覚えて動かせるようになるといったものです。乗り方を覚えて定着すれば（学習Ⅱできたなら），その子どもにとってはすでに定着したものとなり，0学習になっていると言えます。ベイトソンは，このように学習にもレベル（論理階型）の違いがあり，一般に性格と言われるようなものは学習Ⅱのレベルであるといったことを提唱しました（なお，心理療法と呼ばれるものは，主に学習Ⅱについて取り扱うとも言及しています）。

　この考え方によれば，コミュニケーション・パターンの形成は学習Ⅱをすることであり，また定着したパターンは学習Ⅱされたものと言うことができるでしょう。タロウとハナコの例で言えば，二者間のシステムという視点からすると，「二者間での（ある場面における）やりとりの仕方の学習（Ⅱ）」をしていると言えます。またタロウやハナコ個人の視点からでは，「（特定の）相手への接し方の学習（Ⅱ）」となります。人はこうしたさまざまなやりとりの仕方や関わり方などを学習しながら，生活していると考えられます。

から。ここでは頭の片隅にでも置いておいて。

⇨ 6-3. パターンの形成からシステムへ

　やりとりが繰り返されると，その人たちの間でのやりとりの仕方・つながり方，つまりパターンが形成される。そうすると，その人たちのつながり方をルールとしたまとまりができる。これを「（複数の人たちの）システム」と考えていきます。

　カップルだけでなく，たとえば友人関係や部活動，会社などの組織にも同様のことが言えるでしょう。はじめは誰がどうするか分からないなかで，やりとりを始めるのは同じです。複数の人たちでやりとりを繰り返していくと，だんだんと「○○の場面では，Dさんが△△し，Eさんが◇◇する」というようなパターンができてくる。そのなかでの役割も出てきて，そのシステムの機能（働き方）となるパターンが見られるようになる。パターンは一つだけということはなく，コンテクストによって「ある場面ではEさんが××し，Fさんが□□する」などになるでしょう。また，何かのきっかけでパターンが変化することもあります（部長が交代して，その部のモノゴトの決め方が変わるなど）。

　ここでは，後に述べる家族システムの発達を考慮しつつ，タロウとハナコの例を用いながら，便宜上シンプルに二者関係にして，パターンの形成と二者間のシステムの動き方について説明していきます。

タロウとハナコが付き合うことになって

　タロウとハナコは，ライブの一件を機に親しくなり，付き合うことになりました。タロウの第一印象は「大人しくて可愛らしい」，ハナコは「話しやすくて，頼りがいがある」というものだったようです。ライブを楽しみ，連絡先を交換し，数度のデートを重ねて，3か月後には付き合うことになりました。以下に挙げるのは，出会って半年後のデートでのある一場面です。

〈例：タロウとハナコの夕食についての会話〉
タロウ1：映画楽しかったね。さて，晩ごはんどこで食べようか？

Chapter 6　コミュニケーション・パターン

ハナコ1：どうしよう。お腹は空いたけど。

タロウ2：何か食べたいものある？　中華がいいとか，イタリアンがいいとか。

ハナコ2：うーんとね，たまにはお洒落なお店がいいな。

タロウ3：お洒落かぁ……。あまり持ち合わせないなあ。

ハナコ3：そんな高い店じゃないくていいよ。タロウは何か食べたいものないの？

タロウ4：俺はビールが飲みたいかな（笑）。

ハナコ4：まったく，タロウはいつもそうなんだから（笑）。

タロウ5：ははは（笑）。じゃああそこに見えるお店でパスタなんてどう？

ハナコ5：いいよ。あのお店に行ってみよう。

小吉：さて，付き合って半年後の二人の様子の一場面。

ハジメ：二人とも仲良さそうですね。

小吉：付き合うまでなっていると，二人でやりとり・相互作用を繰り返して，パターンができている「関係（システム）」になっていると考えられる。「夕食をどこで食べるか」という話題は，何度もデートした二人なら同様の場面を経てきているだろうし，二人のパターンの一部が現れていると考えていい。

ハジメ：もうちょっと詳しく説明してください。

小吉：「夕食をどこで食べるか」というコンテクストにおいて，二人でその場所を決定するプロセスと考えられる。さらに広げれば，「ある課題に対して，二人でどう対応するか」という二人なりの対応の仕方・パターンは，付き合ってさまざまな課題をこなしていくなかで，おおむね決まってくると言っていい。他にも「デートの行先の決め方」とか，「ハナコ（タロウ）が困った時への対応の仕方」とか，「喧嘩した時の仲直りの仕方」とか。

ハジメ：確かにカップルや夫婦，家族なんかもそれぞれのやり方がありますね。それがパターン？

小吉：そう考えていいよ。相互作用が繰り返されて，「△△の時（場面・話題・文脈）に，Xが□□すると，Yが○○する」というような，その人たちのつながり方・パターンが決まってくる。そういう決まり事があるような間柄を「関係（システム）」と考えていく。

ハジメ：分かりました。でもそうした関係においての相互作用は，みんなパタ
　ーンなんですか？

小吉：全部とは言えないと思う。二人にとってこれまでと異なる状況だったり，
　新奇の場面であれば，二人でどう対応するかのパターンができていないこと
　もあるよね。

ハジメ：カップルという関係ができていても，二人にとってつながり方ができ
　ていないものもあるってことですね？

小吉：たとえば「タロウが急に大けがをする」なんて場合は，二人にとって初
　めての事態で，これまでの「タロウが困った時」とは同じ対応では済まされ
　ないかもしれない。そうすると二人でやりとりしていくなかで，「タロウが大
　けがをした時の二人の対応の仕方」という新たなパターンができるかもしれ
　ない。

ハジメ：この例にある二人のやりとりはパターンって考えていいですか？

小吉：実際には他の場面でも同様のつながり方が観察できて，「パターン」と
　言えるね。ただし，この例のような「夕食の決め方」といったことは，二人で
　何度も経験しているだろうから，特別なものでなければパターンと考えても
　いいかも。

ハジメ：具体的にはどんなことですか？　「タロウが話題を振って質問し，ハ
　ナコが答えて，タロウが受け止めて，続けて話題を振って」というパター
　ン？

小吉：初対面の時のこのパターンに似ているやりとりがあるよね。タロウが食
　事についての話題を提示して（タロウ1），ハナコが答えて（ハナコ1）とい
　うように，「タロウが話題を振ってハナコが答える」というパターンは見られ
　る。ただ，付き合って慣れ親しんだからなのか，タロウがすべてプラスで受
　け止めるというものじゃない反応（タロウ3「持ち合わせないなあ」）も観察
　できる。

ハジメ：そうですね。それに続けてハナコがフォローするような発言も（ハナ
　コ3「そんな高い店じゃなくていいよ」）。

小吉：そうだね。タロウが「持ち合わせがない」ことを示して，それを受けて
　ハナコが「お金がかかる店じゃなくていい」ことを示す答えを返している

Chapter 6　コミュニケーション・パターン

（タロウ3⇒ハナコ3）。あとは，ハナコも希望を尋ねて，タロウが希望を言う（ハナコ3⇒タロウ4）とかのつながりもある。タロウからいつも質問してハナコが答えるばかりでなく，他のつながり方も出てきて，二人で意見を出し合っての話し合いになってるね。

ハジメ：はい。いい感じですね。

小吉：大事なのは，初めて出会った時の二人のやりとりと似ている「タロウが話題を振って，ハナコが答えて……」というパターンもあるけれど，二人でやりとりを繰り返していくなかで，二人なりの「夕食の決め方」というパターンができているということ。「関係」ができた人たち（システム）には，その人たちのパターンがあり，その一部がその場面に現れていると考えていくんだ。

ハジメ：説明で「パターンがそのシステムの機能（働き方）のルールになる」というようなのがありますが，これはどういうことでしょう？

小吉：タロウとハナコのような二人のつながり方ができてパターンになる。そうするとこのカップルの間で，そのパターンが二人のシステムのルールのようになっていく。夕食をどうするかの場合は，「タロウが提案し，ハナコが意見を出して，タロウが決定する」とか，ハナコが困った時には「タロウが事情を聞き，ハナコが話して，タロウが対応する」とか。それは明文化された約束のようなものではないけど，そのシステムの人たちの間での役割や期待に準じた行動みたいになる。システムの視点から見たパターンの説明だね。

ハジメ：二人の間でのいろんなルールができていくってことですか？　それがシステム？

小吉：そう考えていいよ。カップルにせよ，家族にせよ，会社などの組織にせよ，やりとりが繰り返されている人たちはシステムとなり，そこでのルールとなるパターンがあると考えていい。そのシステムのルールに基づいてそれぞれが役割に準じて動く（機能・働き方となるパターン）し，時には新たにパターンができたり，変更したりしながら，変化していく。

ハジメ：タロウとハナコのシステムも，出会いから半年経って，今のシステムになったってことですか？

小吉：そう考えていいね。後に結婚し，子どもが生まれて，子どもを育ててっ

6-3. パターンの形成からシステムへ

てなっていくとタロウとハナコの家族のシステムになっていく。結婚したら
家事や財布の紐はどちらがどうするか？　子どもが生まれたら二人でどう育
てるかなど，家族システムの発達（時間的変化）に伴い，パターンが変わった
りしながら，家族というまとまり（システム）としてやっていくようになる。

ハジメ：そういうふうに家族のことを考えていくんですね。

小吉：だから，プロポーズや結婚式をどうしたかなんてのは，二人にとって大
　　事な場面でそれぞれがどう動いたかってことだから，それを聞くと夫婦の動
　　き方のポイントが分かったりするね。

ハジメ：具体的にどうなるのかがイマイチ分からないのですが……。

小吉：じゃあ実際にどうなるかを見ていこう！

コラム5　なんでパターンになるの？

　コラムでたびたび出てくるベイトソン（G. Bateson）は，文化人類学者と分類され
ることが多いですが，精神医学から生物学などさまざまな分野にわたる，コミュニケ
ーションの研究を行っていました。ベイトソンはその著作の中で，生物の進化という
壮大なレベルから，ゾウリムシの変化に至るまで言及し，「コミュニケーションの世
界では相互作用を繰り返すと必然的にパターン化する」（Bateson, 1963）と考えてい
たようです。

　科学的に証明される事柄ではないかもしれませんが，ベイトソンによれば，パター
ン化することは「生物が環境に適応し，生存していくために，効率的に変化していく
ことが必要である」そうです。さまざまな出来事に対応していくなかで，いつも新た
なこととして試行錯誤し対応するのは，労力や負担の点から考えても非効率的であり，
たとえば人の身体に「体温が上昇した時には，汗をかくなどして熱を放射して体温を
一定に保つ」といった生物学上のパターンがあることは，生存していくうえで有益で
あるとされています。

　人が生活をしていくうえでは，さまざまなパターンが見られます。具体的な相互作
用のつながりはさまざまではありますが，勉強の仕方から，家族の洗濯物の整理の仕
方まで，無意識的にパターンとなっていることは多いでしょう。勉強も家族での過ご
し方も，何かしらのパターンとなることで，イチイチ考えずに済み，効率的になって
いるのかもしれません。パターン化することは，私たちにとって本能的な生存のため
の手段とも言えるかもしれません。

Chapter 6 コミュニケーション・パターン

⇨ 6-4. 臨床場面におけるパターン

　ここでは臨床場面の例をもとに，パターンがどうなるかを見ていきましょう。来談経緯と面接冒頭の場面を提示し，それぞれにパターンがどう表れているかを説明していきます。

　Cl や家族は，さまざまな課題についてそれぞれのパターンで対応し，生活していると考えられます。子ども同士の喧嘩や，近所とのトラブル，病気やケガなどの問題は日々生じており，それぞれの Cl や家族なりの対応パターンで何とかしています。しかし，臨床的な問題が起きて，Cl や家族だけで対応しにくかったり，行き詰ったりしたなかで，誰かに勧められるなどして，専門家である Th に相談してみることになります。こうした来談経緯の中には，Cl や家族と「問題」との関係（システム）と，そこでのパターンが含まれることになります。また，面接場面に訪れた Cl や家族も同様であり，相談場面というコンテクストにおいても，「困った時の家族の動き方のパターン」や「初めて出会う人への家族の関わり方のパターン」といった Cl や家族の一側面が現れます。これらを把握し，活用することは，有効な臨床実践につながるものと考えられます。

1）「問題」の発生

〈2人の経過〉
　タロウとハナコは付き合っていくなかで，「新たな出来事・場面に遭遇した時に，タロウが話題を振ったり意見を出し，それを受けてハナコが答えて，二人で話し合って決定する」「ハナコが困ると，タロウが対応する」という二人のつながり方・パターンができました。
　そうしたなかで，付き合って1年後に，ハナコが職場で上司などとの対人関係で悩み，行き詰ってうつ状態になりました。心療内科に行き，「うつ状態」の診断を受け，カウンセリングを勧められ，タロウと二人で面接室へ訪れました。

6-4. 臨床場面におけるパターン

小吉：ハナコが悩んで「うつ状態」になってしまった。そこで二人でやりとり
　　し，カウンセリングへ来談したところだよ。こうした来談経緯の中に，二人
　　のパターンが含まれているはずなんだ。

ハジメ：書いてあるものでは，「ハナコが困ると，タロウが対応する」ってい
　　うところですか？　それが来談経緯に出てくる？

小吉：二人のパターンとして，「ハナコが困ると，タロウが対応する」がある
　　ならば，二人の関係・システムにとって，ハナコが「うつ状態」になるぐらい
　　悩んでいて，タロウが何もしないはずはないよね？　たとえば，ハナコが元
　　気がなかったとしたら，タロウはどうするかな？

ハジメ：困ってたらタロウが対応するんだから，「どうしたの？　何かあっ
　　た？」とか事情を聞くとか？

小吉：そういうこと！　二人の関係で，タロウなら何とかしようとするよね。
　　ハナコが職場での悩みを話し，タロウが聞いて共感したり，励ましたり，ア
　　ドバイスしてみたり。

ハジメ：確かにこの二人なら，ハナコの悩みについて二人で相談してるでしょ
　　うし，タロウがリードして，何とかしようとするでしょうね。こういうのが
　　パターンなんですね。

小吉：「問題」が発生して，二人のシステムで何とかしようとする。二人の対
　　応パターンで。それでもうまくいかなくて，病院へ行ったり，セラピーの場
　　に訪れることになる。多くの場合，Clや家族は「問題」についてやりとりを
　　繰り返し，パターンができている。

ハジメ：パターンができていない場合もありますか？

小吉：緊急事態の対応中とかなら，まだそれに対してのClや家族にパターン
　　とまでは至っていないかもしれない。でも，それ以前の困り事へのClや家族
　　のパターンは，今の対応に関わっているはず。

ハジメ：そうなると面接が始まる前に，Clや家族はいろんな対応をしている
　　って考えられますね。

小吉：もちろんそうだよ！　それまでのことをまったく切り離して考えるのは
　　ナンセンスだね。

ハジメ：具体的にはどのようなものが考えられますか？

Chapter 6　コミュニケーション・パターン

小吉：二つ例を挙げてみよう。

〈例①〉　いつもと違うハナコの元気のない様子を見て，タロウが話を聞き，タロウが職場での悩みを話して，タロウなりにいろいろアドバイスをするも，ハナコの悩みの解決に至らず。タロウが心療内科の受診を勧め，ハナコが戸惑いつつもそれに応じて受診をすることになった。

〈例②〉　診察やカウンセリングを受けるにあたって，ハナコが戸惑いを示し，タロウがそれを見て「一緒に行こうか？」と尋ね，ハナコがお願いして，二人での来院・来談となった。

ハジメ：想像できますね。こんなふうに二人が相談して，受診したのかもしれない。

小吉：①や②のように，「ハナコが困った時に，タロウが対応する」という二人のシステムの対応パターンが見られるはずなんだ。二人のシステムにとって「危機」な状態だし，「問題」について何とかしようと対応してるはず。そうしたなかで，セラピーを求めて来談に至っている。便宜上限定しているけど，実際には二人だけでなく，ハナコの家族や友人など関係者が関わってる場合もあるかもしれないね。

ハジメ：面接場面でも同じようにパターンが現れるのですか？

小吉：じゃあそれを見ていこう。

2）面接場面での2人のパターン
〈カウンセリング冒頭の一場面〉

Co 1：初めまして，カウンセラーの△△と申します。

タロウ・ハナコ：よろしくお願いします。

Co 2：さて，今回ご相談に来られたことについてお話しいただけますか？
　ハナコさんの職場での悩みとお聞きしてますが。

ハナコ1：はい。えーっと……，どこからお話したらいいのか……（戸惑った様子でタロウを見る）。

タロウ1：（ハナコと目を合わせた後でCoの方を見て）あのー，彼女が最近元

気がなくて。話を聞くと職場の上司だったり，他の人とうまくいってないら
しくて。それで……。

ハジメ：ここにも二人のパターンが現れている？

小吉：よーく見てみて。Co が「相談に来たことについて話して」と要求のボー
　　ルを投げている。「ハナコの職場での悩み」と続けて投げ（Co 2），ハナコ
　　はどうしてる？

ハジメ：戸惑った様子でタロウを見ている。

小吉：ハナコが困ったサインを出して，そしてタロウは？

ハジメ：ああー。ハナコが戸惑って，タロウが代わりに話し出している。これ
　　も「ハナコが困ったら，タロウが対応する」パターンなんですね。

小吉：カウンセリングという不慣れな場面で，「悩みごとについて話して」っ
　　ていう Co のボールに対して，二人のパターンで対応してるよね。

ハジメ：こういった一つひとつのやりとりにも，パターンって現れているんで
　　すね。

小吉：そう考えるんだ。ハナコからすると，「困ってるから，タロウが対応し
　　て」っていうボールをタロウに投げているとも言えるし。実際の動きも，パ
　　ターンになってるはずなんだ。

ハジメ：表れ方が違うけど，みんな同じなんですか？

小吉：ある大先生によると，「パターンは金太郎飴」とのこと。同じコンテク
　　ストであれば，どんな時も基本は同じパターンで動くって考える。

ハジメ：金太郎飴ですか!?　ところで，パターンが分かると，どう活用できる
　　のですか？

小吉：詳しくは実践編で述べるけど，少し説明しておくね。まずは治療者との
　　関係（治療システム）をつくることだったよね。二人のパターンが分かると，
　　二人のシステムを活かしつつ，関係をつくりやすい。

ハジメ：二人のシステムを活かす？

小吉：二人のシステムにとって，「ハナコが困れば，タロウが対応する」って
　　いうのが，普段の動き方と考えられる。ならば，二人の動き方のパターンに
　　合わせて Th が動いた方が，二人が動きやすいし，関係ができやすい。

Chapter 6　コミュニケーション・パターン

ハジメ：と言いますと？

小吉：タロウがハナコの代わりに事情を説明してるよね（タロウ1）？　ハナ
　コはタロウに任せてるし，タロウはハナコが困らないように代わりに話して
　いる。ならば，Th はそれに合わせて，タロウからハナコの悩みの概要を聞い
　ていくって具合に。

ハジメ：？？？

小吉：逆の場合を言えば分かりやすいかな。もし Th がタロウが話すのを遮っ
　て，「ハナコさんの悩みだから，ハナコさんからお話しください」って言った
　らどうなるかな？

ハジメ：ハナコは戸惑うかもしれないし，タロウは困ってるハナコを助けられ
　ない！

小吉：そうなると，二人はいつものやり方で動けなくなってしまうかも。Th
　はもしかしたら困っているハナコさんが，自分の悩みを直接話せるようにって
　良かれと思ってのことかもしれないけど，二人にとっては違うかもしれな
　い。

ハジメ：Th の対応次第で，二人が動きやすくなるか，関係がつくれるかも変
　わってくる。

小吉：もう一つ言うと，「問題」との関係（システム）をアセスメントしていっ
　て，どんな状況か分かったとするね。仮に Th が解決にとても有効な方法を思
　いついたとして，ハナコだけに直接的な援助をするよりも，二人のシステム
　に合わせた介入をした方が，治療効果を上げやすい。

ハジメ：詳しく教えてください。

小吉：二人のシステム・パターンに合わせるなら，「困っているハナコをタロ
　ウが対応できるようにする」ってできるといい。ハナコだけがどうしたらい
　いじゃなく，面接後の二人の生活・やりとりで，タロウがハナコに対応で
　きるように Th が援助する。

ハジメ：二人のシステムで対応できるように援助するってことですね。なるほ
　ど……。

小吉：次は「システム」を説明するよ。

コラム6 フィードバック・ループについて

　まだ料理することに慣れていない人がネギを切る場面を想像してみてください。上手な人ならトントントンとだいたい同じ幅で一定のリズムでネギを切っていくことができるでしょう。でも慣れてない人であれば，まず左手でネギを押さえ，右手で包丁を落としてネギを切る。その結果，切られたネギの幅が短いと，ちょっと左手の動かす幅を大きくとり，ネギを切る。切られたネギの幅が長いと，押さえる左手の動かす幅を小さくして，ネギを切る。ちょうどよければ，同じぐらいの幅になるよう左手を動かす。こういったプロセスを経ているのではないでしょうか？

　このように人は何かを行動する時に，意識的無意識的に行動する⇒起こった結果を認識する⇒目的に応じて次の行動をどうするか考える⇒調整して再度働きかける⇒起こった結果を認識する……というプロセスを繰り返していると考え，これを「フィードバック・ループ」と呼んでいます。ベイトソン（Bateson, 1970）は，木こりが斧で木を切る際の過程を例にとり，人が認識し行動する時の過程を説明しました。カレーを食べて，熱かったり辛いと感じて水を飲み，収まったと感じてまたカレーを食べるといった行動も同様です。**一つの行動は前後の行動や文脈と切り離されたものではなく，働きかけ⇒結果⇒それの認識⇒修正しての働きかけ⇒結果……と相互作用しており，つながり，関わり合いながら生起しているものである**と考えられます。

■ 文　献

Bateson, G.（1963）．The role of somatic change in evolution．*Evolution, 17*（4），529-539.（「進化における体細胞的変化の役割」）

Bateson, G.（1970）．Form, substance, and difference．*General Semantics Bulletin*, No. **37**, 5-13．Reprinted in R. Grossinger（Ed. 1978），*Ecology and consciousness*（pp. 30-42）．Richmond, CA: North Atlantic Books.（「形式・実体・差異」）

Bateson, G.（1972）．The logical categories of learning and communication．In *Steps to an ecology of mind: Form and pathology in relationship*（pp. 279-308, written in 1964）．[A paper given at the Wenner-Gren Symposium on World Views: Their Nature and Their Role in Culture, Burg Wartenstein, Austria, August 2-11, 1968, Section on 'Learning Ⅲ' added 1971]（「学習とコミュニケーションの論理階型論」）

Chapter 7 システム

⇨ 7-1. システムとは？

　本章はシステムについて説明します。これまで述べた相互作用・パターンといったことを踏まえて，その基本となるポイントを押さえていきます。システムを定義づけると，

さまざまな要素が相互作用する全体

となります。ここでいう「要素」とは，人の集まりのシステムなら人，身体システムなら体の部位や器官，後に説明する認知（枠組み）システムなら，観念や枠組みといったもの，などになります。たとえば家族をシステムとして考えた場合，父と母，兄と妹の4人家族とすると，彼ら4人を要素とし，それぞれがつながり，関わり合っている（相互作用する）ものとして，その全体を「（家族）システム」として考えていくことになります。
　この考え方には，前提として相互作用が含まれています。さまざまな要素がつながり，関わっていて，それらがまとまり，全体として機能しているものが「システム」です。逆に言えば，何かしらのシステムでは，それに含まれる要素はお互いに影響を与え合っていると言えます。家族の誰か（たとえば兄）が病気になれば，その人が担っていたことができなくなり，代わりに誰か（たとえ

ば母）が病気の人の世話をする。そうすると，代わりの誰か（母）がしていたことができなくなり，何かしらの対応を他の誰かがする（たとえば父が食事を作る）。このように家族のメンバーは，それぞれが影響し合い，関わっているものとみなします。

以下，まとまっているシステムのポイントについて説明します。

⇨ 7-2. システムは内外の変化へ対応し，まとまりを保とうとする：ホメオスタシス

ホメオスタシス（homeostasis）とは，「恒常性」とも訳され，システムが一定の状態を維持しようとする働きのことです。相互作用を繰り返し，まとまりとなっているシステムは，そのまとまりを保とうという機能をもっていると考えられます。

よく知られる例で言えば，人間の体温調節の機能があります。人の身体は，暑いと汗をかき，体温を下げようとします。寒いと震えるなどして，体温を上げようとします。このような生理的作用により，体温が一定の幅に収まるようにするといった身体システムのホメオスタシスがあります。なお，ここでの「内外の変化」は，風邪をひいてそのウィルスへの反応として体の内部が熱を出したり，外気が寒くて身体が震えるといったものです。

同様に，人の集まりのシステムにも，このようなまとまりを保つ働きがあると考えます。家族システムを例に挙げると，たとえばシステム外の変化として，来客があった時にはその家族として迎えるなどの対応をする，あるいは公園で家族が遊んでいる際に「ウルサイ」と言う大人が現れたら，母が子どもをかばい父が対応する（母が謝り，父が子どもを注意する）など，その家族の対応パターンで，家族としてのまとまりを保とうとします。システム内の変化では，兄妹が喧嘩を始めると母（または父）が間に入って止める，母が風邪をひくと代わりに父が食事を用意し，子どもは準備を手伝うといった例が挙げられます。仮に両親が頻繁に喧嘩をするような家族であっても，際限なくエスカレートし続ければ，家族としてのまとまりを維持できません。だから，そうした両親の喧嘩もどこかで収まり，また別の場面では家族として交流をするといったまと

Chapter 7　システム

まりが維持されていると考えられます。このように，内外の変化への対応パターンが，システムには何かしらあるとみなすことができます。

小吉：前章までは，人と人との相互作用やパターンという視点からの説明だったけど，ここでは「システム」の視点から見たものだよ。
ハジメ：さまざまな要素が相互作用する全体ですか……。体温調節の話は分かるのですが，ピンと来ないです。
小吉：体のシステムで言うなら，心臓や肺，胃，腸などのそれぞれの器官（部分）を要素として，それぞれが役割をこなしつつ影響し合い，生命維持のシステムとなっているって考える。
ハジメ：人体をイメージすると分かりやすいです。でもそれが家族などの人の集まりにも，同じように見ることができる？
小吉：タロウとハナコのカップルの例でやったよね。タロウとハナコ個々の性格っていうのではなく，二人のつながり方をもったまとまり，その全体として二人のシステムって考える。
ハジメ：それぞれがつながり，関わり合っているっていうのはこれまでさんざん出てきたので，分からなくないんです。ただシステムってなるとちょっと違うような……。
小吉：そうだね。少しレベルが違う視点と言ってもいいかも。
ハジメ：レベルが違う？
小吉：少し図にしてみよう！

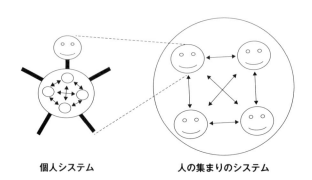

個人システム　　　　　人の集まりのシステム

7-2. システムは内外の変化へ対応し，まとまりを保とうとする：ホメオスタシス

小吉：左が個人システムの例。分かりやすいように，ここでは身体の中の器官
とかを要素とし，それぞれが相互作用していて，その全体としての個人の
（身体の）システムと考えたとする。そうした個人を一人のメンバー（要素）
として，それぞれが相互作用している家族など人の集まりをシステムとして
考えた例だよ。

ハジメ：図は分かるのですが，レベルが違うっていうのは？

小吉：それぞれ個人とか部分として切り離して考えるのでなくて，これらの要
素やそのつながり（相互作用）を全体として考えるのが「システム」っていう
こと。

ハジメ：これまでのつながり，関わりを前提として，その全体として考えるっ
てことですか？

小吉：そういうこと！　つながり，その全体として考えるってことなんだ。

ハジメ：そういえばこれまでの図も似ているような気がするんですが……。

小吉：これまでの例も，相互作用やパターンが前提だし，システムで考えられ
るようになってるね。バランス理論の図も含めて。

ハジメ：そうだったんですか（笑）。ホメオスタシスのところですが，もう少
し具体的に教えてください。

小吉：たとえばだけど，公園に家族で遊びに来ている時に，変な人が近寄って
きたら，その家族ってどうするかな？

ハジメ：お父さんが対応したり，お母さんが子どもを守ろうとするとか。

小吉：そういう家族の対応パターンって，どの家族にもあるはず。会社でも部
活動でもね。そういうのがシステム外の変化（危機）への対応パターンって
こと。

ハジメ：ちょっとイメージできました。システム内の変化は？

小吉：例にある家族システム内のメンバーの喧嘩もそうだし，それだけじゃな
く，システム内の誰かが困ったら多くの場合，何とかしようとしたりしない
かな？　職場やサークルとかでそういうことなかった？

ハジメ：大学のサークルの時は，後輩が困っていると，優しい先輩が話しかけ
て，相談してました。職場だと，まだ新人なので，あれこれ覚えるように言わ
れてます（苦笑）。

Chapter 7　システム

小吉：それは目的っていうか，「なんのためのシステムか」にもよるね。「みんなで仲良く元気に」っていうシステムだと，関係が悪かったり元気がない人がいれば，何とかしようとするパターンがあるかも。職場や会社ってのは，仕事のためのシステムだから，「お客さんにより良いサービスを」ってなると，

コラム7　システムは見る人の頭の中にある

　「システムってどこにあるの？」と質問されたら，どう答えるでしょうか？　答えは「見る人の頭の中にある」です。さまざまなモノゴトも，つながらず，個々に切り離されたものと考える人にはシステムは見えてきません。「それぞれの要素がどうつながり，関わり合っているか」と考え，その全体を見ていこうとすれば，その人の頭の中には「システム」があると言えます。木から落ち葉が舞うのも，木や葉の付き具合，風や天候などの要素がそれぞれ影響し合っていると考えれば，「落ち葉が舞うシステム」とすることもできます。ある人が昼食にとんこつラーメンを食べるのも，好みだけでなく，スマホでの店の探し方や体調，ラーメン話をする友人などを含めてシステムと見ることもできます。ものの見方の活用は習熟度によって人それぞれですが，あらゆるモノゴトに適用することができます。

　若干ややこしいのが，「身体のシステム」や「家族・組織などの人の集まりのシステム」と表現する場合です。たとえば「家族システム」とした場合，家族をそのメンバーが相互作用しているシステムとしてみなしていることを意味します。ただし，家族など相互作用を繰り返していると考えられる人たちのシステムは，そこにパターンが生じ，「まとまりのあるシステム」となる。そうすると，ホメオスタシスやパターンによる働き方の規則性，役割や階層性といった，まとまりのあるシステムの特徴が見られるようになる。家族療法の歴史から言うと，家族を「（まとまりのある）規則性が見られるシステム」としてみなしたことから始まっています。**相互作用を繰り返している人（要素）の集まりは，パターンのあるシステムとして考えることができる**（とシステムの視点からは言える）。こうした特徴を人やその集まりの理解に活用していきます。一方で，初めて会った人同士（タロウとハナコの例や，初対面の Th と CI など）は，相互作用が繰り返されていないため，まとまりのあるシステムにはなっておらず，その特徴としての規則性は現れません（システムの見方をしても）。ですが，その初対面の人同士の一つひとつのやりとりが，どうつながり，関わり合っているかを見ていく，つまりシステムとして考えることは可能です。

　相互作用が繰り返され，まとまりのあるシステムはその特徴が現れているものと考えることができること，それに限らずさまざまな人や要素が相互作用しているものとして考えていくシステムというものの見方として，**本質論**（家族は実体のあるシステムだ）などと考えずに，ご理解くださると幸いです。

うまくサービスできるように求められたりするかもね。

ハジメ：「なんのためのシステムか」ですか!?

小吉：システムの目的によって「どんなまとまりを保とうとしているのか」が
違うからね。

ハジメ：家族システムの場合は？

小吉：家族は，基本的にはその家族で子どもを育てたり，一緒に生活していく
っていうシステムと考えられるね。もちろん離婚して親が片方になったりす
る家族もあるけど，それでもそれぞれの家族でやっていこうっていう働きが
ある。

ハジメ：そういうことなら，何かしらまとまりを保とうとするパターンはある
かもしれないです。

小吉：次はまとまりのあるシステムの特徴を見ていこう！

⇨ 7-3. まとまりのあるシステムの特徴

　ここでは相互作用を繰り返し，まとまりのあるシステムとなっていると考え
られるシステムの特徴について説明していきます。

1）システムの境界

　「境界」とは，そのシステムの範囲を示す境目のことです。人の集まりのシ
ステムで言えば，誰まではシステムの一員とし，その他は含めないという境界
です。たとえば両親と子ども 2 人の家族として，その家族システムの境界はそ
の 4 人であり，他の人は含まれないとするようなものになります。

　システムの境界は，そのシステムのルールとなるパターンの適用範囲と考え
ることが一般的で，境界内のメンバー（要素）はその影響を受けます。たとえ
ば「うちの家族は父親が帰ってくるのを待ってから夕食を食べる」という家族
システムのルールがあったとして，家族でない人にはこのルールは適用されな
いといったことです。またある部活動では，「大事な決め事は部員全員で話し
合い，出た結論を顧問の先生に報告する」というパターンがあり，部員はそれ
に準じた行動を求められるが，部員でなければそのルールは適用されないとい

Chapter 7 システム

ったこともあるかもしれません。

　ただし，システムの境界は目に見えるようなものではなく，観察者が設定することによって決められるあいまいなものです。また，コンテクストによって，家族にペットや祖父母を入れたり入れなかったりすることもあります。幽霊部員に部活のルールがどこまで適用されるかなども，ケースバイケースでしょう。ものの見方のポイントとして押さえてください。

ハジメ：家族システムの境界ですか？　これってハッキリしているものじゃないんですか？

小吉：戸籍とか制度上の「家族」みたいに厳密な定義やラインがあるものもあるね。でも「家族システム」と考えた場合，システムとしてどうまとまり，機能しているかはいろいろだよ。たとえば両親と子ども2人の家族とするね。お父さんが単身赴任して，年に数回しか帰らないとすると，その家族の日常の決め事のパターンってどうなるかな？

ハジメ：お父さんに頻繁に連絡していれば，お父さんも決め事のパターンに含まれている。

小吉：だとすれば，お父さんも含めた4人の家族システムで機能してると考えてもいいね。でもよっぽどのことじゃないと，母と子どもたちでやりとりして決めていくとしたら？

ハジメ：母と子ども2人のシステムって考えられますね。

小吉：後者の場合，帰省してお父さんも含めた4人のシステムの場合もあれば，普段は3人のシステムってなってるかもしれない。見る視点としては，誰と誰が関わってるシステムかを押さえておくのが大事だね。

ハジメ：他にもポイントってありますか？

小吉：臨床上のことで言うと，嫁姑問題とかは心理的な境界が結構関係していることが多い。お嫁さんは，「自分たち家族（夫や子ども）でまとまりを機能して生活したい」と考えているけど，それに姑が関与して侵入されてるようで，うまくまとまりが維持できないと，お嫁さんは悩んじゃうとか。

ハジメ：そういうのも家族システムの境界に関係するんですね。

小吉：システムがある程度自律的に機能するには，境界があいまいだとうまく

7-3. まとまりのあるシステムの特徴

いかないこともあるね。このあたりの詳しい説明は別の機会に譲るとして，次へいこう。

2）まとまりのあるシステムは階層や役割を含む構造を有した組織である

まとまりのあるシステムは**組織化される**という特徴です。家族であれば，家事や食事をどうするか，家計の管理といった生活していくうえで必要なことを，一人ではなくても誰かが担ってやっていくことが求められます。そうなると，やりとりを繰り返すうちに自然と役割ができてきます。また，家族外のメンバーからの接触を求められたとき（たとえば子どもの学校の先生からの連絡）に誰が対応するかといったことも，役割が決まってきます。会社でも，お金の管理をしたり，お客さんや取引先に対応する人や部署が存在しています。このように基本的な役割ができ，それに応じたパターンが見られます。

階層性もある種必然的に生じてくるものと考えられます。システムとして機能していくために，そのシステムで繰り返し情報を伝え処理していくことでパターンができます。そのなかで，重要な決定をする人や役割もできてくるのです。システムのメンバーすべてが対等で，ものごとすべてをそれぞれが納得いくまで話し合って決めるのは，多くの場合効率的ではありません。それゆえ，責任を有する一方で，決定に重要な力を及ぼす人や部署といったものがシステムに生じてくるものと思われます。社長や部長といった長などの役職，システムを管理し運営していく部署（取締役会だったり，長の集まり）などが組織の中に見られるようになります。なお，このような管理システムや，営業部のシステムといったシステム内の下位のシステムを「サブシステム」と呼びます。このようにシステムは組織化され，その役割や階層といった構造を有するものと考えられます。

システムとして考えていくうえでは，そのシステムの構造や機能を見ていくことが重要です。そのシステムがどんな**構造**で，どのように**機能**しているか，その実際を把握します。表向きの肩書といったことよりも，実際にどうなっているか。たとえば社長であっても肩書だけで，重要な決定に携わっていないのであれば，実質的なキーマンは副社長だったり，専務といったこともあります。基本となる動き方・働き方のパターンが分かれば，そのシステムがどんなふう

99

Chapter 7　システム

に動くかが理解できるのです。

ハジメ：何となくは分かるのですが，イマイチ実感が湧かないといいますか
（苦笑）。

小吉：じゃあ実際の人の集まりのシステムで考えてみよう。家族は後述するか
ら別として，ハジメさんは，中学とか高校で部活ってやってたかな？

ハジメ：どちらも野球部でした。

小吉：じゃあ高校の野球部のシステムで考えてみよう。どんな野球部だったか
な？　人数とか，どのぐらいの強さだったとか。

ハジメ：だいたい学年で1チームができるぐらいでした。9人ぐらい。甲子園
ってほどではないですけど，昔は県でベスト16に入ったこともあって，だい
たい3回戦ぐらいまでは行ってましたよ。強豪校ってわけではないですが。

小吉：じゃあ結構強かったんだね。練習も厳しかった？

ハジメ：公立なので長時間練習してたわけではないんですが，みんな真面目で
一生懸命でした。でも割と先輩とも後輩とも仲良かったです。しっかりやる
ときはやる，練習から離れたらバカなこと言い合ったりもしてました。

小吉：それで，練習は誰がどう指示してやってたかな？　普段の部活の進め方
ってどんなパターンだった？

ハジメ：えーっと，基本的にはメニューがあって，それを部長がリードして部
員に伝えて，それに合わせてみんなやってる感じでしたね。先輩の代の時も，
自分の時も。

小吉：メニューっていうのは？

ハジメ：うちの高校の場合，顧問は野球経験者じゃないことが多くて形だけで。
それでOBが監督をしてて，部活の外部講師みたいになってたんです。監督
が土日に来て，その時は監督の指示ってこともあったんですが，平日は監督
が決めたメニューを部長が聞いて，それをもとにやってました。

小吉：ふむふむ。監督が決めたって言ってたけど，監督は一人で決めてたのか
な？　それとも部長と相談したりしてた？

ハジメ：コーチもOBの人で，監督はコーチとも相談してました。そういえば
メニューを決める時は，部長もそうなんですけど，副部長やレギュラーの主

力の人も加わって話し合ってましたね。土曜の練習前に平日の様子を部長が監督に伝えて，土日練習して，日曜の練習後に監督，コーチも交えて5人ぐらいで10分ぐらい話し合ってました。

小吉：そうすると，OBの監督やコーチっていう部活の運営をする大人のシステムがあって，部員の中でも，部長や副部長，主力の3，4人ぐらいっていう部をリードしていく人たちのシステムがあるんだね。ちなみに，監督と部長らの意見が食い違うこともあったかな？　そういう場合ってどうしてたか分かる？

ハジメ：それは監督が最終的に決めていたはずです。部長らの意見も聞きながら，監督が決めるっていう形でした。

小吉：そうなんだね。さて，どうだろう？　練習など部活の進め方について，監督らOBの運営システム，部員の中での管理・進行する部長らのシステム，こうした階層・構造があって，部長らの意見を聞きつつ，監督がメニューなどを決定し，それに従って部長が主となり指示を出し，部員は合わせてやっていくパターン。

ハジメ：意識してなかったけど，うちの部ってそうなってたのか。確かに言われるとそうかもです。

小吉：普段の部の進め方っていう部のシステムにとって大事なことを決める際のパターンだよね。そうすると，部にとって大事なことを決めていくのは，同じようなパターンになってたんじゃないかな？

ハジメ：次の部長を決める時も，だいたい同じメンバーで話し合って，最後は監督が決めてました。ああ！　これが部のシステムの大事なことを決定し，進めていくパターンってことですね。

小吉：そうだね。ある程度の人数の集まりともなれば，大事なことを決定して運営していくパターンはどんな形にせよあるし，それに応じて必然的に組織化されて，管理するサブシステムや役割が生じているものなんだ。ところで，たとえば練習試合の予定や部費の管理とかは，誰がどうしてたかな？　同じパターンだった？

ハジメ：練習試合は監督が他校の監督と話し合って決めてました。顧問の先生にも一応相談して。でも部員の中では，副部長の役割でしたね。

Chapter 7 システム

小吉：副部長の役割って？

ハジメ：部長はだいたいプレーもうまくて，主力の人がなるんですね。プレーでも引っ張っていけるようにってことだと思います。でも副部長は，レギュラーじゃない人もいて，気が利くというか，こまごまとしたことができる人がなっていたように思います。部費だったり，どこに何時に集合するかとかは監督と主に副部長が相談して，副部長がみんなに言ってました。

小吉：そうすると，スケジュール管理や部費なんかは部員の中では副部長が主になって進めるっていうシステムなんだね。

ハジメ：はい。こういうのって会社で言えば，事務とか庶務とかってことですかね？

小吉：そうなるね。主となる決定・運営のシステムとそこでのパターンもあれば，経理・庶務的なシステムとそこでのパターンもある。コンテクストによって野球部システムの情報伝達の仕方や働き方が違う。でも何かしらこのように人の集まりのシステムは組織化される。一例だけど，他のシステムでも何かしらの構造とパターンはあるはずだよ。イメージできたかな？

ハジメ：分かりました!!

3）システムの階層関係

　システムは階層的になっていると考えられ，上位あるいは下位のシステムと相互に影響し合っているという特徴です。生物体で考えたときに，さまざまな分子が集まり，それらが相互作用しながら機能する一つひとつの細胞システムになります。それらの細胞が集まって機能する器官システムになります。さらに器官や関連部位が集まって，一つの生物の身体システムとなるのです。細胞システム⇔器官システム⇔身体システムと，それぞれの異なるレベルのシステムは，相互に影響し合っています。激しく運動すれば，身体システムはそれに影響して発汗したり，疲れたりします。その時器官システムでは，心臓の動きが活発になり心拍数が上がったり，呼吸器系も，酸素を取り入れようと反応します。細胞システムでも，血流が活発になるなどの変化が連動して見られます。このように，関連するシステムも相互に影響し合い，関わっていて，変化が生じることになります。

7-3. まとまりのあるシステムの特徴

　これは人のシステムにも当てはめて考えることができます。一人の個人のシステム，そうした個人が集まってできた家族システム，いくつもの家族が集まってできた社会システムなどです。日本社会の経済不況はそれぞれの家族の家計に影響を与え，家族それぞれの小遣いにも影響する（こともあります）。あるいは，子どもや教師（個人システム）が集まってできる学校システムは，より上位の文部科学省や教育委員会の方針を受けています。さまざまな階層・レベルのシステムも，相互につながり，関わり合っていると考えられます。

　一つの事例を考える際に，細胞から社会システムまで考えなければならないわけではありません。時には細かく丁寧にそのクライエントの認知システムを扱うこともあれば，問題の背景として大きく影響しているなら，社会や地域といった広いシステムを考慮した方がベターなこともあるでしょう。これらはケースバイケースですが，問題とシステムの関連を考慮するにあたり，必要に応じてつながっているシステムを押さえることが重要と思われます。

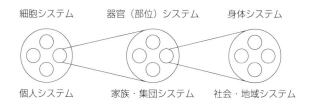

ハジメ：階層的にいくつものシステムが関わっているっていう説明ですね。言われればそのようにも思いますが，そんなに考える必要がありますか？
小吉：問題のシステムがシンプルな場合は，そんなに拡げて考えなくてもいい。無理に複雑に考えることはないよ。たとえば不登校の事例なら，その子どもや家族のシステム，学校のシステムぐらいは考えるよね？
ハジメ：そうだと思います。
小吉：だけど，その子どもが喘息とか身体疾患を患っているなら，問題に関わる身体システムを考えることが必要な場合もある。喘息がどのぐらいで，それが普段の学校適応にどう関わっているかとか。
ハジメ：病気がどのように関わっているかですね。それは押さえておいた方が

Chapter 7　システム

いいかもしれません。

小吉：あるいは，その子どもが本家の跡取り息子で，同居していないけど，祖
　　　父母や親戚から注目を集め，期待されているとなれば，両親と兄弟といった
　　　家族システムだけでなく，祖父母や親戚を含めた拡大家族のシステムを考慮
　　　した方がいいこともある。あと極端な例だけど，外国人の親とかだと，日本
　　　人の「学校に行くこと」という前提と違ってることもあって，そうなると文
　　　化的なシステムや背景を理解しておいた方がいいこともある。

ハジメ：そのCIや家族，問題に影響が強い場合は考慮した方がいいこともあ
　　　るってことですね。それと「上位」「下位」っていうのは？

小吉：これは便宜上物理的に大きいと思われるものを「上位」とし，小さいも
　　　のを「下位」としているってこと。上位の方が影響力が必ず強いってわけで
　　　はないよ。

ハジメ：そうですか？　上位の方が強いようにも思えますが。

小吉：あまりいい例ではないけど，ハジメさんが所属していた野球部に，1年
　　　生ですごくうまくてエースで4番の人が入ってきたとするね。試合でそのエ
　　　ースが中心になり，監督や部長も一目置くようになって，エースの意見を練
　　　習に取り入れるようになったら？

ハジメ：そのエースの意見が部全体に反映されるってことにもなるかも。

小吉：階層における上位下位でいったら，エースも一部員だから，監督や部長
　　　らの「部の運営システム」よりも下位になるよね。でも，野球部システムの機
　　　能では，違うってことにもなる。上位下位というよりも，システムは階層的
　　　に関わり合ってることだけ押さえておこう。

⇨ 7-4. システムの3側面：機能，構造，発達

　まとまりのあるシステムにおける，3つの側面について述べます。これまで
の説明に含まれているものでもあり，また並列するポイントというよりも，ま
とまりのあるシステムをそれぞれ異なる角度から見るポイントといえます。

7-4. システムの3側面：機能，構造，発達

1）システムの**機能的側面**

　そのシステムの機能となる働き方・動き方のこと。まとまりを保とうとし，内外の変化へ対応するパターンや，モノゴトを決定するパターン，情報伝達のパターンなど，主要な働き方がこれに含まれます。これまで説明してきたパターンに関わるものになります。機能的側面では，そのシステムの動き・パターンとして動画のように捉えることになります。

2）システムの**構造的側面**

　そのシステムを構成する要素間の関係や役割，範囲やその境界などの構造的な側面。たとえば両親と子ども2人の家族をシステムとするなら，その4人を構成要素とした範囲のシステムであり，両親や兄弟，あるいは親子といった関係・役割を有すると考えます。構造的に考えた場合，一定のコンテクスト・視点から見たシステムの要素間の関係を示すことになり，静止画のようなものとして考えられます。

3）システムの**発達的側面**

　システムが時間的な推移により変化すること。家族システムで言えば，結婚して夫婦となり，子どもが生まれて夫婦が親になります。父母が子どもを育て，子どもがだんだんと大人になり，それに併せて，親も対応を変えていきます。子どもが巣立ち，父母は夫婦の関係を新たにします。父母が年老いてきて，どちらかが亡くなり，もとの家族が終わりを迎えます（家族ライフサイクル）。このように時間的な推移とともに，システムは構造や機能を変化させていくものだと考えます。

　これらについて，タロウとハナコのカップルが結婚し，子どもが生まれた後の具体例をもとに説明していきます。

〈例〉　タロウとハナコの家族の推移
　ハナコが職場の悩みで「うつ」状態になったものの，ハナコは仕事を変

Chapter 7 システム

え，通院しながらお薬を飲み，タロウの支えもあって元気になりました。付き合ってから3年の交際を経て，タロウとハナコは結婚することになりました。結婚時の年齢は，タロウが29歳，ハナコが27歳でした。結婚して2人の子どもに恵まれ，長男はジロウ，長女はハナミと名付けられました。結婚・出産を機に，ハナコは仕事を辞めて専業主婦となり，主に子育てと家事に専念するようになりました。タロウは仕事に精を出しながらも，ハナコが子育てに追われたり困らないように，家にいる時は子どもの世話をしたり，ハナコが一人で落ち着ける時間を週末につくるようにしています。今ではタロウが33歳，ハナコが31歳，ジロウくんは3歳，ハナミちゃんは1歳で，家族4人で楽しく生活しています。

小吉：タロウとハナコのカップルが結婚し，子どもが2人できて，4人家族になったってところ。説明の都合上シンプルにしてあるよ。これでシステムの3側面を説明していこう。

ハジメ：結婚時のこの家族の機能や構造はどうなるでしょうか？

小吉：「結婚時の家族」の構造は，タロウとハナコの2人がそのメンバーだよね。機能で言うと，これまであれこれ説明してきたパターンのこと。付き合った時と変わってなければ，前章の「新たな出来事・場面に遭遇した時に，タロウが話題を振ったり意見を出し，それを受けてハナコが答えて，2人で話し合って決定する」「ハナコが困ると，タロウが対応する」などのパターンが，家族システムの機能って言えるね。

ハジメ：はい。それが2人の子どもができた現在だとどうなりますか？

小吉：図にしながら説明しよう。

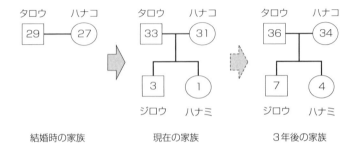

7-4. システムの3側面：機能，構造，発達

小吉：「現在の家族」の構造は，タロウとハナコの夫婦であり両親と，ジロウくんとハナミちゃんの子ども2人，の4人をメンバーとした家族。

ハジメ：他に構造っていうと？

小吉：現在の家族システムでは，タロウとハナコの両親システムと，ジロウとハナミちゃんの兄妹システムがあると考えられる。

ハジメ：機能面ではどうでしょうか？

小吉：これまでの夫婦のパターンだけでなく，子どもが生まれると，親として育てていくことが家族の課題として求められるから，子育て・養育っていうコンテクストでの，父母としてのタロウ・ハナコとジロウ・ハナミとのパターンは何かしら生じることになる。そうしたなかで，ハナコが主に子育てや家事をし，タロウは仕事をしながらも，家ではハナコに協力するっていう形になってるみたいだね。

ハジメ：動画と静止画のたとえについてもう少し詳しく教えてください。

小吉：機能は，そのシステムの働き方だから，「誰が誰に何をどうしてどうなるのか」と動きや関わりとして捉えられる。ハナミが泣いてもハナコがなだめるというように。構造になると，図で示せるようなものになる。ある時点，場面，視点から見た，要素間の関係性を示すもの。ここでは「結婚時」と「現在の」と「3年後の」とその時点での家族構成と年齢を示すか形で構造を示している。ちなみにバランス理論も構造図の一つと言えるね。

ハジメ：ふむふむ。ところで家族の課題ってどういうことですか？　家族ライフサイクルっていうのも説明にはありますが。

小吉：前提としてだけど，人間の場合，生まれた時に生物学的に未熟で一人で生きられない。そのため，親やその代りとなる大人が子どもを守り育てるということが必然的になる。社会的にも，せめて中学は卒業していないと働けないよね？　日本の場合だと。

ハジメ：考えてみるとそうですね。

小吉：だから多くの場合，子どもが生まれれば，親が子を育てることが「家族の課題」となるということ。このように，「家族」を一つの単位とし，その発達を周期的に捉え，その時々の求められる発達課題について述べたものが「家族ライフサイクル」っていうことなんだ。

Chapter 7　システム

ハジメ：個人のライフサイクルは学びましたが，家族にもあるんですね！

小吉：結婚すると，夫婦二人でセットになる。二人で生活していくのに，経済的にどうするか？　家事をどうするかなどで，夫婦のシステムにそれぞれの対応パターンや役割が生じる。子どもが生まれると，夫婦は親となり，子どもをどう育てていくかも家族の課題となり，それに対応することが構造的にも機能的にも求められるって考えるんだ。

ハジメ：夫婦としての家族と，そこから発達しての子どもをもった家族で，周期的に変わってくる。

小吉：図では「3年後の家族」を示しているよね。この3年後の家族なら，どんなことが家族の課題として考えられるかな？

ハジメ：えーっと，それぞれ年をとって，子どもは7歳と4歳で……。

小吉：日本で言えば，7歳の子どもって何してる？

ハジメ：小学校1年か2年ですね。あ，そういうこと!?

小吉：7歳の子どもなら，小学校に入ってるよね？　義務教育の始まり。そうすると「子どもを学校に通わせる」ことが，家族の課題になってくる。教育をどうするかっていう。幼稚園での英才教育を受けさせていたりすれば，もっと早くに家族の課題になっているかもしれない。でも，遅かれ早かれ子どもがこのぐらいの年齢になるまでに，「子どもの教育」が課題になってくる。それへの向き合い方は家族それぞれだけど，何かしら対応する機能・パターンは求められる。

ハジメ：こういうのが周期的・時間的推移によって出てくるっていうのが，発達的視点なんですね。

小吉：これらはある程度予測できる課題だね。周期的なものとして。加えて言うと，たとえば家族の誰かが病気になるとか，お父さんの会社が倒産するとか，突発的に起こる課題もある。

ハジメ：どういうことですか？

小吉：ある程度予測できる課題だけでなく，たとえばハナコさんが内科的疾患で入院すると，その間子どもの世話や家事などハナコさんが担っていた役割を何かしら対応する必要が生じる。そうした突発的で予測しにくいことへ，対応を求められ，家族のシステムが構造的・機能的に変化することもある。

7-4. システムの3側面：機能，構造，発達

ハジメ：確かにそういう場合もありますね。言われればそうなんですが，これってそんなに大事なことですか？

小吉：もちろん！　だって，こういう家族システムの変化のなかでCIや家族も生活しているんだし，臨床的な問題もそのなかで生じるものだから。

ハジメ：そう言われればそうなんですが……。

小吉：一般論だけどね，結婚時に「うつ」などの問題が生じたとしたら，夫婦・家族としてやっていくことの課題（夫婦間のルール設定やそれぞれの原家族との関係）で行き詰まったのかもしれないし，その課題が多かれ少なかれ関与していると考えられる。子どもが生まれてとなると，「養育」という課題が行き詰まりに関与しているかもしれない。子どもが小学校へなど教育期になると，それが関与しているかもしれない。あるいは「うつ」で大変ななかで，それぞれの課題への対応が難しくなっていることもある。

ハジメ：むむむむむ……。その家族の行き詰まりや困難さが，家族の発達的課題に関与している可能性があると。

小吉：だからって原因論にするのではなく，それぞれのCIや家族の大変さやそのシステムの動きを理解するために押さえておいてね。ここでは簡単に触れるに留めるけど。

ハジメ：分かりました。

小吉：なお留意点として，家族ライフサイクルといっても，それぞれの個々の年齢やライフサイクルも考慮するんだよ。

ハジメ：どういうことですか？

小吉：分かりやすいように極端な例だけど，仮にタロウ，つまり父親の年齢がプラス30歳だったとしたらどうかな？　結婚時に59歳，奥さんが27歳だとしたら。

ハジメ：すごい年の差夫婦ですね。でも，ありうるかも。

小吉：そうなると夫婦のルールのつくり方も違うだろうし，子どもが3歳と1歳で，父が63歳，母が31歳だとすると，養育という課題への取り組み方も変わってくるよね。下の子が成人した時は，父82歳，母50歳になる。仕事をいつまで続けられるかによっても，家族の経済事情も変わってくる。

ハジメ：単純に養育期か教育期かってことだけでなく，それぞれの家族システ

Chapter 7　システム

ムを見ていくことが大切なんですね。こういう発達的視点は，他のまとまっ
たシステムでも見られますか？

小吉：会社でも，スポーツのチームでもそうだけど，「代替わり」「世代交代」
ってあるよね。それぞれの組織の中心となっていく人たちが，あまり年齢が
高いと体力の問題だったり，時代的にうまくいかなくなるとか。こういうの
も時間的推移でシステムが変わってくると考えられるね。まとまったシステ
ムなら考えられる視点だよ。

ハジメ：また振り返ったりしながら，少しずつ学んで取り入れていこうと思い
ます。

Chapter 8 人の認識をどう捉えるか：枠組みという考え方

　本章では，「枠組み」という考え方について説明していきます。システムズアプローチでは，言葉や観念，イメージなどの心理的過程について「枠組み」として考えていきます。ここまで述べた相互作用やパターン，システムといった「システムというものの見方」とは，ちょっと別の角度からの説明と思えるかもしれません。一方で，言語，認知，情緒といった人の心理的過程を「枠組み」として捉え，人の認識システムを，枠組みを要素として考えていくことになります。
　以下，そのポイントについて説明していきます。

⇨ 8-1. 枠組みと枠組みづけ

　「枠組み」とは，人がコミュニケーションする際に，相手の言葉ややりとり，出来事や自分を取り巻く環境をどう認識し，**意味づけ**，**関わる**かという過程に関する事柄です。
　たとえば，喫茶店にいるとします。目に見えるのは，コーヒーなどの飲食物や喫茶店の光景，耳を澄ませば他の客の話声や流れる BGM，他にもその店の気温や雰囲気，座っている椅子の固さ，コーヒーや食べ物の香りなどが感じられるかもしれません。相手が一緒なら，その人の姿や話しかける声なども感じるでしょう。こうしたあなたを取り巻くもの（これを以後「事象」と呼びます）を，情報や刺激としてあなたの感覚器官で受け取り，認識しています。これを認識する際，「暑い」とか「騒がしい」とか「落ち着く場所だ」などと，まとま

Chapter 8　人の認識をどう捉えるか：枠組みという考え方

りのあるものとして何かしらの意味づけをしたり，**自分にとっての情報として**いると考えます。これを「枠組み」と呼びます。この過程のなかで，事象そのもののなかから，**人は何かしらの特徴あるものとして切り取り**，まとまりのあるものとしていると考えます。コーヒーを飲んで，「美味しい」と認識する（枠組みづける）としたら，それはコーヒーやそれを飲んだ際の感覚そのものではなく，それを「美味しい」というまとまりとして切り取って，認識している。そうしたまとまり（枠組み）として人は捉え，その認識をもとに思考したり，行動したり，言葉として表出したりして，コミュニケーションしています。このように考えると，何かしらの事象を指し，文字や音声を当てはめているならば，言葉はすべて（言語的な）枠組みであると考えられます。なお，**事象をまとまりとして認識することを「枠組みづけ（る）」**，**まとまりとして認識されたもの**を「**枠組み**」と呼びます。

〈例：言葉を覚え始めた乳児と母親が，車のおもちゃで遊んでいる一場面〉
まあくん1：（車のおもちゃで遊んでいる）
母1：まあくん，これ何て名前（車のおもちゃを指さして）。
まあくん2：あー（母を見て，母の指さす車のおもちゃを見る）。
母2：「ブーブー」って言うんだよ（車のおもちゃを指しながら）。
まあくん3：ぶーぶー。
母3：うん。ブーブー（微笑みながら）。
まあくん4：ブーブー。ブーブー。
母4：そう。ブーブー（微笑みながら）。
まあくん5：ブーブー！　ブーブー！　（車のおもちゃを持って動かしながら）。

小吉：さて，まず「枠組み」という考え方の最初のところ。母と乳児（まあくん）が車のおもちゃで遊んでいて，車のおもちゃを用いながら，「ブーブー」と名づけて，言葉を覚えていくところ。
ハジメ：発達心理学で出てきそうな母と乳児の例ですね。
小吉：この場合，車のおもちゃそれ自体を事象としよう。それを言葉（ここでは音声）を事象に当てていく過程で，母が「ブーブー」と言って，それをまあ

くんが「ブーブー」という言葉で枠組みづけている。

ハジメ：「ブーブー」が枠組み？

小吉：そう考えてみて。もちろん，車のおもちゃ自体を認識したものも，言葉が当てられていない枠組みではあるけど。そうした視覚映像や感触をもったもの自体も枠組み。

ハジメ：視覚映像も枠組み？

小吉：うん。たとえば，「海辺」を思い浮かべてって言うと，ハジメさんなりに何かしらの海辺のイメージって思い浮かべたりするよね？

ハジメ：はい。この前友達と行った湘南の海のイメージを思い浮かべました。

小吉：なんかカッコいいね（笑）。一応「海辺」って言葉は当ててはいるけれど，そうすると思い出すイメージってあるじゃない。そういうのも心理的な枠組みの一つ。何かのメロディも，ある時の旅行先の雰囲気なんてのも，何らかのまとまりのあるものとしてその人のなかにある。そうしたまとまりを「枠組み」というんだ。

ハジメ：そういうまとまりが枠組みですか。

小吉：そう。でもそれってその時の湘南の海そのものではない。湘南の海自体を事象としたら，それをハジメさんが受け取り，印象的だったりした一場面が枠組みづけられて，枠組みとして残っているもの。イメージしたのは「枠組み」。

ハジメ：確かに湘南の海そのものではないですね。事象と枠組みの違いについては分かりました。

小吉：話を戻して，母の言葉かけで，乳児が車のおもちゃに対して「ブーブー」という言葉を当てて，言語的な枠組みづけをする。そうすると，以後まあくんにとって，車のおもちゃ＝「ブーブー」となる。母とまあくんの間で，「ブーブー」と言ったら，車のおもちゃを意味することになって，まあくんが母に「ブーブー（はどこ？）」と言って，母が持ってくるというようなやりとりが見られたりする。

ハジメ：言葉を覚えて，それを使いだすという発達過程ですね。

小吉：そうでもある。というのは，人はものや出来事，やりとりといった事象を言語的に枠組みづけて認識していくという「言語の学習」過程を示す意味

Chapter 8 人の認識をどう捉えるか：枠組みという考え方

でこの例を出したんだ。だけど，それは乳児だけに限らず，今ハジメさんと
やりとりしていても，枠組みづけて，枠組みでコミュニケーションしている
のって気づいている？

ハジメ：えっ!?　今のやりとりでもですか？

小吉：たとえば「母と乳児のやりとりの場面」って言語的に枠組みづけて話し
　　　ているけど，この場合先に挙げた母とまあくんのやりとりを示しているよ
　　　ね？　これも私とハジメさんのやりとりのなかで，例のやりとりという事象を，
　　　「母と乳児のやりとりの場面」という枠組みとして提示し，二人で共有して用
　　　いているよね。

ハジメ：そういえばそうですね！

小吉：このように，コミュニケーションする際には，何かしらの事象を枠組み
　　　づけ，その枠組みを用いながらコミュニケーションしているんだ。枠組みと
　　　いう観点からすると，これまでの文章はもちろん，どんなコミュニケーショ
　　　ンでも枠組みで表現されていると言っても過言ではないほど。

ハジメ：そうなんですか。驚きです。

小吉：それで，まあくんが車のおもちゃを「ブーブー」として枠組みづけ，認
　　　識したとする。その後「ブーブー」と言ったら，車のおもちゃを指すけど，他
　　　の車のおもちゃも，実際の道路で走っている車も「ブーブー」と呼んだりして，
　　　対応する事象が変わったりしながらも，「ブーブー」枠組みを活用したりする。

ハジメ：枠組みとして捉え，それを活用するようになる。

小吉：そうしてコミュニケーションしていくんだ。また，まあくんが「ブーブ
　　　ー」に興味を示す様子を見て，母が「まあくんは，ブーブーが『好き』だね」
　　　なんて言って，まあくんが「好き」という枠組みを覚えたとする。そうなると，
　　　まあくんにとって，自分が興味を示すもの＝「好き」という枠組みができたり
　　　する。

ハジメ：枠組みが重なっていくんですか？

小吉：そう言ってもいいね。「ブーブー」＝車（のおもちゃ），「好き」＝自分が
　　　興味を示すもの，「海辺」＝湘南の海の一場面のイメージ，「母と乳児のやりと
　　　り」＝上記の例，というように，枠組みとして事象をまとめて捉えて認識し，
　　　それを私とハジメさんで用いてコミュニケーションしている。そうした枠組

114

みの重なりが自然と発生するし，そうして人は情報を伝え合ったり，さまざまなことを学習したりしていると考えているんだ。

ハジメ：枠組みでコミュニケーションはまだいいとして，学習していくのですか？

小吉：そう考えている。たとえば，まあくんは，母だけでなく，さまざまな人とのやりとりのなかで，誰かをぶったら母に「ダメでしょ！ そんな『いけないこと』しちゃ」と言われて，ぶつ＝「いけないこと」という枠組みをもつかもしれない。他の場面で，ごはんをこぼすと同じように母から言われて，「いけないこと」＝ぶつ，ごはんをこぼす，と意味づけ枠組みとするかもしれない。そうすると，ぶったり，ごはんをこぼすのは「いけないこと」で，「いけないこと」をすると母から注意されるという相互作用がまあくんにイメージされ，まあくんはなるべくしないようにするという行動をしようとするかもしれない。そうやって，枠組みが集まったり，重なったりして，学習していくとも考えられる。

ハジメ：むむむ。すべてを枠組みとして考えていくんですか。

コラム8　地図は土地ではない（The map is not the territory）

　これはコージブスキー（Korzybski, A.）の言葉で，ベイトソン（Bateson, 1970）がよく引用する言葉の一つです。もともとの意味は，名づけられた実際のものと，その名前は同じものではないということ。実際の土地の特徴を，山を○○，工場を□□，道を▽▽という記号にして表示し，土地の特徴を記号化して一枚の図面にしたものが地図。ベイトソンは，人の認識を説明するのにこの例をよく用いて，事象を何かしらに記号化したり（言葉も記号化の一つ）して枠組みづけ，そしてコミュニケーションしていると考えていたようです。

　言われればごく当たり前のことのようですが，日常の生活では枠組みと事象が分けられておらず，混在しているようなことが多々あります。地図上ではちゃんと表示されているのに，実際に行ってみたら舗装されていない細い道だった，どこで曲ればといいか分からない，というような体験をしたことがないでしょうか？「いじめだ」とビックリしたら，弱いものいじめのこともあれば，ちょっとしたじゃれ合いやからかい，掃除をサボっていたのを注意された，なんてことも。事象として実際に起こっていることと，それをまとめた枠組みは分けて考えることが重要です。

Chapter 8 人の認識をどう捉えるか：枠組みという考え方

小吉：枠組みについては，角度を変えて少しずつ説明していくよ。ここでは，「枠組み」「枠組みづけ」という考え方と，事象と枠組みの対応や，「枠組み」でコミュニケーションしていることについて押さえておいて。

⇨ 8-2. コミュニケーションは枠組みの表示を目的とした行為であり，そこには相手への期待や意図といった枠組みが関わっている

　これは枠組みの観点から，相互要求のキャッチボールやコミュニケーションの影響性について述べたものです。「○○」という内容（これが枠組みの表示）を伝えて，相手に反応を要求するという「相互要求のキャッチボール」がコミュニケーションには含まれています。枠組みそのものには要求の側面はないものの，コミュニケーショナルな世界で枠組みが用いられると要求の側面が生まれることになり，そこにはその人の意図や期待という枠組みが関わっているという考えです。

　先の母とまあくんの例を取り上げてみましょう。「ブーブー」という言語的な枠組みが母とまあくんに共有されたとします。「ブーブー」というのは，コミュニケーションの場でなければ，ただの枠組みと言えます。でもまあくんが母に向かって「ブーブー」と言うと，まあくんは言葉上は「ブーブー」ではありますが，母に対して「ブーブー（車のおもちゃ）はどこ？」であったり，「ブーブーを持ってきて」というような要求をしていることになります。これを枠組みの観点から言うと，まあくんは「ブーブー」という枠組みを表示してメッセージの内容を伝えるとともに，そこには母に反応を要求するにあたって，「お母さんに○○して欲しい」といった相手への意図や期待といった枠組みが必然的に関わっていると考えられます。さらには，まあくんが母に「ブーブー」と言って，母が車のおもちゃを持ってきて，まあくんと母で遊ぶといったやりとりが繰り返されると，パターンが形成されると共に，まあくんの「ブーブー」には，母へ反応を要求することに加え，「ブーブー（車のおもちゃ）で一緒に遊ぼう」といった意味を持つようになります。このように，メッセージを発する人が枠組みを表示し，その行為には相手への反応を要求したり，相手と

の関係におけるその人の意図や期待といった付随する枠組みが関与していると考えています。

　テレビ CM などでは，映像などのイメージと共にインパクトのある枠組みが提示され，それで視聴者に商品を買ってもらおうという意図があるでしょう。書籍でも，読者に物語や知識などを説明し，分かってもらおうとして文章化されています。悩みごとの話なら，辛い気持ちを分かって欲しくて話しています。何気ない友人や知り合いの話でも，楽しかったことや感じたことを共有したいといったことがあるでしょう。話している当人がどれだけ意識しているかは別として，コミュニケーションにはそれに付随する枠組みが関与していると考えられます。

ハジメ：期待や意図といった枠組みが関わっている？

小吉：まず枠組みを表示するにせよ，何かを認識するにせよ，「枠組みに関わる行為をする際には，同時に複数の枠組みが存在し関わっている」と考えるんだ。

ハジメ：？？？

小吉：たとえばハジメさんは今晩何を食べようと思うかな？

ハジメ：うーんと……，ラーメンでも食べに行こうかなと。

小吉：どうしてラーメンを選んだの？

ハジメ：頭が疲れたし（苦笑），手軽に食べにいけそうなものと思って。好きですし。

小吉：そうすると，頭が疲れているという体調に関する枠組みや，手軽な外食という食事に関わる労力の枠組み，好きという自分の食べ物の好みの枠組みから選択して，私の質問に「ラーメン」という枠組みの表示をしたとも言えるよね。

ハジメ：あー！　これが同時に複数の枠組みが関わっているということですか!?

小吉：そういうこと。人が何かをする時に，それに関わる枠組みが存在している。表明されていない，言外の枠組みが関与しているってこと。話すにしても，何からどんな言葉で言うかってのも，関連する枠組みとの相互作用のなかで，

何かしらの基準で選択されている。そのなかに意図や期待といった枠組みは含まれていると考えるんだ。

ハジメ：ラーメンの場合だと？

小吉：恐らくはハジメさんには「お腹を満たしたい」とか，「労力をあまり使わないで食事をしたい」といった枠組みが「ラーメンでも食べに行こうかな」という枠組みの表示に関係しているんじゃないかな？　それが意図や期待の枠組み。

ハジメ：確かにそうですね。そういう点では意図や期待といった枠組みがあって，「ラーメン」発言に関わっていますね。

小吉：同じようにまあくんの「ブーブー」にも，「遊びたい」という意図や「お母さん一緒に遊ぼう」という期待などの枠組みが恐らくあって，「ブーブー」発言があると考えるんだ。

ハジメ：あ，でも居酒屋とか飲みに行くのでもいいです。小吉さんどうですか？

小吉：えっ！？どういうこと？（笑）。

ハジメ：ちょっと職場のこととか相談したいこともありまして……（苦笑）。

小吉：そういうことね。これまでの飲み会で，ハジメさんから相談受けるってことがあったから，ハジメさんにとって「飲みに行きません？」は，「ちょっと相談に乗って欲しい」っていう期待枠組みが関わっているって言えるね。

ハジメ：はい，そういうことです（笑）。

⇨ 8-3. 同じことでも，どう枠組みづけるかによって意味が異なる

　ものや出来事，やりとりなどのさまざまな事象を，まとまりとして区切って認識し（枠組みづけ），そのまとまりを枠組みと考えていきます。しかし，事象をどのように切り取り，認識するかは非常に多様であり，それによって意味することも異なってきます。

　たとえば富士山をカメラで写真を撮るとします。同じ富士山という素材（つまり事象）であっても，夕焼けを背景にそびえ立つ光景を写した写真であれば，

言葉にすれば「壮厳な」といった印象かもしれません。青々とした空を背景にして頂上が白く雪が残っている写真ならば、そのコンストラストから「美しい」という印象の写真かもしれません。登山道に落ちているゴミを片隅に入れた写真だと、「自然破壊」や「環境問題」の一面を表した写真と思われるかもしれません。

　このように、事象をどの角度からどこに焦点を当てて区切りとられ、写されるかによって、示されるまとまり（つまり枠組み）とそれが意味することが異なってきます。カメラワークだけでなく、映画の編集作業や照明の当て方でも、どんな言葉でどう表現し物語を作っていくかということでも、事象をどう区切りとり、認識し、表現するかによって、まったく異なるものとなるでしょう。枠組みづけ方とその表現の仕方が素晴らしいとされるものが、芸術作品であり、それをするのがアーティストとも言えるかもしれません。でも、これはアーティストに限ったことではなく、人がコミュニケーションするうえで、日常的にしていることであると考えられます。

〈例①〉　1 + 1 = （　？　）

小吉：まず例①から。ハジメさんはどう枠組みづけたかな？

ハジメ：これって「算数の問題」で、「正解は2」じゃないんですか？

小吉：多くの人はそういうふうに枠組みづけると思う。間違いとかじゃないよ。

ハジメ：多くの人は？　他のものがあるんですか？

小吉：もちろん。「1 + 1 =『たんぼの田』」って聞いたことない？　たとえばそういうの

ハジメ：なにそれー！

小吉：そういう枠組みつけ方もあるってこと。前提として数字と＋や＝といったものを数式として自然と捉える枠組みづけ方があるから、「算数の問題」って枠組みづけるけど、それだけではない。他にも、文字が読めなかったりしてこれが数式と認識できない人からするとどうなる？

ハジメ：それなら……、ただの線というか僕らからすれば数字の形をしたものとかかもしれないですね。

Chapter 8　人の認識をどう捉えるか：枠組みという考え方

小吉：僕らがはるか昔の時代の文字を見たときのように，「何かの記号か文字かがいてある」っていう枠組みになるかもしれない。

ハジメ：こんな当たり前のようなことでも，いろいろな枠組みづけ方があるんですね。

小吉：そういうこと。それによって意味することが異なってくる。では次の例。

〈例：ある夫婦のコミュニケーションのズレ〉
　とある休日に，妻は買い物へ行くのでその間に夫に洗濯をしてくれるように頼みました。その後で妻が帰宅して洗濯物を見た場面です。

妻1：アンタなにこの干し方！　ちゃんと洗濯してって言ったじゃない!!

夫1：ちゃんとやったじゃないか。何怒ってるの？

妻2：ちゃんとやってないじゃない！　しわがいっぱいついたままだし，干す時にしわを伸ばしてなかったでしょ！

夫2：いいじゃないか，それぐらい。

妻3：こんなんじゃもう一回やり直しだわ，まったく。

夫3：なんだよ，せっかくやったのに……。

小吉：夫婦の「洗濯をする」ことについてのコミュニケーションのズレの例。

ハジメ：こういうことってよくありそうですね。これは「洗濯をする」って枠組みに違いがあるってことですか？

小吉：うん。夫からすれば，「洗濯をする」という枠組みには，洗って干すことまでで，「しわを伸ばす」という行為は含まれていない。でも妻からすれば，「洗濯をする」という枠組みには，洗って，干す際に「しわを伸ばす」というところまで入っている。だから妻は「洗濯をする」ことを頼めば，当然しわを伸ばすことまで含めて夫にやってもらうことを期待していて，それなのにやってないから妻は怒る。夫からすれば自分の「洗濯をする」枠組みではちゃんとやっているから，妻の頼みに応じてしたのに，妻から「ちゃんとやってない！」と怒られて，心外な気分。

ハジメ：同じ「洗濯をする」なのに，枠組みに含まれる行為や事象が違うんで

120

すね。

小吉：だから意味することも異なってくるということ。夫も妻も「洗濯をする」という同じ言葉を用いていながら，その枠組みが示すものは人によって違う。だから臨床するにしても，CIの表示する枠組みが何を示しているのかを把握しないと，誤解が生じてしまうこともある。

ハジメ：話を聞いていて，SCT（文章完成法）のことを思い出しました。

小吉：あれは「子どもの頃私は（　　　　）」とか課題の文章があって，その人の枠組みから何を連想し，書き示すかっていう心理テストだよね。あれの答え方は千差万別だし，示された枠組みからその人のパーソナリティというかどんな枠組みや枠組みづけ方なのかを把握するもの。

ハジメ：枠組みや枠組みづけ方が現れるってことですか？　ロールシャッハ・テストなんかもそう？

小吉：そうだね。枠組みの視点からすると，「インクのしみ」という事象に対して，どう区切ってまとまりとして意味あるものとして見るかっていう，枠組みテストとも言えるね。その傾向をロ・テストなりの基準で解釈するけど。

ハジメ：ロ・テストと同じように，どう枠組みづけるかによって，パーソナリティが分かったりするんですか？

小吉：パーソナリティという因果論的な要素に還元していくわけではないよ。でもどう枠組みづけるかってことは，その人のものの見方が反映されていると考える。枠組みづけ方ってこと自体，その人の認識のパターンとも言えるしね。これが次のポイント。

⇨ 8-4. 枠組みづけ方や語り方は，その人のものの見方が反映されている

　出来事ややりとりといった事象を，人は自分なりの枠組みで捉え，相手に伝える時にその枠組みをもとに表現しています。そのため，事象の枠組みづけ方や語り方は，その人の〈ものの見方〉というフィルターを通したものとなり，それが反映されていると考えます。たとえば道で50円玉を拾ったとして，「ラッキー」と思う人もいれば，「たったの50円かあ」と残念がる人もいるでしょ

Chapter 8 人の認識をどう捉えるか：枠組みという考え方

う。同じ出来事であっても，枠組みづけ方やその捉え方は異なり，その表現は
その人のものの見方の一部が示されていると思われます。

〈例：ある母親からの電話相談〉
　相談員が電話に出ると，すぐに母親は以下のように訴え始めました。
「聞いてくれます？　うちの子ったら，もう三日も学校に行っていないん
ですよ！　朝起こしに行っても，全然起きなくて，しまいには『ウルセ
エ！　クソババア‼』なんて言い出して。素直でそんなこと言う子じゃな
かったのに……。」

小吉：さて，「枠組みづけ方や語り方には，その人のものの見方が反映されて
　　いる」という点から，この母の訴えについて考えてみよう。

ハジメ：「三日も学校行ってない」ってありますが，まだ三日じゃないですか。
　　そんなに心配なことなのかなって思います。

小吉：まだ三日っていうのは？　ハジメさんだったら違う？

ハジメ：まあこれだけでは分からないですけど，三日ぐらいなら，普通に調子
　　が悪いとか，友達と喧嘩したとかかもしれないし。

小吉：そうするとハジメさんの枠組みでは，「三日学校を休む」というのは
　　「特別なことではない」ってことかな？

ハジメ：はい。あっ⁉　それって僕の枠組みなんですね。

小吉：そういうこと。

ハジメ：そうかあ。でもこれってそんなに重要なことですか？

小吉：じゃあまずこの部分だけ取り上げてみよう！

Ａ：「三日も学校に行かない」
Ｂ：「三日だけ学校に行かない」
Ｃ：「三日も学校に行けない」
Ｄ：「三日だけ学校に行けない」
Ｅ：「三日も学校に行ってくれない」

8-4. 枠組みづけ方や語り方は，その人のものの見方が反映されている

小吉：一見似たような言葉だけど，ずいぶん違う意味が想定されるセリフを並べてみたよ。

ハジメ：はうっ！　ちょっと違うだけなのに，比べてみるとずいぶん印象が違う。

小吉：恐らく三日学校に行っていないっていう事象は共通。それをどう枠組みづけて語るかによって，その人のものの見方が現れている。まず「三日も」と「三日だけ」の違いは？

ハジメ：「三日も」になると，三日が強調されるというか，母にとって三日学校に行かないことが大ごとのように思えます。「三日だけ」になると，その三日が限定的と言いますか，たとえば「この三日だけ様子が変」というような感じ。

小吉：そういう印象になるよね。助詞が変わるだけでも，その示された枠組みに関わる意図や期待が異なってくる。「三日も」と強調して訴える母は，それが「自分にとって大事であることを相談員に理解して欲しい」であったり，「とても困っていることの相談であるから，真剣に話を聞いて対応を指示して」という母の意図や期待の枠組みが関わっている可能性がある。もちろん，その枠組みが示す事象や関わる枠組みがどのようなものであるかは，これだけでは分からないけど，その人のものの見方の一部を表している。

ハジメ：「行かない」「行けない」「行ってくれない」の違いはどうですか？

小吉：「行かない」は行くという行動をしなかったってことだよね。でも「行けない」になると，行こうという意思はある（と母は思っている）けど行く行動をしなかった。「行ってくれない」は，母は行ってほしいと思ったけどそれに子どもが応じてくれていないってところかな。

ハジメ：言葉上はそんな印象ですね。「行けない」だと本人は行こうという意思はあった。

小吉：と，母は思っていることを示す枠組み。実際に本人の意思があるかどうかは不明。

ハジメ：あ，そうか。母の枠組みであって，母から見れば子の意思はあるって思っているってことですね。

小吉：細かいけどそういうこと。あくまでその枠組みを用いる人の見方だから

Chapter 8　人の認識をどう捉えるか：枠組みという考え方

ね。

ハジメ：これだけでも深いですね。そうなると，母が「行けない」や「行って
　くれない」という枠組みではなく，「行かなかった」って枠組みを用いたこと
　にも意味があるってことですか？

小吉：そういっていいよね。例の「もう三日も学校に行ってないんですよ」と
　いう母の発言は，「行けない」や「行ってくれない」という枠組みを使わない，
　そういう表現をする母なりのものの見方が表れている。「三日学校に行ってい
　ない」という事象を，そういうふうに枠組みづけ，それを相談員に伝える母
　のものの見方。また，そこから語り出すというように，何をどの順番で語る
　かということも，母のものの見方の表れ。

ハジメ：これだけでも母のアセスメントになりますね。

小吉：そう考えていいよ。もちろん，その示された枠組が，どんな出来事・
　事象に対応していて，また関わる枠組みがどのようなものかといったことで
　アセスメントしていく。それだけでなく，示される期待や意図の枠組みに治
　療・援助者側が対応していくことも同時進行だけどね。

ハジメ：やることがいっぱいですね。混乱しそう……。

小吉：始めから全部はできないから一つずつやっていこう。

小吉：それでもとの例に戻ってみて。母の訴えには続きがある。

ハジメ：はい。「うちの子ったら……」という「三日も学校に行ってない」に関
　わる訴えだけでなく，「朝起こしに行っても，全然起きなくて，しまいには
　『ウルセエ！　クソババア!!』なんて言い出して。素直でそんなこと言う子じ
　ゃなかったのに……」と続いていますね。

小吉：これにも母のものの見方が表れている。枠組みづけ方，それをどう相談
　員に示し，語り訴えるかっていう。

ハジメ：「ウルセエ！　クソババア!!」っていう息子の発言にビックリしてる
　とか，息子のことを「素直な子」って思っているとか。

小吉：それもそうだね。じゃあ「しまいには『ウルセエ！　クソババア!!』な
　んて言い出して」という母の枠組みって，どんな相互作用をどう枠組みづけ
　たものだろう？

8-4. 枠組みづけ方や語り方は，その人のものの見方が反映されている

ハジメ：どんな相互作用？

小吉：これは息子の母に向かっての発言と考えられるよね。相互作用として考えると，いきなりなんのやりとりもなく，「ウルセエ！　クソババア‼」という発言にはならない。「しまいには」とあるから，母が起こしに行って，息子が起きなくてという相互作用の後で，母が何かしらの意図で働きかけて，それに対する反応として息子の発言となったんじゃないかな？

ハジメ：そっか。「ウルセエ！　クソババア‼」という息子の発言は，母と息子のやりとりの一部を区切り取ったものなんですね。

小吉：そういうこと。枠組みは何かしらの事象や出来事，やりとりの相互作用を区切り取ったものであり，「どんな相互作用をどう枠組みづけているか」にその人のものの見方が表れている。実際に起きている相互作用の一部を区切り取って，母が枠組みづけたものの一つが「しまいには『ウルセエ！　クソババア‼』なんて言い出して」。そこにはその発言の前にあるはずの，母の働きかけが語られていない。

ハジメ：何かしら母がしているはず？

小吉：相互要求のキャッチボールだったよね。やりとりは。

ハジメ：そっか。何かしら母がボールを投げたから，息子が「ウルセエ！　クソババア‼」というボールを投げ返した。

小吉：母が息子を起こしに行った相互作用は，何かしら母が起こすという母の働きかけに，子が起きず，それを見て母が何かしらの行動をし，息子が何か反応して……というやりとりがあって，母が何かして，「しまいには」息子が「ウルセエ！　クソババア‼」と言って，母が何かをした……ということが想定される。

ハジメ：言われてみるとそうだろうって思うんですが，そんなに重要なことですか？

小吉：具体的にどんな相互作用をどう枠組みづけているかによって，全然違うよ。極端な例を挙げてみるね。一つ目は，母は一回だけ小声で「そろそろ起きたら？」と声掛けし，息子がまったくの無反応で，母がため息をついたら，息子が「ウルセエ！　クソババア‼」って言った，という相互作用。二つ目は，母が「もう何時だと思ってるの！」と怒って，息子が「あんな学校行きたくな

125

Chapter 8　人の認識をどう捉えるか：枠組みという考え方

い！」と返事をし，母が「学校行かないなんて人間失格よ」と吐き捨てたら，息子が「ウルセエ！　クソババア‼」と言ったという相互作用。

ハジメ：全然違いますね！　一つ目だと，母は普通に声掛けしただけなのに，息子が急に怒り出すって感じだし，二つ目だと息子は行きたくないって言ってるのに，母は聞かずに吐き捨てて，息子が反発しているように思えます。

小吉：だから「どんな相互作用にどう枠組みづけているか」というのが大事なんだ。実際に起こっている相互作用（事象）を押さえて，それをどう枠組みづけるかでその人のものの見方を考えていくことになる。

ハジメ：事象と枠組みを分けて考える⁉

小吉：すごく大事なポイント！　母の語りから，事象を取り出したり，必要があれば質問して，実際に起きていた相互作用を把握する。臨床実践では，実際にどんなことが起こっていたかを把握することが重要な時もあるし，母の語りはあくまで母のものの見方を通して語られたものだから。

ハジメ：母の語りは客観的なものではない。母の主観が入っているってことですか？

小吉：この母だけでなく，むしろどんな人からでも「語られたものは，その人のフィルターを通してのものである」ということ。言い換えると「語られるのは枠組みであり，客観的な事実のみを語ることなどできない。どんな語りも主観的なものである」と考えているんだ。

ハジメ：客観的な語りはない⁉

小吉：私が例として挙げた相互作用だって，行動だけ取り上げたようでも，区切りとり方はいくらでも変えられる。目にしたものをすべて言葉にできないように，起こっている事象の一部を区切り取って，その枠組みをつなげて提示してなるべく全体的な状況を伝えようとしているけど，それでも私が認識し，枠組みづけ，それを表現するというプロセスのなかで，私のフィルターを通しての語りになっている。

ハジメ：人が関わる以上，コミュニケーションはその人のものの見方というフィルターを通してのものになるから，客観的な語りはないってことですね。

小吉：この例で言えば，母にとっては自分のものの見方から語るのは当然のこと。母からすれば「三日も」であり，そう語る母なりの枠組みがある。実際に

126

どんな相互作用が起きていたかについても，母の枠組みから見て当たり前のこと（たとえば学校に行かなければ無理やりにでも起こす）は，そこの部分を援助者側から聞き出さなければ，話に出てこないことが多い。だからこそこのポイントを押さえておいて。

⇨ 8-5. 人のこころを「枠組みの集まり」として考えてみる

　さまざまな枠組みの中には，「ブーブー」のような車のおもちゃといったある物を指し示すものから，それを母に伝えて対応してくれることで，「母は自分が求めた時に応じてくれる人だ」というような人に対する枠組みもあります。さらには，父や周りの大人も同様の対応をすることで，「大人は求めた時に応じてくれるものだ」というように，繰り返される相互作用から都合のよい部分の事象を取り上げて枠組みづけることで，価値観や信念とでも呼べるような枠組みも作られていきます。こうした人に対する枠組みや価値観・信念といった枠組みが関わり合うなかで，その人のものの見方が成り立ち，また一つひとつの認識，行動，発話が行われることになります。

　そのためシステムズアプローチでは，人のこころを「枠組みの集まり」として考えています。意識的にせよ無意識的にせよ，人の心理的過程に関与することは，何かしらのまとまり（つまり枠組み）として認識されていると思われます。「暑い」「痛い」といった身体感覚や「悲しい」「辛い」といった感情も，言語的に認識されるかはともかく，心理的過程として関与する限り枠組みと捉えます。こうした枠組みの集まりの一部が人のこころと一般に言われるものかもしれません。

　さまざまな体験やそこで学んだ枠組みを経て，枠組みが集まったものとして人の〈ものの見方〉であるこころが形成され，またそうした枠組みに対応する相互作用がその人のパターンになっているとも言えるでしょう。

小吉：人のこころを「枠組みの集まり」として考えるというポイントだよ。先の母の訴えの例に戻って説明していこう。

Chapter 8 人の認識をどう捉えるか：枠組みという考え方

〈例：電話相談での母の訴え〉

「聞いてくれます？（#①）うちの子ったら，もう三日も学校に行っていないんですよ！　朝起こしに行っても，全然起きなくて，しまいには『ウルセエ！　クソババア‼』なんて言い出して。（#②）素直でそんなこと言う子じゃなかったのに……。」

ハジメ：いくつかの枠組みが関わっているのはこれまでの説明で理解していますが……。

小吉：少しまとめて考えよう。#①の部分では，息子の様子として「三日も学校に行っていない」ことや，その朝の様子として「全然起きない」「『ウルセエ！　クソババア‼』と言い出した」ことが語られている。これってまとめるとどういうことだろう？　この全体に関わる枠組みって。

ハジメ：息子が変わった‼

小吉：そう言っていいよね。息子の変化。さらにちょっとプラスして，母の期待の枠組みを考慮すると？

ハジメ：母の期待とは異なる息子の変化ですね。望ましくないというか。

小吉：そんな感じだよね。学校に行って欲しい（もしくはそれが当然と思ってる）のに，様子が違って，働きかけても全然起きず，反抗的な発言までし出して，三日も学校を休んでる。だから言葉にすれば「うちの子変わっちゃったんです！」というような，望ましくない息子の変化についての訴え。そうすると，#①の訴えには，母の「望ましくない息子の変化」というような枠組みが関わっている可能性があるよね。

ハジメ：直接言及はされていませんが，そういう枠組みを母がもっているってかもしれませんね。

小吉：訴えからすると推測できる。次に#②だけど，「素直でいい子だったのに」という枠組みが示されている。恐らくは母が指示すると，それに子が従うような母と子の相互作用・パターンを枠組みづけたもの。これってどんな枠組みだと思う？

ハジメ：母の息子への見方の枠組みじゃないですかね？　「うちの子は素直な

128

いい子」っていうような。

小吉：OK！　これを時系列で並び替えて，「（もともとは）素直ないい子」だった息子が，学校も行かず反抗的な発言までするように「望ましくない方向に変わってしまった」。

ハジメ：そうすると……，母は戸惑ってるように思えます。

小吉：そうそう！　まず息子の変化に驚き，戸惑っているという枠組みなのかもしれない。そうだとすると，「急に息子さんが変わってしまって，戸惑っておられるんですか？」なんて相談員が言うと，母は「そうなんです‼」なんて言って，分かってもらえたとなるかもしれない。

ハジメ：‼　そうやって考えるんですか！

小吉：そうなんだ。語られたことを聞いて，実際にどんな状況でどんな相互作用が起っていたかを確かなデータから推測し，そのなかで示されたさまざまな枠組みから，母がどんなことを思って治療者・援助者に向けて語ったかを考えていくんだ。どんなことを思っていたかという母の枠組は，「息子の変化に戸惑っている」というものかもしれないし，これだけじゃ分からないけど，「困っている」「怒り狂っている」なんてものかもしれない。また，相談員への期待・意図として，「理解して欲しい」や「息子が何を考えているのか教えて」や「どう対応したらいいかアドバイスをして」という枠組みもあるかもしれない。

ハジメ：こうした語りにも，さまざまな枠組みが関連しているってことですね。

小吉：「示された枠組みがどうつながり，関わり合っているか」を考えていくんだ。どんな枠組みをどんな順番で語るかということにも，その人のものの見方・こころが表れている。示された枠組だけでなく，それに関わる枠組みがあり，そうした枠組みが集まったものが「人のこころ」だと考えているんだ。

ハジメ：枠組みもどうつながり，関わり合っているかなんですね。

小吉：そう。枠組みも相互作用として考えるんだ。枠組み同士だったり，枠組みが行動としての相互作用とどうつながり関わっているかを考えるってこと。一例として図示してみるね。

Chapter 8 人の認識をどう捉えるか：枠組みという考え方

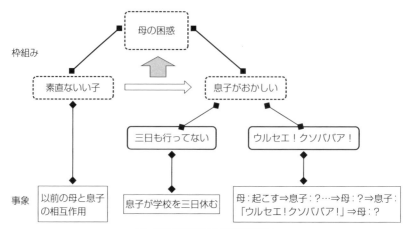

図　電話相談の母の枠組み階層図

小吉：一番下を事象レベルでの行動や出来事とし，枠組みを階層的な関係で示したものだよ。息子が三日休んでいるのを，「三日も行ってない」と母が枠組みづけて示した。朝起こしに行く母と息子との相互作用（分からない部分は「？」とした）のなかで，母は「ウルセエ！　クソババア！」と示した。点線で囲んだ枠組みは，母から直接的に提示されていない想定した枠組みで，「三日も行っていない」や「ウルセエ！　クソババア！」といったことは，「息子がおかしい」様子になったと私が想定した枠組み。以前は母と息子との相互作用のなかで，母にとって「素直でいい子」だったのに，「息子がおかしい」様子になって，「母の困惑」がある，という図だよ。

ハジメ：これまでの話を図にまとめたものですね。見た目で分かりやすいです。タイトルの「枠組みの階層図」というのは？

小吉：事象を下にし，それを区切った枠組みがその上。それでその人の枠組みのなかで，考え方や価値観として重要性が高いとか，その時の言いたいことといったものを上位の枠組みとして階層的にまとめたものなんだ。

ハジメ：そういうことですか。あと小吉さんが想定した点線の枠組みはどういうことですか？　「息子はおかしい」とか。

小吉：以前は「素直でいい子」だったのに，「三日も行ってない」し，「ウルセエ！　クソババア！」なんて変わってしまって，とつなげて，私が母の枠組

8-5. 人のこころを「枠組みの集まり」として考えてみる

みを想定したものだよ。

ハジメ：これって合ってますか？　母の枠組みとして。

小吉：それは母に聞いてみないと分からないね。でも，バランス理論の図や構造図のように，Th 側の整理のための図として用いるためのもの。尋ねてみて，違っていたら修正すればいいよ。

ハジメ：こうやって整理して考えていくんですね。

小吉：一つの整理の仕方としてね。でもこのように，枠組みが相互作用しているって考えるんだ。

ハジメ：これもシステムですか？　決まった基準はあるんですか？

小吉：枠組みも一つの要素とみなし，システムとして考えるんだ。でも，人の認識は目に見えるものじゃないから，人の集まりのシステムやそこでのパターンよりもハッキリしにくいね。だから決まった基準があるというわけじゃなく，臨床実践に役立つために枠組みのつながりを整理する。だからその時々で役立つように，また整理しやすいようにしてみてもいい。時系列に並べてみるとか，期待や意図といったニーズに関わるものを基準にするとか。

ハジメ：決まった基準があるわけじゃないけど，枠組みもシステムとして考えられるんですね。なかなか大変そうです。

小吉：これでリクツ編のポイントはひとまず終わりだよ。実践編に移って，少しずつやっていこう。

■文　献

Bateson, G. (1970). Form, substance, and difference. *General Semantics Bulletin*, No. **37**, 5-13. Reprinted in R. Grossinger (Ed. 1978), *Ecology and consciousness* (pp. 30-42). Richmond, CA: North Atlantic Books. (「形式・実体・差異」)

Part III
臨床実践編

　ここからはシステムズアプローチにおけるセラピーや臨床実践について説明していきます。まず全体の流れやセラピーについての考え方を提示します。そこからセラピーの進め方・面接展開について，段階を追って取り上げていきます。

　関係性，相互作用，枠組み，ニーズ，システムといったものの見方からすべてを考えていくため，その他のセラピーとは異なる部分もあるかもしれません。また，扱っている事例は説明用のものです。これまでの考え方のポイントを実践へと応用した形になります。

Chapter 9 システムズアプローチにおけるセラピー

⇨ 9-1. セラピーをシステムとして捉えた場合の流れ

　臨床実践編を始めるにあたって，まずは Th 目線ではなく，Th も一つの要素とし，システムとして捉えた場合のセラピーの全体の流れについて説明していきます。

　Cl や家族は，それぞれの生活の場でやりとりし，いろいろな人と関わりながら生活しています。そうしたなかで，「問題」とされることが生じ，普段の対応パターンでは行き詰り，悩むといった状態になる。誰かが勧めるなど，Th のいる場に行き相談しようなどとなり，来談し，Th と出会うことになります。これがセラピー前の段階です（図 0）。

　そして Cl や家族と Th が会うことになり，やりとりを始めます。ここで Th と Cl・家族がやりとりし，治療システムを形成します（図 1）。**治療システムとは，「Th が Cl や家族のシステムに加わり，問題のシステムに治療的に機能するようなシステム」**のことです。形成された治療システムの中で，「問題」について Th と Cl・家族がやりとりし，治療的に機能するパターンを作ろうとします。言い換えると，「問題」は治療システムの中で，Th と Cl・家族の相互作用で取り扱われることになります。

　次に形成された治療システムの中で，問題に治療的な変化が起きるようやりとりするのが次の段階となります（図 2）。システムの観点で言えば，どんな

135

Chapter 9　システムズアプローチにおけるセラピー

問題でどんな技法や介入が行われるかは別として，治療システム内での相互作用により，問題に関わるシステム内の相互作用に変化が起きる。そして「問題」が解決したり，Clや家族が問題に対応できるようになり，面接が終結となって，治療システムが解消されることになります（図3）。

これはセラピーをシステムとして捉え，主にその関係者のシステムを発達的

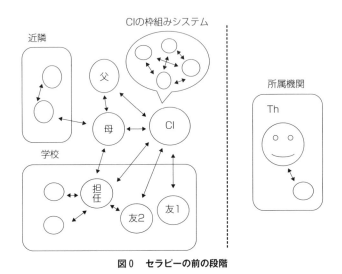

図0　セラピーの前の段階

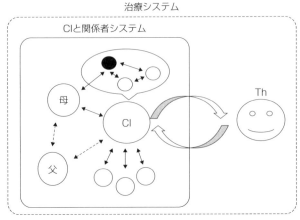

図1　やりとりを始め，治療システムを形成する

9-1. セラピーをシステムとして捉えた場合の流れ

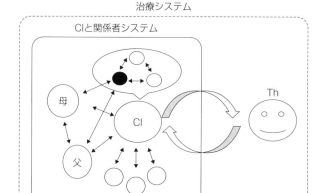

図2 形成された治療システムの中で,「問題」についてやりとりする

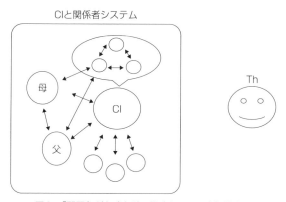

図3 「問題」がなくなり,治療システムを解消する
注:来談型のセラピーであり,Clが学生の場合の一例

視点から説明したものになります。何を「問題」とするか,「解決」とするかは個々の事例によるでしょう。また,Clや家族が来談して相談する形式の説明となっていますが,Clや家族に継続的な支援を行う仕事(地域で利用者の生活を支えるなど)の場合には,治療システムを解消するのではなく,何か困り事があれば対応できる治療システムを維持し続ける形になると思われます。

137

Chapter 9　システムズアプローチにおけるセラピー

ハジメ：これはシステムズアプローチのセラピーの説明なんですか？

小吉：セラピーをシステムという観点から見た説明だね。でもシステムズアプローチのセラピーをこれから説明するにあたって前提として知っておいて欲しいところ。

ハジメ：と言いますと？

小吉：他のアプローチでも，治療システムって言わないしそう考えてはいないだろうけど，システムという点から言えば，何かしらの治療システムは形成されている。ThとClがやりとりし，それが繰り返されれば，Th‐Clのパターンはでき，治療についてのシステムになるって。

ハジメ：そう考えることもできるということですね。それが前提っていうのは？

小吉：Clや家族がセラピー前に自分たちのシステムで動いていること。それを理解し，加わり，治療システムを形成するっていうのが，Thの視点で言えば後に説明するジョイニングになる。この治療システムをどう形成するか，そのなかでThとしてCl・家族とどうやりとりするかが，ある意味一番大事！　だからこの図と流れを頭の片隅にでも留めておいて欲しい。

ハジメ：問題や介入技法は？　家族療法の本を読むと，逆説的介入だったり，リフレイミングだったりが印象的ですが。

小吉：そうなんだよね。アピールのためもあって，問題の内容や目立った介入技法に目がいきがちになりやすい。でも，「問題」についてやりとりしやすいシステムであれば，遅かれ早かれ改善に向かったりもするし，やりとりのなかで変化していく。華々しい介入技法も，それがうまくいくかも含めてTh‐Cl・家族のやりとり・相互作用が機能しているかが大きく影響する。だから，「問題」に対応するのも，介入技法も，関係や相互作用がどうなっているかが大事ってことだよ。

ハジメ：ここでも関係，相互作用，システムが大事ってことですね。

小吉：そういうこと！　そのためのシステミックなものの見方への切り替えの本だからね。

ハジメ：終結せず，治療システムを維持し続ける場合についてもう少し詳しく説明してください。

138

9-2. システムズアプローチにおける治療哲学

小吉：たとえば認知症や精神障害で単身で生活している人を地域で支援してい
　く仕事の場合は，一つの問題が解決したとしても，それで終わりじゃないよね。
　何か困ったことがあれば訪問したり，必要な援助につなげられるようなシス
　テムが継続することが大事になる。
ハジメ：そういうこともありますね。それも治療システム？
小吉：ここでも何のための治療システムかってことだね。ソーシャルワーカー
　なら，Th一人じゃなくて，関連機関との連携も含めた大きな治療システムを
　つくることが仕事ってこともある。学校の先生であれば，普段のクラスの様
　子やちょっとした声かけも含めての児童・生徒への対応も，治療システムと
　考えてもいいかもしれない。狭義の面接室内のモデルだけでなく，臨床の場
　やニーズ，目的性によって治療システムも変わってくるから。
ハジメ：分かりました。

⇨ 9-2. システムズアプローチにおける治療哲学

　システムズアプローチの〈ものの見方〉は認識論であり，良し悪しも目的性
もありません。ある種の「モノゴトを見るための色眼鏡」とも言える枠組みで
す。関係性への視点の切り替えを促すという方向性はもつものの，「個人は自
立すべきだ」や「家族は仲良しの方がいい」などといった価値観は含まれない
ものです。
　この見方・視点を臨床実践へ応用したものがシステムズアプローチです。こ
れも用いる人によって違う部分もあるかもしれませんが，以下に私たちが考え
るセラピーにあたっての考え方や目的性を示します。なお，これまでも述べて
きたので改めて言及しませんが，「人はさまざまな人とつながり，関わりなが
ら生活している社会的な存在である」と考えるのもその一つです。

1）セラピストは主体的な治療・援助を行い，責任を有する

　カウンセリングや心理療法には，さまざまな考え方ややり方が存在していま
す。その中には「相手の話を親身になって聞けばそれだけでいい」といったも
のや，「苦しんでいる人の唯一の理解者になろうとする」であったり，「救いと

なる思想を教える」といったものもあるかもしれません。

　私たちは，セラピストは Cl や家族が提示する「問題」に対して，主体的に治療・援助を行うものであると考えます。彼らのニーズを重視し，なるべく負担が少なく，効果的・効率的に問題が解決するようさまざまな試みを行います。そうした臨床実践のための方法論としてシステムズアプローチを用いているのです。セラピーにあたってはその責任を有する，このように考えているために「カウンセラー」ではなく主体的な治療者として「セラピスト」（本書全体をとおして Th と表記）と本書では記しています。

2）「問題」は人と人とのやりとりのなかで生じ，また変化する

　「現実」や「問題」とされることも，人と人との関わりのなかで構成されるといった社会構成主義という考え方があります。この立場によれば，心理的・臨床的な問題も客観的な真実といったものがあるのではなく，さまざまな捉え方があり，治療法としてどれかが正しいというものではなくなります。また，システムという〈ものの見方〉からすれば，「人のコミュニケーションの世界は，関わるものすべてが相互作用している」ため，一見他の人が関わっていない事柄も含まれると言えます。さらには，「問題」がやりとりのなかで生じるのであれば，やりとりによって変化することが可能であり，また変化していくものと考えています。

3）プラグマティズム（実用主義）

　ここで言うプラグマティズムとは，臨床的に役立つことを重視するという意味です。たとえば問題の外在化技法（White & Epston, 1991）では，「○○虫」や「□□くん（問題を擬人化し，名づけられたもの）」などと問題を Cl や家族と切り離し，擬人化したような形で取り出してコミュニケーションすることで，「問題」とされるものと Cl や家族との相互作用を扱う方法です。そのような「○○虫」や「□□くん」などは現実的には実在しませんが，セラピーの上で役立つのであれば，方法として用いることもあります。このように，真実かどうかなどではなく，臨床上有用なことを重視する考え方を採用しています。

9-2. システムズアプローチにおける治療哲学

4）ニーズに応じたセラピー

Clや家族は，多くの場合来談にあたって何かしらニーズを携えてセラピーの場に訪れます。また，問題に対してだけでなく，「どのようになりたいか」「どのようにしていきたいか」というニーズを有しています。幸せや希望といったものが人それぞれであるように，問題の解決像やそこへ至る道筋も人それぞれです。治療者・援助者側の価値観や指標に押し込めるのではなく，ある種のサービスとしてClや家族のニーズを重要な指標とし，それに応じることがセラピーであると考えています。

ただし，Clや家族のニーズは時にムチャなものであったりもします。これにセラピストが自己犠牲的に応じるということを意味するものではありません。Clや家族のニーズに応じつつ，必要であればニーズについてもやりとりします。またニーズを活かした方が，Clや家族にとっても動機づけられ変化しやすい場合もあります。そのため，**ニーズに応じ，活用するセラピー**と言い換えてもいいかもしれません。

ハジメ：これが小吉さんたちの考えるシステムズアプローチを臨床実践に用いるにあたっての考え方なんですね。

小吉：そういうことになるね。

ハジメ：主体的な治療・援助をするっていうのは当たり前のことにも思えますが……。

小吉：アプローチによっては，その目的性の違いから，アドバイスをしないってこともあるって聞いたことないかな？

ハジメ：確かに聞いたことあります。

小吉：話を聞き，Clが自分で気づいて成長していくのを助けるっていう考え方のアプローチなら，アドバイスは基本的にしないってこともある。それとは違って，必要とあればアドバイスも提案もするし，理解しようと積極的に情報収集したり，仮説設定できるようにThが試行錯誤するんだ。相手任せにするとかしないで，主体的に。

ハジメ：少し本で読んだのですが，ナラティヴ・セラピーなどでは「Clは専門家である」とか「無知の姿勢」とか言って，Thもなるべく対等であるとかあ

Chapter 9 システムズアプローチにおけるセラピー

った記憶があるのですが，それとは違うのでしょうか？

小吉：ナラティヴセラピーについてはさまざまな見解や解釈があるから言及しないけど，こちらは少なくとも専門性は放棄しないよ。よりよいセラピーができるように研鑽していくようにと考えている。

ハジメ：専門性を放棄しない？

小吉：Clや家族を置いてきぼりにして，Thが独善的になり，自分が正しいと上から決めつけるのはもちろん好ましくない。これは一緒。でもよりよいThの方がいいサービス・セラピーができ，Clや家族のニーズに応じられる。だから専門性を放棄するというよりも，専門性の用い方に留意するといった方が私たちの考え方に近いと思う。

ハジメ：むむむ。難しいところですね。

小吉：そうだね。だからこそニーズに応じたセラピーってのが重視されるんだと思うよ。ニーズに合い役立つと考えられるから，治療的な課題を出すといった具体的な介入もする。ニーズがないのに下手に介入すれば，悪化したり治療関係が悪くなるというリスクも当然あるし。

ハジメ：専門性の用い方とニーズに応じるはつながってくるんですね。

小吉：そう！　1）から4）までみんな関係しているよ。

ハジメ：あれこれ考えて，システムズアプローチを行うって大変じゃないですか？

小吉：一つは習熟できるかどうかだね。不慣れなら大変なのは当たり前だけど，身についてくれば大変と感じなくなる。サッカーするのに不慣れだと，一つボールを蹴るのも大変だけど，サッカーに馴染めば無意識にボールを蹴ってたりする。もう一つは，大変なのは当たり前ということ。サッカーなどのスポーツでも，職人でも，接客のスペシャリストでも，一流の人はすべからく努力しているんじゃないかな。よりよいセラピーを求めていくのであれば努力は必要かと。

ハジメ：スポーツ選手や職人と同じですか。そう考えれば大変なのは一緒ってこと。

小吉：もちろん臨床のお仕事だからこその倫理性や配慮はあると思う。でもよりよい仕事のために技術を磨くっていう部分は同様だって考えているんだ。

⇨ 9-3. セラピーの場に寄せられているニーズを考慮する

　ニーズに応じたセラピーをしていくにあたって，その場に寄せられているニーズを考慮し，Th に与えられた役割を踏まえて動くことを仕事と考えます。

　セラピーの場には，訪れる Cl や家族のニーズはもちろんのこと，問題に関わる他の関係者のニーズもあります。それだけでなく，Th が所属する組織のニーズや Th 自身のニーズもあり，これらのニーズが寄せられて成立しているものです。これらを把握し応じつつ，活用していくことになります。

1) Cl のニーズ

　まず当然のことながら，Cl のニーズです。来談した Cl や家族は，何かを求めてセラピーの場に来ていると考えられます。それは「問題を何とかして欲しい」であったり，「どんな状態でどうしたらいいのか教えて欲しい」であったり，「a と b どちらを選べばいいのか」であったりです。こうした Cl のニーズに応じ，活用することが基本となります。

　ただし，「ニーズ」と一言で言っても，さまざまなことが考えられます。具体的に「○○したい」「□□して欲しい」といった言語内容で語られるものだけでなく，「相互要求のキャッチボール」として Th に向けて投げられる一つひとつのメッセージも，ある意味「要求＝ニーズ」と見なすことができます。またうつ病で休職中の患者さんが「早く復帰したい」と訴える一方で，その人の身体は思うように動かず「まだ疲れているから休みたい」というニーズを出しているというように，ある種矛盾したニーズが見られることもあります。単純なものではないかもしれませんが，これに対応していくことが第一です。

2) 関係者のニーズ

　「問題」には，Cl だけでなく家族や関係者が関わっており，関わっている以上それぞれの人がニーズをもっていると考えられます。関係者のニーズは Cl と同じこともあれば，異なっていることもあります。Cl も家族や関係者とつながり，関わりながら生活しているので，関係者のニーズも考慮しつつ，Th は

Chapter 9 システムズアプローチにおけるセラピー

対応していくことになります。なお，このことは家族システムや関係者とのシステムやそこでのパターンを把握していくことと併せて行われます。

3）Th が所属する組織やそのスタッフからのニーズ

あまり言及されることではありませんが，ほとんどの場合 Th は何かしらの組織に所属して仕事をしているでしょう。病院であれば医師や看護師などのスタッフと共に，相談機関であれば所長や他の相談員とともに働いており，その中で与えられた役割に準じて仕事をしています。医療現場における心理士は，その病院やクリニックの方針によって役割が異なり，医師の治療の補助として心理検査などを行う場合もあれば，薬で改善しない困難とされる事例を担当する場合もあれば，心理士が治療に積極的に関わり裁量も任せられている場合などもあると思われます。このように，所属する組織のシステムの中での役割やそこから求められるニーズがあり，Cl や家族と出会いセラピーをするにあたっても，Th に影響を与えるものです。

具体的な例を挙げると，医師から「○○の方針で面接するように」とオーダーがあっての面接となれば，それを無視するわけにはいかないでしょう。仮に医師と反対の方針を Th が取ると，Cl や家族は医師と Th の方針の板挟みになってしまい，医師との関係に悪影響が出ることにもなりかねません。また，Cl や家族からすると「□□という組織の△△という役割の人」というイメージで Th と出会い，それが接点となります。Th が所属する組織システムにうまくジョイニングし，立ち位置や役割を確保できるかということは，それぞれの事例への Th の対応に関わってきます。そのため Th がその職場組織にどうジョイニングし仕事しやすくしているかはとても重要であり，これも考慮することになります。

4）Th のニーズ

これも言及されることは少ないですが，当然のことながら Th 自身も人であり，それぞれの Th が価値観をもっています。また，どんなアプローチを志向しているかだけでなく，面接展開（リードするかなるべく合わせるかなど）やポジション（アップかダウンか，あるいは家族から見てどんな存在か）なども

144

9-3. セラピーの場に寄せられているニーズを考慮する

あります。さらには面接対象が個人か複数か，言語面接が得意か動作やイメージなど感覚的な方法を用いた方がやりやすいかなど，Th の得意不得意や価値観も含め，Th 自身のニーズがあり，それは場に寄せられるニーズの一つとして，セラピーに影響を与えます。

　もののたとえですが，ある人が「沖縄療法」という話をしました（実際にそんな治療法があるわけではありません）。たとえば Cl や家族がハワイ旅行に行きたいと言ったとします。詳しくニーズを尋ねると，キレイな海で遊びたい，観光地でバカンスしたいといったことでした。Th は「ハワイも楽しいだろうし，いいと思うけど，残念ながら私は詳しくないんです。でも，海やバカンスだったら沖縄はいかがでしょう？　☆☆も◇◇もできますよ」と売り込み，結果として Cl や家族が満足する形になるならそれも OK です。もちろん倫理性を踏まえ Cl・家族など他のニーズに応じることが前提ではありますが，治療システムは Th と Cl・家族の相互作用からなるものであり，Th がやりやすく動けることも大切です。システムズアプローチをどう用いるか・用いたいかも含め，場に寄せられるニーズの一つとして押さえておいてください。

小吉：他で述べるところもないので，3）や4）を少し詳しく説明しておいたよ。

ハジメ：Cl や家族ぐらいならまだ分かるのですが，いろんなニーズを考えるんですね。これってすべてのニーズに応えようとするのですか？　最大公約数的な感じ？

小吉：いやいや，そうではないよ。大枠で「Cl が元気に」ってぐらいなら関係者みんな一致するってこともある。でも，それに至る道筋やさまざまな考えまで一致するってことはほぼないし，必要でもないよ。ましてや周りのニーズを気にしすぎて，Cl や Th が動けなくなるなんて本末転倒だね。

ハジメ：ちょっと安心しました（苦笑）。でもそうなるとどのように考慮するのでしょうか？

小吉：これから具体的に説明することになるね。ただ少し戻ってもらって，関係図の活用や関係性を扱うアプローチで取り扱ったB子の事例を思い出してもらってもいい（Chapter 2; pp. 22-25.）。Cl が母なら，まずは Th と母で治

療関係・システムをつくる。だから CI のニーズに応えるのが基本。母とやり
とりし，どこからどうするかを相談しながら，そのうえで学校側の「登校へ
の働きかけを！」というニーズをどうするかを母と協議する，っていう具合
に。

ハジメ：忘れてました。あの時は Th である SC は，母と学校でコンテクスト
を使い分けるってありましたよね。CI のニーズに応じるのが基本で，でも学
校側のニーズも考えて対応してましたね。

小吉：あの事例ではニーズという言葉じゃなかったけれど，考えることは一緒
だよ。父のニーズをどうするかも，母や B 子にどれぐらい関わっているかで
変わってくる。また，母のニーズをどうするかも，関係者からのニーズを踏
まえたうえで Th が対応していく。

ハジメ：じゃあこれは後ほど詳しく。3）の Th が所属する組織やスタッフか
らのニーズってのは，これまで考えたことがありませんでした。

小吉：本などで言及されていることは少ないね。ハジメさんはこれまでの職場
で，働きやすいところと，そうでないところってなかった？

ハジメ：もちろんありました。ある職場では親と子で担当が分かれていて，方
針が合う人とだと組みやすいのですが，そうでない人とだとすごくやりにく
かったりしました。あとはクリニックでお医者さんの勧めでカウンセリング
になるんですけど，お医者さんの診察での不満ばかり患者さんが言ってきて，
相談にならなかったところもあります。ここだけの話ですが。

小吉：やっぱりあるよね。特に若手の時だと。それでハジメさんはどうしてた
かな？

ハジメ：どうしてたって……。若手だし，そういうものだからしょうがないっ
て同期と愚痴を言ってたぐらいですが。

小吉：確かにそういう厳しい面はあるね。でもね，職場のシステムに Th とし
てどうジョイニングするかっていう話にもなりうるんだ。

ハジメ：どういうことですか？

小吉：並行面接せざるを得ないとしても，無理に方針が違う人と組まないでも
いい。でも，たとえば親担当なら，子どもが他の誰か，たとえば学校の先生に
相談しているって考えて，それぞれのニーズを考慮したうえで親とセラピー

を進めていくってこともできるよ。

ハジメ：あ，同じスタッフだから，話し合わないとって考えてました。

小吉：私の友人で変わったヤツがいてね。医療現場で働いているんだけど，その彼も医者の対応のクレームから面接が始まることが多いんだって。でも友人は，謝りつつクレームを聞きながら患者さんのニーズを引き出して治療システムをつくるのがうまいんだ。

ハジメ：そんなやり方もあるんですか!?

小吉：そうしたことも含めてね，職場のシステムにどう加わり，自分の役割や立ち位置を確保して，それぞれの事例に対応しやすく，自分が動きやすいようにするっていうのはとても重要だよ。セラピーに影響してくるし，それも仕事の一つと考えてもいい。

ハジメ：職場システムへの働きかけも主体的にってことですね。

小吉：そういうこと！

ハジメ：あと一ついいですか？　まだとてもじゃないけど複数面接って何していいか分からなくなるんです。4）にも少しありますが，Th のニーズとしてなるべく個人面接でってのでもいいのでしょうか？

小吉：ある程度慣れてこないと複数面接って難しいよ。それも今のハジメさんの Th のニーズとして大事なことだね。のちのちはできるようになった方がいいけど，今の時点では家族に対応するにしても自分の力量に応じて一人ずつでもアリだよ。

ハジメ：良かったー……。

小吉：「沖縄療法」のたとえじゃないけど，ハジメさんが無理なことをしてもしょうがないし，いいセラピーになることの方が大事。その代り個々の面接でできることをやっていこう。

ハジメ：分かりました。

⇨ 9-4．Th の視点から見たセラピーの流れ

　ここでは Th の視点から見たシステムズアプローチのセラピーを面接段階ごとの流れとして示します。シンプルに提示し，その具体的な内容については後

Chapter 9　システムズアプローチにおけるセラピー

の各章で説明していきます。

0）事前情報からの仮説設定

　面接前の段階として，事前情報を活用し，面接に臨む仮説を立てる段階です。電話予約時に Cl や家族などが話した情報や，医療機関などであれば紹介状やカルテに記載されている情報，また面接前に関係者から聞いた情報などがこれに当たります。多くの場合，これらの情報は Th が Cl や家族から直接聞いたものではなく，それを聞いた誰か（紹介者や電話を受け取った人）のバイアスが含まれています。このバイアスやフィルターを考慮しつつ，Cl や家族が何を求めて来談するのか，どんな人でどんな状態かなどから大まかな仮説を立て，面接に臨むにあたって活用することもあります。ただし，事前情報がほぼなく面接になることもあるでしょうし，バイアスを嫌い事前に仮説を立てず面接に臨む方がやりやすい Th もいます。

1）やりとりを開始し，治療システムを形成する

　Th が Cl や家族とやりとりを始め，治療的に機能するシステムを形成する段階です。お互いにどのように動くか分からないなかで，Th は「問題」についてやりとりができるように，Th は Cl や家族のシステムの動きに主体的に合わせ，加わっていきます（ジョイニング）。

2）情報収集

　Cl や家族から話を聞き，Th が情報を集めていく段階です。1）と継続または併行して行われます。はじめは Cl や家族が動きやすく話しやすいように，Th は主に合わせながら情報収集してきます。徐々に次の段階である「仮説設定（アセスメント）」へとつなげるために，Th が主体的に仮説が作れるように相互作用・パターンや枠組みを把握していく流れへと展開していきます。

3）仮説（アセスメント）の設定

　収集された情報から Cl や家族のシステムと問題のシステムがどのようになっているかについての仮説（アセスメント）を設定していく段階です。「誰と

誰が何をどうして，どうなっているか」といったパターンの形で現状のシステムとその動きを把握していきます。

4）介入の下地づくり過程

Th が設定した仮説をもとにして，具体的な治療的介入へとつなげるための下地をつくる段階です。得られたパターンや枠組みを Cl や家族と共有する，パターンのどこを変えるかどこが変わりやすいかを探る，ニーズの活用や介入のためのネタ集め，Cl や家族のモチベーションを上げる，治療的な文脈形成（治療目標や方針）とその共有などがこの段階に含まれます。

5）治療的介入

一回りのセラピーの流れとしては最後になる治療的介入の段階です。問題を含むパターンについて，具体的に働きかけ，変化を導入します。Cl や家族の「誰が何をいつどうするか」を明確にすることが基本です。

6）変化を増幅し，問題のシステムを解消する

基本となるのは 1）から 5）であり，その繰り返しとなります。たとえば初回面接で介入を行った場合，第二回面接では介入による変化も含めてその時の Cl や家族のシステムにジョイニングします。システムのどこがどう変わったかについて情報収集し，仮説設定を行います。次はどこにどう働きかけるか，そのためのネタをどうするかなど下地づくりを行い，介入します。そしてまたジョイニングし，変化したシステムについての仮説設定を行い……と続け，問題のシステムの解消に至るまでこれを続けていくことになります。

ハジメ：これが Th 目線でのセラピーの流れなんですね。0）の「事前情報からの仮説設定」ってもう少し詳しく教えてください。

小吉：B 子の事例ではバランス理論を用いて，SC が面接する前の情報から関係性を整理して図にしたり，母とどうやってプラスの線を SC がつなぐかを考えたよね。SC の立場で考えれば，面接前に事前情報からどうやって臨むかを考えたのだから，あれが一つの具体例になるよ。

Chapter 9　システムズアプローチにおけるセラピー

ハジメ：そういえば面接前にあれこれ考えましたね。ああいうのが0）の段階
になるんだ。

小吉：来談経緯やニーズ，そこから想定されるパターンなどを活用できるなら，
事前情報を活かして仮説を立て，面接に臨むのもいい。事前情報は多い場合
もあるし，ほとんどないこともある。Th の所属するシステムによっても違う
しね。

ハジメ：1）から5）の過程は，治療関係をつくって，アセスメントし，介入
をするっていうように考えてもいいのでしょうか？

小吉：分かりやすく言えばそうなるかもしれない。ただし，これから一つずつ
説明するけど，パターン，枠組み，システムとして考えていくところとか，考
え方や働きかけ方が一般にイメージされるものと異なる部分もあると思うよ。

ハジメ：たとえばどんなことでしょうか？

小吉：アセスメントっていうと，一般には問題や性格特性，その人の強さ弱さ
とかが査定されることと言えるかもしれない。でも，システムズアプローチ
では必ず「アセスメント『仮説』」というように，「仮説」って考えるところと
か。

ハジメ：どういうことでしょうか？

小吉：正解探しをするのでもなく，固定した特性を見つけようとするのでもな
い。アセスメントと考えるのも，Th とのやりとりで出てきた情報からのもの
だし，違う見方をすれば違って見えるかもしれない。またやりとりしていく
なかで変化していくものでもあり，Th のフィルターを通してのもの。あくま
で「Th の目から見た一つの理解」として「仮説」とこだわっているんだ。

ハジメ：分からないこともないんですが，それじゃあアセスメント的なものは
ないんですか？　それが適切かどうかとか。

小吉：実際に誰と誰が何をどうやりとりしているか，何が起こっているかとい
ったことは，適切かどうかはあるよ。CI や家族の実際の相互作用・パターン
と違っていてはしょうがないしね。

ハジメ：なんかややこしいですね。

小吉：正しい問題やその人への理解があり，それを直すことで問題が解消する
っていう考えではないってことを強調しているところかな。CI や家族の役に

立ってこそ，セラピーの役に立ってこそのアセスメント「仮説」って考えて
いるんだ。

ハジメ：治療哲学の部分で述べられたプラグマティズムやニーズに応じたセラ
ピーってことが関係してくるですね。

小吉：パターンや枠組みから見たアセスメント「仮説」っていうのも，他とは
ちょっと違うと思うよ。これから一つずつ見ていこう。

コラム9　仮説設定⇒検証⇒修正のプロセス

　コラム6であったように，人の認識はフィードバック・ループしているものと考え
られます（Chapter 6; p. 91）。これをシステムズアプローチのセラピーにおける Th の
思考過程として応用したものが，仮説設定のプロセスです。

　「仮説」とは，Cl や家族のシステムや問題のシステムがどのようになっているかに
ついての仮説設定にのみ用いられるものではありません。「○○っていうように Cl が
訴えるってことは，□□ってことを伝えたいのかな？」や「Cl が△△したってなると，
それを受けて母は××したのかな？　聞いてみよう」などと，Cl の言動一つひとつに
対して Th が思ったことも「仮説」と言えます。このような仮説を立て，それが妥当
かどうかを Th が質問し確認するなど働きかけて検証し，Cl の答えや反応から違う部
分を修正して新たな仮説を立てていく，といった仮説設定のプロセスを，Th はその
思考過程で行っていると考えられます。仮説設定のプロセスを繰り返していきながら
情報を集め，理解を進めながら，仮説の妥当性が高まるようにしていくことが，セラ
ピーの進展に伴って起きていきます。

　そのため，仮説設定のプロセスはセラピーの至るところで行われることになります。
その時々の目的により，「ジョイニングのための仮説」や「治療システムの仮説」「あ
る場面における Cl や関係者のパターンの仮説」「初回面接の介入により，Cl や家族の
システムのどこがどう変化したか（してないか）の仮説」などです。すべては Th の
「仮説」とも言え，こうしたプロセスは本書の至るところで見られるでしょう。以後
は省略できる箇所では「仮説」と明記しませんが，覚えておいてください。

■文　献

White, M., & Epston, D. (1991). *Narrative means to therapeutic end.* New York:
Norton. (小森康永（訳）(1992). 物語としての家族　金剛出版)

Chapter 10 ジョイニングと治療システムの形成

⇨ 10-1．ジョイニングとは？

　改めて定義すると，ジョイニングとは「Th が**対象とするシステムに主体的に加わり，Th も含めた治療システムを形成するように働きかけること**」と言えます。これがセラピーのために Cl や家族のシステムに加わるのものであれば，Th - Cl・家族の治療システムを形成することになります。他にも所属する組織のシステムへのジョイニングや，ある会議システムへのジョイニングなどと応用されることもあります。なお，もともとは構造的家族療法で知られるミニューチン（Minuchin, 1974）が提唱した考え方ですが，ここではシステムズアプローチ的に解釈したものとなっています。

　Cl や家族がそれぞれのパターンで生活しているのは，これまでも述べてきたとおりです。タロウとハナコの家族のように，家事の分担や会計の仕方から，初めて会う人へ家族として誰がどう関わるかなど，その家族なりの動き方があり，Th と出会ってどうやりとりするかも同様です。そこに Th は加わり，「問題」についてやりとりする関係をつくります。治療的に機能するシステムを形成するために，Th が主体的にジョイニングを行うことが求められます。

　ジョイニングにあたっては，**Cl・家族が動きやすく，話しやすいように振る舞えるよう，家族のパターンや枠組みに Th が合わせていく**ことになります。Cl や家族がどんなパターンでどう振る舞うのか，それぞれどんな役割を担っ

ているのか。どんな考え方や価値観で何を「問題」とするのか、何を求めていてどうしたいのか。これらのパターンや枠組みに Th が合わせていく。そのためには、否定することなく、関心をもって関わり、理解し共感的に Th が振る舞うことになります。これだけでなく、Cl や家族が用いる言葉や表現を用いるようにしたり、姿勢や声のトーンなど非言語的な部分も合わせることも含まれます。

　セラピーの冒頭、つまり Th と Cl・家族が出会い、やりとりを開始するにあたっては、ジョイニングが必要となります。Th にとっても、Cl や家族にとっても相手がどんな人でどう振る舞うかが分からないなかで始まるからです。初めはお互いに緊張していたり、やりとりがギクシャクするのも当然です。試行錯誤しながらも、セラピーのための治療システムを Th－Cl・家族で形成し、「問題」についてやりとりしやすいようにしていくことが目的です。そのため、**面接開始にあたっては、Th は家族の誰かの立場に偏って関わるのではなく、中立的に質問を投げかけるなど考慮しながら動き、それに家族がどう反応するかという家族のパターンを観察しながら、それをもとに少しずつ理解し、この動きに合わせ加わろうとしていくことになります。**

　ジョイニングのための目印として、三つの段階を以下に示します。必ずしも①⇒②⇒③と進展するわけではありませんが、基本のポイントとして押さえておきましょう。

①自己紹介・挨拶の場面　　Th と Cl・家族が出会い、挨拶や自己紹介をする場面です。ファーストコンタクトであり、多くの場合では挨拶や自己紹介をするでしょう。挨拶を交わし、自己紹介する。Th が挨拶や自己紹介をするといった投げかけに、Cl や家族がどう応じるかも、その人たちのパターンの一端が現れることになります。

②社交の場面　　挨拶をしてすぐに「問題」について話し始めるならば次の③から始まることになりますが、多くの場合では社交的な話題を設定して、親和的な雰囲気をつくるようにします。見知らぬ人が出会った時でも、「天気」や「どこから来たのか」といったちょっとした話題でやりとりするはずです。こうした社交的な話題を Th が提示し、Cl や家族の誰がどう応じるかを Th が観

察しつつ，家族の動きに合わせていくことになります。社交の場面で家族の窓口として対応する人を「社交の窓口」と呼ぶこともあります。

③ **「問題」の話題の場面**　Cl や家族が携えてきた「困り事」や「問題」を話題とする場面です。Th から「お困り事についてお話しいただけますか？」や「ご相談に来られたことについて，どなたからでも結構ですので聞かせてもらえますか？」などと投げかけ，問題について語るコンテクストを設定し，示された **Cl・家族の誰が何からどう語るかのパターンを観察し押さえ**ながら，Th がそれについていく段階です。「問題」の話題で家族の窓口として対応する人を「問題の窓口」と呼ぶこともあります。

　なお，Cl・家族のパターンや枠組みに合わせることは，後の情報収集や介入などセラピーの過程すべてで行われることになります。ただし，一方的に Th が合わせるだけでなく，治療的に機能するシステムとなるように，Th の振る舞いやすいやり方・コミュニケーションの仕方を持ち込み，Th - Cl・家族のやりとりがお互いにやりやすいようにしていくことも面接中盤から後半にかけては大切になります。

　面接開始序盤の事例をもとに，具体的に見ていきましょう。

⇨ 10-2. ジョイニングの実際

〈事例〉 Mさん（19歳，男性，大学2年）とご両親の相談
Th は心療内科クリニックのカウンセラー
電話予約時の受付メモ：母より TEL。大学に入り，始めは何とかやっていたが，息子（Mさん）が行きたくないと言うようになった。友人ができず，一人でいると陰口を言われると。休みもあったが，「せっかく入った大学だから」と何とかなだめ，思ったよりも成績も良かったことから後期も何とか行っていた。しかし2年生になって，苦手な人と一緒に講義を受けなければならないことを理由に行き渋り，家でも感情的になることが増えてきた。インターネットで当院の HP を見つけ，Mさん（IP）と両親で来談した。

10-2. ジョイニングの実際

〈事例の面接開始序盤（ジョイニング段階）の一場面〉

（Th がドアをノックし，開けて入室する）

Th 1：失礼します。はじめまして。今日お話しを聞かせていただきます，カウ
　ンセラーのNと申します（家族を見渡しながら，お辞儀をする。左から父，真
　ん中がIP，右に母がいる）。

家族：よろしくお願いします。

（母が一番早くに立ち，「よろしくお願いします」と深々とお辞儀をする。父は
　母よりわずかに後で「よろしくお願いします」と言う。IP は少し遅れて，軽
　く腰を上げ，声は出さずにお辞儀をする）。

Th 2：どうぞお座りください。

（それぞれ椅子に座るのを見て，Th が着席する）

Th 3：えーっと，心療内科は初めてですかね？　ちょっと慣れないというか，
　緊張されますか（家族を見渡しながら）？

父 1：はい。でも思ったよりアットホームというかきれいな感じで安心しまし
　た。

（母は父を見ていて，息子はややうつむき加減）

Th 4：そうですか。良かったです。お母さんは？

母 1：こういうところに来るのは初めてですが，でも大丈夫です。

（父は母を見て，息子はうつむき加減なまま）

Th 5：ありがとうございます。えーっと，Mさん，でいいかな？

IP 1：あ，はい。

（IP は少し顔を上げ，Th を見る。母はやや心配そうに IP を見る）

Th 6：Mさんは大丈夫かな？　ちょっと緊張してる？

IP 2：ええ，ちょっと……。

母 2：この子はちょっと人見知りしやすくて。

Th 7：そうなんですね。じゃあ慣れない場所で，初めての人だと緊張もするよ
　ね（母を見て，そして IP を見る）。

母 3：はい。

IP 3：（頷く）

Th 8：よく来てくれたね。じゃあ早速ですが今日来られたことについてお話

155

Chapter 10　ジョイニングと治療システムの形成

を聞ければと思います。お電話では，Mさんが大学に行きにくかったり，家でちょっと落ち着かないことがあるとお聞きしたようですが（家族を見渡しながら）。

母4：はい。大学に入ってから，「行きたくない」って言うようになりまして。もともと人見知りで友達も多い方ではなかったのですが，大学の雰囲気も合わないみたいで。それでも「せっかく頑張って入ったんだから」って何とかなだめながらやってきたんです。休んだりもしたんですが，成績は思ったより良かったですし。

（父は母が話すのを聞き，IP は少しうつむき加減で聞いている）

Th 9：ええ。

母5：でも2年生になったら，家に帰ってくるなり「もうあんなところ嫌だ！」って大声を上げたりするようになって。なんでも陰口を言ってきた子が必修の語学のクラスで一緒になってしまって，会話の講義だとその子とも話さなきゃいけない，だから行けないって泣いてしまって。

Th 10：そうなんだ。

母6：何とか我慢できないかって言っても，「無理」って話すだけで。主人は「そんなに嫌なら辞めて他の学校でもいい」って言うんですが，それで他のところに行ってもうまくいくのかどうか……。

（母は父の方を見て，父は母と目が合い，IP はうつむいたまま聞いている）

Th 11：お父さんは辞めて他の学校でもいいと考えてられるのですか？

父2：この子がここまで感情的になるのは初めてで，私もビックリしていて。我慢して続けるのは無理なんじゃないかと。

Th 12：そうなんですね。でもお母さんは「他のところでうまくいくのか」と考えられてる？

（父の発言に頷いた後で，息子の様子をちらっと見つつ，母を見て尋ねる）

母7：はい。主人が言うのも息子が辛いのも分かるのですが，陰口を言われるとか，苦手な人がいるっていうのは，他の学校でもあるでしょうし，嫌な人がいたら環境を変えるってなるとこれからやっていけるのかと。やりたいことがあってってわけでもないですし。

（続く）

1) やりとりの開始：挨拶・自己紹介の場面（開始〜 Th 2）

小吉：初回面接序盤のジョイニングについて，違いが分かりやすいように両親と IP の 3 人との面接の例を挙げてみたよ。来談型の面接で，Th が後から入室する場合のもの。

ハジメ：3 人との家族面接なんてほとんどやったことありません（苦笑）。でもこの方が違いが出るんですか？

小吉：家族システムに合わせる・加わるってのがハッキリするからね。さて，面接開始冒頭の部分から見てみよう。

ハジメ：これは挨拶や自己紹介の部分ですね。

小吉：Th と Cl・家族が初めて関わるところになるね。どんな印象かな？

ハジメ：いやー，こんなものかなっていう感じです。でも逐語なのに珍しく，家族がそれぞれどう動いたかがやけに細かく書いてあるなと思いました。

小吉：実はこの場面だけでも，かなり大事なことがあるんだ。家族がどう動いたかが細かく書いてあるのも，Th がそれらを観察し押さえることが重要だからなんだよ。

ハジメ：こんな挨拶と自己紹介の場面で？

小吉：家族にとって Th というシステム外の人との初接触となる場面とも言える。家族によって，Th という専門家とどのように関わるか，どう迎え入れるかが異なる。だから Th の中立的な挨拶や自己紹介に，家族がどう反応するかを押さえるんだ。

ハジメ：家族がどう反応するか，ですか。

小吉：一つずつ見ていこう。Th が入室し，挨拶と自己紹介をしながらお辞儀をした（Th 1）。その後で家族はどう反応したかな？

ハジメ：母が最初に，続けて父が「よろしくお願いします」と返してお辞儀をした。IP は声には出さずお辞儀した。

小吉：そうそう。それが大事な情報・データになる。Th の挨拶やお辞儀に対して，母は丁寧な反応を返した。父もちょっと続いて丁寧な反応。IP はそこまでではないけど，お辞儀は返している。文面では記せないけど，お辞儀の角度とか声のトーンとかも Th の挨拶への反応性に関わるね。

ハジメ：母や父は相談に乗り気で，IP はそうでもないってことですか？　そ

Chapter 10 ジョイニングと治療システムの形成

れともそれぞれの社交性？

小吉：いい着目点だね。初対面の場面では，家族の相談への動機づけや社交性などが関わってくる。でもまだやりとりが一回ぐらいだから，そこまでこうだと言えるほどではない。でも後々「母が一番動機づけが高くて，家族がこう反応したんだ」とか，だんだん分かってくるデータになる。こうした家族の反応は，家族システムがどう動くかっていうのも含めて，大事な情報になるよ。

ハジメ：あまり違いが分からないのですが（苦笑）。

小吉：この事例は母が電話予約した自主来談の場合で，みんな反応が悪くないから，そこまで重要性が分かりにくいかも。じゃあたとえば挨拶の段階で，Th が同じように挨拶をしたら，母と IP は事例と同じだけど，父は憮然として座って挨拶も返さないとしたら？

ハジメ：そんなことって……ないこともないですかね。それだと……父は面接の場にいるけど，すごく不満があるとか。

小吉：Th とも関わろうとしないとか，連れてきた母に不満があるとかかもしれないよね。こうなると，続けての話題でどう振るかが全然異なってくる。

ハジメ：それだと違いますね。そうなると挨拶だけでも，その後の進め方が全然違う。

小吉：となると，IP は「よろしくお願いします」とは言わないまでも，お辞儀はしてくれた。挨拶・自己紹介へ悪くない応答をしたってことで，次に進められるんだ。

ハジメ：①は家族が座るのを見て，Th が着席するってありますが，これは？

小吉：Th が座って待っている面接室なら違うかもだけど，接客のマナーとして相手が座ってからってのを示してあるね。

ハジメ：それってマナーですか？

小吉：おいおい，当然のことだよ。ある種のサービス・マナーとして Th が丁寧に対応することは当然で，そうしてなければ家族も「無礼な Th だ」って反応になっちゃって，家族の普段の動きが見えなくなっちゃう。セラピー以前の問題だよ。

ハジメ：そこまで意識してなかったので……。ちゃんとやってるかなあ（苦

10-2. ジョイニングの実際

笑）。

小吉：今後気をつけてね。まずは Th が丁寧に挨拶・自己紹介する形でやりと
　　　りを開始する。そこでの家族の反応を観察し，その様子を踏まえながら次の
　　　段階へ行こう。

2）社交の場面（Th 3〜 Th 8）

小吉：次は②の段階だね。ここでは「初めての心療内科で緊張するか」ってい
　　　う話題でジョイニングを試みている。

ハジメ：「心療内科で緊張するか」っていう話題ですか？

小吉：目的はあくまでジョイニングであり，家族が動きやすいようにしつつ，
　　　その家族の動きを観察し，合わせながら加わっていくこと。問題について入
　　　る前に，社交的に場の緊張感が下がるような話題を用いて，やりとりしてみ
　　　るってことなんだ。

ハジメ：それで「心療内科で緊張するか」なんですね。その話題がいいってこ
　　　とですか？

小吉：家族が不慣れで緊張してないかっていう Th の配慮という意図かもしれ
　　　ない。また IP の反応（お辞儀はするけど発話がない）が緊張してのものかど
　　　うかを確認する意図かもしれない。でもその話題でなければいけないってわ
　　　けではなく，ジョイニングのためのネタとしての話題だからね。

ハジメ：じゃあたとえば天気の話題でもいいですか？

小吉：もちろん。天気でも，「クリニックまでどう来たか」でも，その時々の目
　　　的に沿っていれば，ある意味ネタは何でもいい。いかにも家族療法ってやり
　　　方だと，「ご家族の自己紹介をしてもらえますか？」と質問して，誰がどの順
　　　番でどう紹介してくれるかを見るやり方もある。

ハジメ：そんなのもあるんだ。ダメな話題ってありますか？

小吉：Th が家族を見渡しながら質問してるよね？　これっていうのは，家族
　　　の誰がどう出てくるか分からないなかで，相手を特定せずに質問を投げかけ，
　　　それで家族の反応を見てるんだ。挨拶・自己紹介でも同様。だから誰かに特
　　　定した・される質問だと，目的には沿わないね。

ハジメ：相手を特定しない質問・話題ってことですか？

Chapter 10　ジョイニングと治療システムの形成

小吉：そうそう。質問だけでなく，Th の視線や姿勢も誰かに向けてと特定せずに，見渡すようにしながら，家族の中で普段どおりに社交の窓口の人が答えて，っていうように。

ハジメ：じゃあいきなり「お父さんお仕事はお休みされましたか？」っていうのはダメ？

小吉：それだとお父さんが答えるように Th が求めてるからね。家族のパターンが見えにくくなる。

ハジメ：そういったことを考えているんですね。ちなみに，挨拶したらすぐに問題について話し出す CI もいたりするんですが，その場合は？

小吉：そういう家族の動きなら，それに合わせて Th も対応することの方がジョイニングとしては優先だね。必ず社交の段階が必要なわけではないよ。

ハジメ：あくまでジョイニングが目的ってことですね。

小吉：一つずつ見ていこう。ここでは「緊張するか」の話題を Th が家族に誰が答えるかを特定せずに振ってみた（Th 3）。そしたら父が最初に答えた（父1）。

ハジメ：社交の窓口として父が出てきて，Th がそれに合わせたってことですね。次に Th は母に質問しています（Th 4）が，これは？

小吉：母は父の方を見てって動いていて，IP はうつむいたままだから，Th は次に母に接触してみようってことだね。

ハジメ：家族の動きを見てってことなんですね。

小吉：そして父，母とそれぞれやりとりし，合わせたから，Th は IP へ接触を試みる（Th 5）。IP がうつむき加減だから，IP の名前を呼んで，配慮しながら。

ハジメ：IP に配慮して，ここで Th が声をかけないっていうのはどうですか？

小吉：ここでそうしないといけないわけじゃないよ。もう一回り後でもいいかもしれない。でも場にいるのに Th が声をかけないと，IP は放っておかれたと感じるかもしれない。IP がお辞儀はしてくれたわけだし，Th が直接やりとりして，IP がどう反応するかを試みることは後にするにせよ大事だよ。

ハジメ：ここでは緊張しながらも答えてはくれていますが（IP 1），すごい否定的な反応が返ってくることもあるんじゃないですか？

小吉：そうだね。だからこそ，IP がどんな反応をするのかを Th が関わって確かめてみるんだ。初めての接触で，ギクシャクするのは当然。マナー違反のことでもしていなければ，Th が配慮して関わっていれば，Th がどうこうしたからではなく，IP や家族のパターンや枠組みによって IP が否定的な反応をすることが分かる。

ハジメ：Th のせいではないと。

Th：そう考えていいよ。もしそうなら IP の否定的な反応，たとえば IP 1 が「イヤ，別にそんなんじゃないです」って言うなら，Th はその否定的な反応に合わせればいい。「ここに来るのって嫌だったのかな？」とかね。

ハジメ：否定的な反応に合わせるですか！

小吉：それだってジョイニングにつながるよ。IP が「来るの嫌だったことを分かってくれた」ってなれば，それでいいよね。

ハジメ：IP の否定的な反応を引き出しちゃいけないって考えてました。

小吉：そういうのも来談時の家族のパターンや枠組みだから。それがどうなっているのかを見て，合わせていこう。あくまで目的はジョイニングだよ。話戻って，IP が「ええ，ちょっと……」と答えると（IP 2），母が「この子はちょっと人見知りしやすくて」と入ってくる（母 2）

ハジメ：Th が IP を困らせちゃった？

小吉：そうだとしても，Th は配慮しつつ接触を試みているわけだし，それは気にしすぎだよ。むしろその前の IP 1 の後，IP が顔を少し上げて答えているけど，母が心配そうな様子で見ているっていう行動も含めて，Th が IP に問いかけると（Th 5, 6），母は IP が心配で，IP が困ると母がサポートに入るっていうパターンがある，と理解する。

ハジメ：そっか。そういう家族のパターンがあって，Th はそれに合わせるってことですね。

小吉：それでこの母子のパターンに合わせて，Th 7 ⇒ 母 2，IP 3 ⇒ Th 8（「よく来てくれたね」）となる。社交の話題を用いて，Th が中立的に話題を振って，出てくる家族のパターンに合わせて対応し，ジョイニングしていく。まだいろんなことが分からなくて当然だし，試行錯誤しながらね。

Chapter 10　ジョイニングと治療システムの形成

3）「問題」の話題の場面（Th 8 以降）

小吉：さて，ようやく「問題」「困り事」について尋ねる段階だよ。時間にすれ
　　　ばまだほんの数分っていったところだけど，Th が「問題」について特定せず
　　　に家族に質問を投げかけているところ。

ハジメ：これも家族の動き・パターンを見るためなんですよね。前の社交の話
　　　題と，問題とで家族の窓口が違うってことはよくあるんですか？

小吉：割とあるよ。同じこともあれば，違うこともある。社交のコンテクスト
　　　と「問題」のコンテクストでは違うから，パターンが違ってもおかしくない。

ハジメ：そうですか。母が出てくるのが普通かと。

小吉：問題含めて何か大事なことはみんな父ってパターンの家族もある。この
　　　事例の IP ぐらいの年齢だと，両親が心配でも，IP が自分のことは自分で話し
　　　たいってこともあるし，両親が IP に自分で話させようってこともある。

ハジメ：勝手にこちらが決めちゃいけないってことですね。

小吉：それで Th が投げかけると（Th 8），母が話し出し，父と IP は母の話を
　　　聞くっていう家族の動きが見られた。

ハジメ：Th はそれに合わせて，母から聞く（Th 9）ってことですね。

小吉：そうなるね。ただ文面上では表せないけど，母が語りながら，母の様子
　　　や語りに合わせて，相づちをうったり，表情で示したりしながら，母の話に
　　　合わせ，促していくって感じになるね。

ハジメ：母がずっと話していますが（母 4 から 6），自分ならどんな大学でど
　　　んな雰囲気なのかとか気になってしまうのですが。家族構成もまだ分からな
　　　いですし，それらを聞いちゃダメですか？

小吉：絶対ダメってことはないよ。ただジョイニングが目的だよね。ハジメさ
　　　んが気になったことは大事なポイント。でもこの段階で Th が気になったと
　　　ころを質問していくと，多くの場合では，家族が動きやすくなくなってしま
　　　うんだ。

ハジメ：どういうことですか？

小吉：たとえば母 4 のあたりのやりとりを以下のようにしてみたとしよう。

母 4：はい。大学に入ってから，「行きたくない」って言うようになりまして。

162

Th：どんな大学ですか？

母：あ，えっと大学は小さなところなんですが，国際経済を学ぶところで。

Th：第一志望だったのですか？

母：そうではないんですが，この子も納得して入った当初はやる気もあって。

Th：それで行きたくないって？

母：はい，大学の雰囲気も合わないみたいで。

小吉：さて，どうだろう？

ハジメ：Thが気になったところを聞いて確認してますよね。どんな大学だったのかとか。でも母の話す量が減っている？　これじゃあマズイ？

小吉：ジョイニングという目的からすると好ましくないね。これだと母が話しながらも，Thが気になることを聞き，それに合わせて母が答えるってやりとりになってる。これが続くと，「Thが気になることを中心にやりとりするっていうパターン」ができてしまい，家族が主体的に「問題」について話すパターンが出てきにくくなってしまうんだ。

ハジメ：家族の動きに合わせるジョイニングではなくなってしまうってことですか？

小吉：そうなんだ。開始早々にThに家族が合わせるパターンになってしまう。そうなると家族の普段の動きが出にくいし，治療システムとしてうまく機能しにくい面が出てくる。

ハジメ：たとえばどんなことですか？

小吉：家族は言いたいことがあっても，まずThが質問するのを待つ感じになってしまったりとか。

ハジメ：そんなふうになってしまうんですか。

小吉：なりかねないよ。だからTh−CI・家族でどうやりとりし，治療システムをつくるかってのは，とても大事なんだ。もちろん気になったことは後々Thから聞いたりもする。合わせてばかりだとセラピーにならない。でも，序盤では家族が動きやすいようにThが合わせて，家族の動き方を理解しながら，Th−CI・家族でやりとりしやすいようにしていくことが優先って考えるんだ。

ハジメ：これがジョイニングによって治療システムを形成するっていうことな

Chapter 10　ジョイニングと治療システムの形成

んですね。

小吉：次章で詳しく述べるけど，情報収集って点から言っても，母が伝えたい
　ことや何を相談したくて家族が来談したのかが，Th が気になることから聞い
　ていくと先延ばしになっちゃう。「大学を辞めるかどうするか」という家族で
　今問題になっていることまで，なかなか辿り着かないかもしれない。

ハジメ：確かにそうですね。Th が気になることは聞けたけど。

小吉：事例に戻って，家族の動きとして母が「問題」を語るのに Th が合わせ
　ていく（母 4 ⇒ Th 9 ⇒母 5 ⇒ Th 10 ⇒母 6）。

ハジメ：次に Th 11 で父に尋ねていますよね？　これは？

小吉：母が父を見てるし，母の話した内容も「父は辞め他の学校へ行ってもい
　いと言うけど，自分はそれでうまくいくと思えない」（母 6）だったよね。合
　わせ方としては，母にもう少し聞いてみるのもアリだけど，Th はここで父の
　考えを聞くことを選択しているね（Th 11）。

ハジメ：母にもう少し聞くのもアリなんですね。Th の選択になる。

小吉：合わせ方もいろいろあるからね。それで父に考えを聞いて，父が見解を
　述べ（父 2），Th はそれを受けて母に尋ねるって流れ（Th 12）

ハジメ：この後はどうなるのでしょうか？　Th は IP に聞く？

小吉：そうするのもアリだね。両親の見解を聞いて，IP はどう思うかを聞く
　のもいい。できればちょっとした配慮をしたうえでね。

ハジメ：ちょっとした配慮？

小吉：前に IP に尋ねた時（Th 5 から 7 あたり）はどうだったかな？　社交の
　段階で。

ハジメ：えーっと，母が心配そうにして，フォローに入ってもきました（母
　2）

小吉：だったよね。ならばこの家族，母子のパターンに配慮して合わせたうえ
　で，IP に聞けるといいね。どんなことが考えられるかな？

ハジメ：うーんと……，IP が話すのを母は心配そうにしてるんだから……。

小吉：うん，いいね。それで？

ハジメ：「お母さんは IP に私が聞くのは心配ですか？」とかですか？

小吉：あらら（苦笑）。IP に直接尋ねる目的で，ハジメさんは何を考えたの？

164

ハジメ：Th から IP に聞くのを母が気にするかどうかとか……。

小吉：それならもっとシンプルに聞いてもいいんじゃないかな？ 「お母さん，Mさん（IP）にちょっと聞いてもいいですか？」って。

ハジメ：あ，それでいいんだ！

小吉：お母さんが心配してるのは分かってるよ。でも直接聞いていいかな？ってことだよね。母が OK 出すなら，IP に聞いてもいい。母が心配を示すなら，Th がその事情を聞いたうえで，それに配慮しつつどこかで IP に尋ねても OK だよ。

ハジメ：こういうのがジョイニングなんですね。**観察された家族のパターンに合わせていく**っていう。こうやってずっと Th が合わせていくんですか？

小吉：初めは合わせる方が重視になる。でも少しずつ Th のやりやすいようなやりとりの仕方にもっていくんだ。

ハジメ：どういうことですか？

小吉：ハジメさんが気になったようなこともいずれ聞きたいし，Th が自己犠牲的に合わせているだけでは，Th がやりにくい。そうなるといい仕事につながらないし，治療システムとしても機能しているとはならないよね。だから Th にとってもやりやすいように，合わせ加わりつつも，少しずつやりやすくしていく。少しは Cl や家族にも合わせてもらっていい。それでお互いにやりやすくってしていくんだ。これは次の情報収集で出てくるよ。

ハジメ：分かりました。

⇨ 10-3. システムの変化とジョイニング

　面接過程として序盤のジョイニングと治療システムの変化について説明してきました。しかし，ジョイニングが「治療的に機能するシステムの形成と維持のための Th による働きかけ」とすると，ジョイニングはセラピーのあらゆる場面に関わるものとなります。これについて簡単に述べておきます。

　セラピーを続けていくと，Cl・家族のシステムに変化が現れます。それはセラピー内での変化のこともあれば，時間経過とともに起こるものや偶発的なものもあります。そのため，その時々で Th は Cl・家族システムの変化に合わせ，

Chapter 10　ジョイニングと治療システムの形成

治療システムを形成し，維持することになります。また，セラピーが進展していくと，Cl や家族が「問題」に対応できるようになってきます。そうするとTh が指示的に治療的介入をする面が相対的に減り，Cl や家族が対応できるパターンを支持するようになる面が増えていきます。Th–Cl・家族の治療システムも変化していくことになります。

　治療システムが形成されれば，Th–Cl・家族のやりとりも，お互いに慣れ親しんだものになり，Th もそれほど意識するものでもなくなるかもしれません。形成される前はジョイニングが求められるため，面接序盤では一番その比重が大きくなります。しかしながら，セラピーは治療システムの中で行われるのですから，ジョイニングはある意味どの過程でも一番重要なものであり，セラピーが終わらない限り続けられるものと言えます。

コラム 10　Th のスタイルとさまざまなジョイニングの仕方

　セラピーにおいて，Th は自分自身を媒体とし，Cl・家族とやりとりして変化をもたらすことになる。そのため得意な面接展開やアプローチ，技法といったものもそうですし，性別や年齢，外見といったものも関わってきます。そのような Th のスタイルや特性によって，Th 自身をどう用いるかが異なり，それはジョイニングの仕方にも影響してきます。

　一つの指標として「家族から見ると，Th はどんな存在か」というものがあります。広い意味での家族のメンバーとした場合，M さんの事例で言えば，Th はたとえば「物知りな IP のお兄ちゃん」などとなるかもしれません。Th が男性であれば，父の友人，親戚の叔父，すべてを仕切る祖父など。女性であれば母に近しい叔母，IP の代弁をする姉なども。それぞれの距離感やポジションの良し悪しは事例などにもよるかもしれませんが，Th にとっても家族にとっても，やりやすく受け入れやすいポジションでジョイニングをすることも重要です。

　また Th によって子どもにアプローチするのが得意な人もいれば，父親あるいは母親にアプローチするのが得意といったこともあるでしょう。問題のシステムを変化できればいいとすれば，誰と近づきどう働きかけるかも含め Th の得意なやり方を活かすのも有効と思われます。面接開始序盤のジョイニングには基本があるものの，その後の展開は Th によっても事例によってもさまざま。Th のスタイルや特性を考慮し活かすことは，ジョイニングのしやすさにつながるものと思われます。

■文　献

Minuchin, S.（1974）. *Families and family therapy.* Cambridge, MA: Harvard University Press.（山根常男（監訳）（1984）. 家族と家族療法　誠信書房）

Chapter 11 情報収集

⇨ 11-1. 情報収集とは？

　情報収集とは，その名のとおり情報を集めることです。セラピーのために，その時々のポイント・目的に応じて Th が主体的に情報を集めていきます。情報収集という点から言えば，面接序盤の段階では，ジョイニングと治療システムの形成を目的とするため，Cl や家族が話しやすく動きやすいようにしながら，Th が合わせられるよう Cl・家族のパターンの情報収集をしていきます。仮説設定（アセスメント）の段階では，主訴や問題についての概要とパターン，枠組みを把握できるよう情報取集していきます。介入の段階では，対象とした相互作用・パターンや枠組みについての詳細と，治療的変化を導入するにあたっての Cl や家族の反応といった情報を押さえ活用していきます。このように面接段階やその時々の目的によりポイントは異なるものの，広義ではどの過程においても Th が主体的に情報収集していくことになります。
　本章で述べるのは，面接過程としてはジョイニングから仮説設定（アセスメント）へとつなげていく段階での情報収集のポイントです。一方で，情報収集はどの段階においても行われるものであり，その基本となる情報収集のポイントにもなります。
　なお，本章と次章においては，以下の摂食障害の事例を題材にして，具体的に説明していきます。

168

〈事例〉
　ThはR心療内科クリニックのカウンセラー。
　家族構成：IP：Oさん，20歳女性，母：47歳，会社員（事務職）の二人
暮らし。父（50歳）は離婚し他県に在住。
　カルテからの経過概要：IPが小学生の時に，父が無断で会社を辞め，起
業することを決めたことから，両親が不仲となった。母が離婚を望むように
なり，小学校5年時に母がIPを連れて実家へ行き，別居となり，ほど
なくして離婚に。母が働くようになって，中学生の頃から母と二人暮らし
となった。友人とのトラブルにより中学2年の時に不登校となり，通信制
高校へ進学。推薦入試で大学に進学するも，華やかな雰囲気に馴染めず，
休学することに。再受験を試みるも失敗したあたりから，体重にこだわり，
減っていくことに喜びを感じるようになった。心配した母とP心療内科を
受診したが，改善せず体重減少が続いたため，紹介されたQ精神科病院に
入院となった。この時は163cmで37kgであった。制限型の神経性無食
欲症と診断され，体重・栄養管理が行われた。2か月ほどで40kgまで回
復し，退院となった。その後主治医と合わないことを理由に，R心療内科
クリニックへ転院。体重が増えず減少してきていること（38kg）や母と
の喧嘩が絶えないため，主治医の勧めでカウンセリングとなった。

⇨ 11-2. 面接序盤のジョイニング段階における情報収集

　面接序盤の段階では，ジョイニングによる治療システムの形成が最優先なの
は説明したとおりです。加えて，情報収集という側面から捉えてのポイントを
以下に示します。

　Thがジョイニングしていくにあたり，序盤で大事になるのが「来談ニーズ」
です。Clや家族は，その生活のなかでさまざまなやりとりをし，「問題」が生
じて行き詰まり，関係者を含めて誰かが「相談しよう」となって来談し，Th
と出会うことになります。これは来談型の場合ですが，Cl・家族がThと出会
うには理由があり，誰かが何かをセラピーの場に求めているのはどの事例でも
共通です。そのためセラピーの場に現れたClや家族は，来談にあたってのニ
ーズを携えているものと考えられます。Clや家族が「何をどう相談したいか」

Chapter 11 情報収集

を把握し，それに合わせてやりとりしていくことは，良好な治療システムの形成につながるものになります。また，紹介者がいる場合には，紹介の経緯を尋ね押さえることは基本です。「誰からどのように紹介され，それを受けてどう思い，どうしたか」を把握し，来談ニーズを活用することがポイントです。

このことはClや家族が「何を問題とするか」や「セラピーやカウンセリングをどのようなものと思っているか」についても同様です。問題や疾患があったとして，その治療については多くの可能性が考えられます。それは，必ずしも医学的な治療のためのやりとりをすればいいわけではありません。またカウンセリングやセラピーといっても，人によってイメージやそれに期待するものは非常に多様です。何を求めているかを理解することで，Thもジョイニングしやすくなりますし，これがズレたままでは，いいセラピーになりません。どんな疾患や問題，あるいはClや家族のだれかが来談したとしても基本となるポイントです。以下，事例の面接冒頭場面の逐語をもとに説明します。

〈面接冒頭場面〉

受付に呼ばれると，母はIPを促すようにし，IPが立ち上がって部屋に入り，母は座ったままIPを見送り，Thを見つけると会釈をした。Thが後から入室し，ドアを閉め，IPに向かって挨拶する。

Th 1：初めまして。Oさんですね？　カウンセラーのSと言います（お辞儀をしながら）。

IP 1：（椅子から立ち上がり，微笑みながら）はい。よろしくお願いします（お辞儀をする）。

Th 2：どうぞお座りください（微笑み返して）。

IP 2：はい（着席する）。

Th 3：（着席して）Oさんは，カウンセリングはお医者さんに勧められましたか？

IP 3：はい。この前の診察で言われて

Th 4：どのように勧められました？

IP 4：体重も増えないし，お母さんと喧嘩が多くて。それでカウンセラーとも

相談したらどうかって言われて。

Th 5：うん。

IP 5：先生から言われて，したことないから分からないけど，お母さんに言ったら「やってみたら」って言われて。

Th 6：お母さんにも勧められたの？

IP 6：お母さんに話すこともあるんですけど，お母さんも困っちゃったり喧嘩になっちゃうこともあって……。それで「専門の先生に相談してみたらいいんじゃない」って言われたんです。

Th 7：そうなんだ。それでOさんはどう思ったのかな？

IP 7：相談っていっても，何を話したらいいか分からないし，苦手なんですけど……。でもどうしたらいいか分からないし，何とかできればって思って。

Th 8：よく来てくれたね。何とかできればっていうのはどんなことかな？

IP 8：うーんと，自分で何がしたいのかとか気持ちが分からなくなっちゃうことがあって。「そんなに気にしないでいいよ」ってお母さんに言われても気になっちゃうし，思いどおりにいかないとイライラしたり，一日中考えちゃったりして嫌になっちゃうし。それになんでこんな病気になっちゃったのかも分からないし。

Th 9：うんうん。そうすると，気持ちや考えを整理しながら，どうしていけばいいかってのを相談できるといいかな？

IP 9：はい。お願いします。

Th 10：じゃあいろいろあると思うけど，今どんな状況でどう困ってるかっていうのを教えてくれるかな？

IP 10：はい。えーっと……。

ハジメ：今度はIPとの個人面接ですね。複数ではないですが，ジョイニングのポイントは同じと考えていいでしょうか？

小吉：OKだよ。自己紹介して相手の反応を見ながら（Th 1 ⇒ IP 1 ⇒ Th 2 ⇒ IP 2 ⇒），着席するところも同じだね。個人だと複数の人のパターンは出てこないけどね。

ハジメ：社交の話題ではなく，ここでは「医者からどうカウンセリングを勧め

Chapter 11　情報収集

られたか」っていう話題なんですね。説明で述べてありますが，これはそんなに重要なんですか？

小吉：重要だよ。来談ニーズに関わるところだしね。たとえばだけど，Dr から「食べられるようにカウンセリングを受けなさい」と勧められたとしたら，どうなるかな？

ハジメ：それだと食べるためにどうするかっていう話になる？

小吉：そういう縛りを受けてのカウンセリングになるよね。そうなると，IPは嫌だけど断れなくって来談したってこともあるかもしれないし，自分の相談したいことを話しにくくなるかもしれない。

ハジメ：確かに。でも摂食障害なら，それが必要なんじゃないでしょうか？

小吉：摂食障害の治療としては，いずれ何かしらの形で取り扱うことになるのかもしれない。でも，CI のニーズとズレた形でやりとりを開始すると，CI は動きにくくなってしまう。

ハジメ：ニーズのズレ？

小吉：CI が求めていることとズレてしまうと，モチベーションは下がるし，関係もできにくくなる。だから来談ニーズをつかみ，それをもとにジョイニングしていくってことはとても大切！

ハジメ：そういうものですか。むむむ……。ここでは Dr に勧められて，母に相談して（IP 4 から 6）っていう流れですね。

小吉：Dr などの専門家に勧められてっていうのもあるけど，それだけじゃなく家族や友人など身近な相手に勧められることも多いよね。それでどうしたかを聞いていって，この事例では「Dr や母とのやりとりで解決しないことをTh に相談する」っていうことが分かるね。

ハジメ：こういうのが来談経緯やニーズに入ってくるんですね。

小吉：この例では簡潔だけど，来談に至るやりとりやそこでのパターンから豊富な情報が得られることもあるよ。これもジョイニングや仮説設定へと活かしていくんだ。

ハジメ：貴重な情報なんですね。

⇨ 11-3. Cl からの訴えを聞く

　ごく当たり前のことですが，Cl の主訴を聞く部分です。強制的に連れてこられたり，緊張がとても強かったり，相談することに受け身である場合などを除き，Cl は困り事について訴え話そうとしており，Th が主訴について尋ね，Cl が語ることになります。Cl が主訴の概要について語り，一区切りがつくまで（一つの目安として 2 〜 3 分程度），Cl が語りやすいように Th は話を聞いていく。この段階では，Cl が主体的に語り，Th はそれを邪魔せずに合わせながら聞くことがポイントとなります。別の言い方をすれば，**主訴の語りをジョイニングしながら聞く**とも言えるかもしれません。

　Cl からの訴えは Cl のフィルターを通して語られるものであるため，Th からすれば話が飛んでいて理解しにくかったり，実際に誰と誰がどんなことをしてどうなったかが分からないことも少なくありません。Th は分からないことを確認したくなるかもしれませんが，すぐ質問すると，Cl の主体的な語りを邪魔してしまうことにもなりかねません。Cl の語りに合わせていくために最低限必要な確認に留め，まずは Cl が訴えることに Th が合わせることを優先し，確認したいことは頭の片隅に留め，後々質問するようにすべきです。また，ただ漫然と Cl の語りを聞くというのではなく，Cl が**主訴を語ることで「何を伝えたいか」**を Th が**把握**するように，Th も合わせつつも語りを主体的に聞くことが求められます。

〈逐語の続き〉

IP 10：はい。えーっと……，人間関係でイライラしちゃうことが多いんです。もっと増やさないととは思うけど体重のことが気になって，毎日ジムに通ってて。そこで知り合いになった人とかと話したりするんですけど，優しい人はいいけど，嫌なことを言うおばさんもいて。

Th 11：うん。

IP 11：そういうことがあると，家に帰ってからも一日中いろいろ考えちゃうんです。なんでそんなこと言われなきゃいけないんだろうとか，また会った

Chapter 11　情報収集

ら言われちゃうかもとかグルグル考えたりイライラしたり。でもジムには行きたいし……。運動はもともと好きで，ダンスしたりしているとスッキリするんです。ストレス解消にもなってて。だけど辛くて家で動けなくなっちゃうこともあって。

Th 12：そうなんだ。

IP 12：ジムの人とのことをお母さんに話すと，「嫌なことを言う人は気にしないで放っておけばいい」って言うんです。でも気になっちゃうし，お母さんは私と違うからそうできるのかもしれないけど，「私は無理！」って。

Th 13：うんうん。

IP 13：それにお母さんは病気のこと心配してくれてはいるんですけど，時々イライラしている時があって。

Th 14：お母さんがイライラしてるの？

IP 14：はい。いつもはそうでもないんですけど，時々「もっと食べなさい！」とか，「野菜なら食べられる？」とか言ってきたりして。それで私がイライラしちゃって，お母さんに当っちゃって喧嘩になったり，お皿を投げちゃったりすることもあって。

Th 15：そういうこともあるんだ。

IP 15：私だって頑張ってて，こんな病気なりたくてなってるわけじゃないのに，なんでこうなっちゃったんだろうって。

Th 16：そうすると，体重やら食事やらあれこれ大変ななかで頑張ってるのに，嫌なこと言われたり，お母さんと喧嘩になっちゃったりして，イライラしちゃったり悩んじゃったりしてどうしたらいいか分からなくなっちゃってるってことかな？

IP 16：そうなんです。自分の気持ちがどうなってるのかとか，ホントは何がしたいのかもよく分かんなくなっちゃってて。

Th 17：そうなんだね。じゃあ少しずつ具体的に聞いてもいいかな？

IP 17：はい。

ハジメ：システムズアプローチっていうと，なんかもっと変わったことをするイメージがあったのですが，丁寧に話を聞くんですね。

174

11-3. CI からの訴えを聞く

小吉：そんなイメージだったの？（苦笑）。初めの主訴のところは，CI に合わせてちゃんと聞くもんだよ。個人面接になると，このあたりはそんなに違いがないように見えるかもしれないね。

ハジメ：そうなんですね。これって CI の立場に立って，ってことですか？

小吉：そうでもあるけど，CI がまず伝えたいことを把握することを意図しているね。CI が Th に伝えたいこと，それに関わる枠組みをつかむっていう。

ハジメ：それは違うんですか？

小吉：情報収集して，仮説を設定し，治療的な変化が起きるよう働きかけていく。この流れをつくっていくために，CI が伝えたいことをつかむことから始める。

ハジメ：ふうむ。そうなると，これだとあまり情報収集になっていないってことですか？

小吉：伝えたいことっていう CI の枠組みは情報として押さえられたかもしれない。でも，これからやっていく情報収集の作業，つまり「実際に何が起こっているか」っていうことは，これだと全然分からないね。

ハジメ：実際に何が起こっているか，ですか？

小吉：相互作用やパターン，あるいは事象の部分の説明を思い出してみてくれる？　具体的に動画として目に思い浮かぶように，実際に何が起こっているかを Th が理解できるように情報を集めていく。これが情報収集の基本。その意味では，この IP の訴えだと，全然分からない。

ハジメ：確かにそうでしたね。ジョイニングの部分を読んでいると，頭から抜けてました　笑。でもそう考えると，すごい気になるというか，もっと聞きたくなってしまうのですが。

小吉：どういうこと？

ハジメ：たとえばジムに行ってるって出てきますけど，どれぐらいの時間でどんな運動しているのかとか，ジムの知り合いはどんな人なのかとか全然分からないじゃないですか。これだけだとイメージしにくいですし。

小吉：そうだね。だとするとハジメさんだったらどうするかな？　たとえば IP 10 の後で。

ハジメ：たとえば「ジムの知り合いってどんな人ですか？」とか。

Chapter 11　情報収集

小吉：確認する目的なら，そういう質問もアリだね。ただし，気になったこと をこの段階でいろいろ質問していくと，「Cl がまず伝えたいこと」がどっかに 行ってしまったり，言いにくくなってしまうことにもなりかねない。

ハジメ：だから Cl の語りを邪魔せず Th が聞くってことなんですよね。目的 によって情報収集のポイントが異なるっていう。

小吉：そのためには，Th がどんな情報を集めたいかを意図して行うことがと ても重要になるんだ。いっぺんにすべてのことはできない。その時々でポイ ントを絞って，流して後で必要に応じて確認するところと，今押さえるべき ところを選択しながら。

ハジメ：逐語からは流しているようにも見えますが，そうではなくて？

小吉：まず Cl が何を伝えようとしているのかを，何からどう語り，どこに重 点があるかを想像しながらついていく。それで一区切りしたあたりで，Th の 理解を提示し（Th 16），伝えたいことの理解が合っているか確かめる。外れ ているなら，修正して合わせるってことをしていく。

ハジメ：そういうふうに考えながら聞くんですね。

小吉：それで Cl が伝えたいことについての Th の理解を示し，Cl が「そうな んです！」となれば，ジョイニングとしても情報収集として OK だよ。

ハジメ：ふむふむ。これが Cl が語りたいことを邪魔せずに聞き，押さえると いうことか。

小吉：これからは具体的な情報を押さえていく部分だよ。

⇨ 11-4.「しばり」をかけつつ，一つずつ具体的に押さえる

　次の段階では，Th が少しずつ具体的に情報を押さえていくことになります。 Th - Cl・家族の治療システムの視点からすると，初めは Th が合わせて Cl や 家族のシステムに加わってやりとりができるようにしますが，そのあとでは少 しずつ Th が主体的に情報収集し，聞きたいことを聞いてポイントを押さえて いきます。これは，Cl：（話したいことを）話す⇒ Th：合わせて聞く，という 相互作用が中心であった面接冒頭のジョイニング段階から，Th：（聞きたいこ と・押さえたいことを）質問する⇒ Cl：（Th の質問に応じて）話す，という相

互作用・パターンの変更を試みるとも言えます。Cl が主体的に語れるように
しつつも，Th も必要に応じて質問できるようにするのです。なお，これは面
接前半でのポイントであり，介入の下地づくり段階などのより具体的な働きか
けを行う際には，Th がより主導的に情報収集やその確認を行うこともありま
す。

　家族や問題のシステムとそこでのパターン，関与する枠組みを把握すること
が，**仮説（アセスメント）の設定⇒治療的介入へとつなげていく目的となるた
め，実際に「誰と誰が何をしてどうなったか」が分かるように，情報を具体的
に押さえていくことになります**。Cl や家族は自らの問題が何とかなるように，
多くの場合 Th に協力し話してくれるでしょう。しかし，語られた内容は，そ
のままでは Th の仮説設定にはつながりません。Cl や家族は自らのフィルター
を通して語り，またセラピーのために Th にどんな情報を提供したらいいかも
分からないものです。そもそも相互作用やパターンなんて普通の人は考えませ
ん。だからこそ，Cl や家族を理解し援助するために，**Th が何を知りたいのか
という意図を持ちそれを示しながらやりとりをしていきます**。

　Th が何を知りたいか，翻って「Cl に何を語って欲しいか」を意識しつつ，
情報収集をする。そこで Th はしばりをかけた質問をする。**話題や場面を設定
するなど，いつ，誰が，何を，どうしたか，といったことを具体的に把握でき
るようなある種のしばり・制限をかけた問いかけをし，Cl に話してもらう**。そ
れを続けて，そのコンテクストで実際に起こっていたことを理解しながら，そ
れに伴う Cl の心情に共感したりする。また，やりとりの中で何が起こってい
たかを話題とし，そのことを「○○の件」「△△の時の××」などとセラピーの
中で用いることができるように枠組みづけ，場で共有する。このように具体的
に一つずつ押さえながら，状況を理解し，面接を展開していくことになります。

〈ジムとそこでの**人間関係**についてのやりとり〉
Th 1：ジムのことについて教えて欲しいんだけど，毎日通ってるの？
IP 1：はい。えーっと動けなくて行けない時もあるんですけど，なるべく毎日
　行くようにしています。
Th 2：そうなんだね。ジムではどんなことをしてるのかな？

Chapter 11　情報収集

IP 2：どんなことって？

Th 3：ランニングマシンとか，筋トレとか？

IP 3：あー，どっちもしてないです。いつもスタジオのレッスンに出るように
　　　していて。ダンスとかエアロビとか全身を動かすことが好きなので。好きな
　　　先生のレッスンを選んで，系列店の先生のプログラムに行くこともあります。

Th 4：へえー，すごいね。いい先生がいるんだ！

IP 4：みんなを乗せるのが上手だったり，レッスンの雰囲気がよくて。2，3
　　　人好きな先生がいるんですけど，先生たちみたいなインストラクターに憧れ
　　　てます。

Th 5：ふむふむ。レッスンってどのぐらいの時間なの？　結構ハードかな？

IP 5：レッスンって30分とか初級のものもあるんですけど，私が出てるのは
　　　中級以上で，みんなダンスとか慣れててできる人が出てるやつで，45分とか
　　　60分とかです。大変だけど，運動してスッキリするし，余分な肉がなくなる
　　　ように，一生懸命やってるんです。

Th 6：すごく頑張ってるんだね。レッスン選んで，好きな先生のに出て，それ
　　　でどうするの？

IP 6：レッスンが終わると，先生や一緒に出ている人と話したりもします。好
　　　きな先生のレッスンがあれば，続けて出てみたりもします。

Th 7：連続で出ることもあるんだ。とすると，1時間以上ダンスやエアロビや
　　　ったりするの？

IP 7：はい。でも最近は身体が思うように動かなくて……。なんか動けなくな
　　　っちゃったり，足とか痛くなっちゃったりして，続けて出られない時もある
　　　んです。

Th 8：身体が思うように動かないって？

IP 8：体力がないのかもしれないけど，出たいのに出られなくて悔しくて……。

Th 9：そうなんだ。お話ししたりっていうのはどういうこと？

IP 9：先生にレッスンのこと聞いたり。先生みたいになれたらいいなって思っ
　　　てて。あとは先生のファンというか，だいたい同じプログラムに出ている人
　　　っていて。何度か出ていると声かけられたりして，プログラムの前とか後に
　　　話をするようになって。

11-4.「しばり」をかけつつ，一つずつ具体的に押さえる

Th 10：レッスンを通して知り合いになったんだ。

IP 10：だいたいそうです。昼間なので，主婦の人とかおばさんが多いんですけど。

Th 11：ジムの人との人間関係でイライラするって言ってたけど，その人たちのこと？

IP 11：そうです。おばさんとかで声かけてきて，「Ｏちゃんって細いのにすごく動くよね～」とか，「あんなに頑張ってると食べないともたないんじゃない」とか言ってくる人がいて。

Th 12：それの何がイライラするのかな？

IP 12：細いとか食べなさいとかです。プライベートなこと言われたくないし，関係ないじゃないですか！　なんでそんなこと言われなきゃいけないんだろうって。

Th 13：体型とか食事のこと言われるのがイライラするんだね。言われた時ってどうするの？

IP 13：普通に聞き流すんですけど，しつこい人とかもいて。だからそういう人たちがいるところに行かないようにして，もっとダンスがうまい人たちと一緒にいるようにしたり。

Th 14：うーんと嫌なことを言うおばさんを避けるようにしてるのは分かるんだけど，ダンスがうまい人たちって？

IP 14：先生まではいかないけど，すごくうまい人っているんですよ！　そういう人たちってダンスもうまいし，細いし，余計なこと言ってきたりしないし。

Th 15：そういうことか‼

IP 15：はい。ダンスのこととか教えてもらえる時もあるし。でもいつもいるわけじゃなくて……。

Th 16：じゃあレッスンに出る時は，おばさんに会わないようにしたり，うまい人といるようにしたり工夫してるの？

IP 16：工夫っていうか，気になっちゃいます。昨日のおばさんいたらどうしようとか。

Th 17：気になっちゃう？

179

Chapter 11 情報収集

IP 17：だから家に帰っても，明日どうしようとか。おばさんに会わないように，他の系列店のレッスンに行こうかなとか。

Th 18：家に帰っていろいろ考えちゃうってこと？

IP 18：なんで身体が動かないんだろとか。なんでこんなこと言われなきゃいけないんだろとか。なんでこんな病気になったんだろとか。そうなると一日中ぐるぐるいろんなこと考えちゃったり……。

小吉：「（スポーツ）ジム」という話題・場面設定をして，そこでの IP の概要を押さえていく場面だよ。

ハジメ：摂食障害の CI って経験ないので，よく分からないのですが。

小吉：確かに疾患ごとの留意点はあるかもしれないけど，システムズアプローチの進め方ってところは共通だよ。どんな事例にも同じという意味で，摂食障害を題材にしているんだ。

ハジメ：そういうことなんですね。「ジム」という場面設定をしたのは理由が？

小吉：「気持ちや考えを整理しながら，どうしていったらいいか」っていう面接の流れの大枠を IP と共有したよね。そのうえで具体的に何がどうなっているかを情報収集しながら進めていく。これは OK？

ハジメ：はい。それで？

小吉：IP の語った中で，「ジムでの人間関係」や「母とのやりとり」の話題があった。他にもあるかもしれないけど，とりあえずここでは「ジム」を選んで，ざっくりでもどうなっているかを具体的に聞いていこうと Th が選択して場面設定をしたってこと。

ハジメ：Th が選んだ？　「母とのやりとり」でもいいんですか？

小吉：CI が話題や場面を提示して語ってくるなら，それに乗ってもいい。この事例で「母とのやりとり」からでも構わない。いずれにせよ，まだ Th にとって分からないことだらけなんだから，Th が何かを選択し，具体的に理解できるようにして押さえていくんだ。

ハジメ：摂食障害だから，体重とか運動とかについての情報を集めるってことではないんですか？

11-4. 「しばり」をかけつつ，一つずつ具体的に押さえる

小吉：それもあるね。そういうことに関連した話題として設定し，IPがジム
　　でどんなことをしていて，どんな人と関わり，やりとりしているかを動画で
　　イメージできるようにしていくんだ。このぐらいの段階では，大雑把でもい
　　いから。

ハジメ：「毎日行っているか」（Th 1）や「ジムでどんな運動をしているか」
　　（Th 2）という質問をしたのは，具体的に理解できるようにということ？

小吉：たとえば「よくジムに行く」や「カロリーを減らすための運動」と言わ
　　れても，具体的にどんな頻度でどう行動しているのかは分からないよね。CI
　　の枠組みだけだと実際に起こっていることが分かりにくいから，事象レベル
　　での情報の質問をしながら，ある意味客観的な情報を集めていくんだ。

ハジメ：Th 3の「ランニングマシンとか，筋トレとか？」っていうのは？

小吉：これは「どんなことしているの？」（Th 2）とThが問いかけたけど，IP
　　は「どんなことって？」（IP 2）と質問の意図がうまく伝わらなかったから，
　　Thが「○○という行動とか，○○という行動とか」と具体的に答えてと質問
　　し直した部分だね。

ハジメ：ボールが届かなかったから，具体的にしてもう一度投げてみたってや
　　つですね。僕の場合，うまく伝わらなかったら，質問を変えてしまうかもっ
　　て思いました。

小吉：質問を変えるってどういうこと？

ハジメ：えーっとですね，反応がイマイチだと，CIが嫌だったのかとか，負担
　　だったのかなとか思って，違う内容の質問をしたりします。

小吉：そうすると，もともとの質問でハジメさんが知りたかったことはどうな
　　る？

ハジメ：えーっと，聞けないままですね（苦笑）。

小吉：だよね。まだこの段階なら，CIが語りやすいようにってことを優先して，
　　分からないままでも後で聞くことを頭の片隅に置いておいて，次にいくって
　　のもアリ。でも分からないままにしてしまうとしたら，おススメしないなあ。

ハジメ：うーん，良くないですか？

小吉：セラピーのために，やりとりをしながらCIもThも状況が分かってく
　　るようになるといい。たとえて言うなら「セラピーのための地図」を作るっ

181

Chapter 11 情報収集

てこと。だんだんと地図が書き込めて，どこにどんな道があって，どう進めばいいかが分かってくるのが大事。

ハジメ：「セラピーのための地図」ですか!?　そんなふうに考えたことなかった。

小吉：セラピーのためのやりとりなのだから，Th が分からないままだと後々やりにくいよ。たとえば「CI の負担になってないか」ってことも，必要なら確認してもいいし。分からないまま Th がやりづらくなってしまうと，セラピーのためにも CI のためにもならないよ。

ハジメ：確かにそうですね。必要なところは質問し直してでも押さえるようにします。

小吉：だからといって，Th が聞きたいことばかりで一方的になるのもダメだよ。なるべく CI の立場に合わせた言葉を用いたり，ねぎらったりしながらね。

ハジメ：分かりました。

小吉：話を戻そう。逐語を見て，まず IP 5 までで得られた情報はどんなものかな？

ハジメ：好きな先生のレッスンを選んで，ジムでダンスやエアロビをしていること。先生に憧れていて，ダンスをうまくなりたいことと，余分な肉がつかないようにという目的がある。あと 45〜60 分の中級者以上のコースを出ているってぐらいでしょうか。

小吉：IP がどんなことを考えてどんな行動をしているかがイメージできてくるよね。それで Th 6 で「その後どうするか」というしばりをかけて，質問している。

ハジメ：しばりをかけた質問って，たとえばこの IP にとってはどうなるのでしょうか？

小吉：「ジムで何をしているか」という話題でやりとりしている中で，「選んだレッスンに参加した後の行動」（Th 6）について質問されている。IP はレッスン後何をしているかを思い浮かべながら，語ることになる。

ハジメ：そういうことになるのか。

小吉：Th が「相手に何を語ってもらうか」を意図して質問をしていく部分だね。それでこの後はどうなっていくかな？

11-4.「しばり」をかけつつ，一つずつ具体的に押さえる

ハジメ：レッスンを連続で出る時もあるけど，身体が思うように動かなくて出られない時もあって，IP はそれを悔しいと思っている。レッスンの前後にレッスンを通して知り合った人と話をしたりしている。その知り合いの中で，体型や食事のことを言ってくるおばさんがいて，IP はその時は聞き流すけど，イライラもしている。

小吉：IP 13 ぐらいのところまでだね。

ハジメ：Th は「それの何がイライラするの？」（Th 12）と聞いていますが，これは？

小吉：IP にとってイライラするのはどのポイントかを明確にするために聞いた質問だね。

ハジメ：ある意味普通のように思うのですが……。

小吉：こういうのも分かった気になってスルーしちゃうと，後で微妙にズレていることもあるよ。IP に語ってもらい，「〇〇するのは，△△と××のこと」というように，ポイントを枠組みづけて共有するってことは大事なんだ。

ハジメ：一つずつ押さえて共有していく？

小吉：そう！　面接の場で枠組みとして共有し，治療システムの一要素として意識して使えるように。やりとりをしながら，話したことに付箋を貼って目印にするような感じ。後に話題にする時も，付箋があると分かりやすいよね。

ハジメ：Th‒IP でのやりとりで，付箋を貼っていくんですか。

小吉：メタファーだけどね。情報収集って言っても，それは Th 側の意識している作業。IP が一方的に話すのではなく，キャッチボール。だから CI から見て「Th がどう理解したか」など，相手がどうボールを受け取ったかが分かるようにしたり，付箋として共有していくことが大事なんだ。

ハジメ：情報収集も相互作用なんですね。

小吉：そうそう。それで「おばさんからイライラすることを言われた後でどうするか」（Th 13）を尋ねて，IP は「普通に聞き流す」（IP 13）って答えたよね。ここは次に説明するパターンの情報収集を目的にするなら，より具体的に聞かないといけない部分。だけど，まだ概略を聞いているので，Th も先に話を進めている。

ハジメ：パターン収集だとこれではダメなんですか？

Chapter 11 情報収集

小吉：普通に聞き流すってどういう行動かな？

ハジメ：だって普通に聞き流しているんじゃないですか？？

小吉：たとえば「もっと食べなきゃダメだよ」って言われて，IP はその要求に応じているかな？　応じていないかな？　そのやり方は？　また，「聞き流す」って言っても，結果として IP は気にしないでいられるようにおばさんからのボールを受け流せているかな？

ハジメ：そういうのは分からないです。パターンとなると，これらが分かるようにしないとなんですね。結果としても，家に帰って IP は考えちゃうって出てくるから，聞き流せてはいないと思えるし。

小吉：そうだよね。パターンの収集としては，これだけだとものすごく曖昧。でも，IP が語るたびに一つひとつパターンとして聞いていたら，やりとりが進まない。概略を聞くのであれば，「おばさんにイライラすることを言われた時のパターンは，まだよく分からない」として，Th の頭の中で付箋を貼っておき，必要に応じて後で確認しようってことにするんだ。

ハジメ：ハッキリしないことは，ハッキリしていないものとして押さえておく？

小吉：そう言っていいね。じゃあ残りのやりとりから，どんな情報が出てきたかな？

ハジメ：体型や食事に関して言われるおばさんと会わないように IP は気にして避けるようにしている。そういうことを言わないダンスのうまくて細い人たちと一緒にいるように。あとはおばさんに言われたことやおばさんに会わないかどうか，身体が思いどおりに動かないことなどを，家に帰ってからいろいろ考えてしまっている，ってことぐらい。

小吉：そんな感じだね。やりとりについてだけど，Th は IP のジムでの人間関係とその選択について聞いていた（Th 16 まで）ら，IP は「気になってしまう」という話題について語り出し（IP 16），Th はそれに合わせて質問していった。ちょっと時間軸も飛んだし，コンテクストも変わったけど，それを意識しつつ Th は合わせていく。

ハジメ：Th が「工夫しているの？」に IP が「気になってしまう」と応じて，コンテクストが「気になる」⇒「家で考えてしまう」ってなった部分ですね。

184

11-4.「しばり」をかけつつ，一つずつ具体的に押さえる

これって話が変わってもいいんですか？

小吉：必要なら Th が後で話を戻してもいい。でも IP の連想がそうつながっ
ているなら，それ自体も大事な情報だね。段階的に見れば，まだ Th が IP に
合わせていくところだから，あるコンテクスト（ジムでの様子）を取り上げ
ながらも，関連するポイントを Th が合わせつつ，情報収集していく。コンテ
クストが変わったこと自体は Th が意識しておきながらね。

コラム11　メッセージの拘束性と質問

　「メッセージの拘束性」なんて目にすると，ビックリされるかもしれません。これ
は語用論的に見て，投げられたメッセージには，それに反応する相手のに一定の方向
性・制限（しばり）をかける側面があるというものです。
　オープンクエスチョン（開放型質問）とクローズドクエスチョン（閉鎖型質問）は
よくご存じのことでしょう。オープンクエスチョンとは，「〇〇のことどう思う？」
など，5W1H を用いてする質問で，質問された相手の答え方に自由度があるものです。
一方クローズドクエスチョンは，「〇〇のこと好き？」など，相手の答え方が YES ／
NO となるもので，相手の答え方が制限されています。このように質問などのメッセ
ージには，「その質問について応じよ」という要求の側面があり（相互要求のキャッ
チボールを思い出してください），その質問の仕方によって相手の答え方の自由度に
しばりがかかっていると考えられます。
　これらはかなり極端な例ですが，オープンクエスチョンといっても，その質問の拘
束性と相手の答え方の自由度は大きく異なります。具体例を挙げると次のようになり
ます。

　①「朝の過ごし方」を教えてください。
　②「朝起きてから，家を出るまで何をどうするか」を教えてください。
　③「朝起きて，次に何をするか」を教えてください。

　①では，「朝の過ごし方」についての質問であり，その点についてはしばりがかか
っているものの，それ以外は自由度の高い質問になっています。②になると，起床か
ら家を出るまでの行動とその順番についての質問となっていて，答える相手は時間の
流れに沿って，朝の動きを想定しながら答えることになります。③になると，起床後
の次の行動についての質問であり，「起きたらまず顔を洗う」「布団をたたむ」といっ
た場面や時間軸を限定された行動を答えることになります。もちろん相手には質問に
答えないという選択もありますが，質問者によるメッセージとそれに伴う拘束に対し
て，応じるか応じないか，どう応じるかが相手の反応に含まれることになります。

Chapter 11 情報収集

> 　具体的な行動や事象を把握し，仮説設定へとつなげるシステムズアプローチでは，CI や家族から語って欲しいことを Th が意図し，それに適した質問をすることが大切です。そのため，求める情報が得られるように，質問する際には場面や時間，誰が何をした時かなどのしばりを意識して行うことになります。

⇨ 11-5. 相互作用・パターンとしての情報収集

　システムズアプローチの一番の特徴であるパターンについて情報収集する部分です。システムという観点からすると，あるコンテクストにおける該当するシステムでの機能（動き方）となるパターンを押さえることとなります。なお，ここでの情報収集のポイントは，Th がややリードして具体的に情報を押さえる際のポイントに重なるところがあります。ポイントとしてまとめると，以下のようになります。

① 　コンテクストを設定する。
② 　得られる情報を，Th が枠組みと事象レベルでの行動に整理しながら，聞いていく。
③ 　出来事を順番に聞いていく。パターンが発生するきっかけ，誰と誰がどう関わったか，そして結果どうなってどのように収まったか。
④ 　起こっている出来事の順番を Th がまとめていく。
⑤ 　パターンに付随する枠組みを押さえる。

　それでは一つずつ説明していきます。

① **コンテクストを設定する**　たとえば家族のパターンといっても，コンテクストによって同様のパターンと考えられるものもあれば，違うものもあります。目的に応じたコンテクスト（たとえば問題が起きた際の家族のパターン）を設定し，それについて CI・家族とやりとりしながら情報収集していくことになります。

186

② **枠組みと事象レベルでの行動に Th が翻訳しながら聞いていく**　パターンとして情報を押さえるのはシステムズアプローチの Th の特殊な作業です。枠組みと事象レベルと考えられるような具体的な行動に分けつつ情報を整理しながら，「実際に誰と誰が何をしてどうなったか」がつかめるように質問していきます。

③ **出来事を順番に聞いていく**　ある出来事を「誰と誰が何をどうしたか」が分かるように，時系列を意識して順番に聞いていくというものです。ごく当たり前のことですが，時間は逆には動かず，モノゴトの順番は一定です。昔の家族療法の本などでは，円環的因果律が強調され，行動が順番に起こり，はじめに戻るような記述がされることがありますが，時間が逆行するわけではなく，もとに戻らなくても構いません。

　ある出来事において，何がきっかけで始まり，誰が誰とやりとりをし，それがどう収まっていったかが分かるように時間軸に沿って質問しながら，把握していきます。Bという行動の前はAをしていて，Bの後はCとなって，A⇒B⇒Cとなって終わる，というような行動の連鎖・相互作用を押さえていくものです。なお，相互作用・パターンの情報収集は，Th の質問の仕方にもよりますが，何がきっかけかなどは必ずしも明確にならないこともあります。

④ **起こっている出来事をつながりが分かるように Th がまとめていく**　次に，起こっている出来事の順番を Th がまとめていく作業です。Cl や家族に限らず，人は相互作用やパターンとして出来事を認識していません。Cl や家族は何気なく行動していたり，彼らにとっては当たり前のことであるため，Th が質問しその事実を引き出さないと，相互作用・パターンにならないこともあります。また，相互作用・パターンとして把握するのは，あくまで Th が仮説（アセスメント）の設定をし，セラピーに活かす目的のためです。ですから，Th が何が起こっているかを想定し，得られた情報でうまくつながらないところを聞き出して，Th がそれらを順番にまとめ，相互作用として整理することが求められます。なお，ただ行動が起きた順番でまとめるのではなく，相互要求のキャッチボールとして，「どんな要求で，それに相手がどう応じたか」というつながりとして，Th が相互作用を捉えていくことも重要です。

⑤ **パターンに付随する枠組みを押さえる**　人がある行動をするときには，

Chapter 11　情報収集

意識的にせよ無意識的にせよ，その行動をする人の枠組みが付随していると考えられます。それぞれの行動には意図や理由があり，相手に対して応じようとさせる要求・ニーズがあります。実際に起こっている相互作用・パターンについて，付随するCIや家族の枠組みを押さえていきます。

〈「IPと母との食事の場面」でのパターンを情報収集するやりとり〉

Th 1：お母さんと喧嘩しちゃう時のこと詳しく教えて教えてくれるかな？ 食事の時だったよね？

IP 1：えっと，お母さんも私があまり食べられないことは分かっているんですけど，時々イライラして帰ってきたりすると，「もっと食べなさい」とか言って少しでも食べさせようとしてきて。私が食べられないの分かってるのに言ってくるから，喧嘩になっちゃうんです。

Th 2：そのあたりのこと詳しく聞かせてくれる？　時々お母さんが「もっと食べなさい」って言うの？

IP 2：最近多いんです。

Th 3：最近？　いつから？

IP 3：お医者さんからもっと体重を増やすように言われて，お母さんもそれを聞いて。

Th 4：診察の時にお母さんも一緒だったってこと？　いつの診察かな？

IP 4：前の前の診察だから，1か月ちょっと前です。体重が減ってきてて，お医者さんがお母さんも呼んで。

Th 5：それでお母さんも聞いたんだ。それから多くなっちゃった？

IP 5：前もそういうことはあったんですけど，その時から多くなりました。

Th 6：食事っていつもどうしてるの？　お母さんが作ってる？

IP 6：朝はほとんど食べなくて，昼はお母さん仕事だから，家にあるもので何とかしてて，夜はお母さんが仕事から帰ってから作ってます。

Th 7：メニューはどんなもの？

IP 7：昼はシリアルとか，夕食は豆腐とか納豆とか，鳥のササミとか。

Th 8：それはOさんがリクエストしたの？

IP 8：私が言ったってのもあるんですけど，お母さんも他のもの出しても食べ

ないのを分かってるんで，食べられそうなものを用意するんです。自分のと
は別にして。

Th 9：お母さんも分かってて，そういうメニューなんだね。じゃあお母さんと
の喧嘩は夕食の時かな？

IP 9：だいたいそうです。仕事から帰ってきた時に，イライラしている時があ
って。

Th 10：そういう時ってどうするの？

IP 10：帰ってくるなりため息ついたり，イライラしてるのが分かるから，「洗
濯と掃除やっておいたよ」とか言うんですけど，そういう時ってありがとう
って言ってくれなくて……。

Th 11：Oさんが家事をしてるの？

IP 11：仕事で疲れたり，大変なの分かるから，なるべく洗濯や掃除は私がす
るようにしてるんです。

Th 12：お母さん助かってるね。

IP 12：普段はありがとうって言ってくれるんですけど，仕事で何かあったの
か分からないですけど，そういう時ってヤバい。

Th 13：じゃあヤバいサインなんだ。それで？

IP 13：せっかくやったのに返事もしないし，私も落ち着かなくなって。そう
しているとお母さんが言ってきて，喧嘩になっちゃうんです。

Th 14：ごめんね。落ち着かなくなると，どうなるの？　お母さんが「もっと
食べなさい」って言うのは食事の時じゃないのかな？

IP 14：そういう時っていつもより食べる気になれなくて。あまり食べていな
いとお母さんがなおさらイライラして，言ってくるんです。

Th 15：食べられなくなっちゃって，お母さんが言いだすんだ。言われるとO
さんはどうする？

IP 15：私だって頑張ってるのに分かってくれないし，怒らないでよって……
（泣く）。

Th 16：そうだよね。頑張ってるのにね。Oさんはお母さんにそう言うの？

IP 16：「分かってるよ！」とか言っても，「じゃあどれなら食べれるの！」と
か怒ったりして。私も言い返すけど，もうパニックになっちゃって，「私だっ

Chapter 11　情報収集

てこんな病気になりたくてなったんじゃない！」とか当たったり，ご飯のお皿ワーってやっちゃったりして……。

Th 17：パニックになって当たっちゃうと，お母さんは？

IP 17：言い返すこともあるけど，私が何を言っても黙って何も言わなくなっちゃって。

Th 18：お母さん黙っちゃうんだ。そうするとＯさんは？

IP 18：悲しいし，悔しいし，でもよく分からなくなって，部屋に行ってワーって泣いてます。

Th 19：分からなくなって部屋に行って泣いてるんだね。うん。その後ってどうなるかな？　お母さんとは？

IP 19：私が落ち着けば，ごめんなさいっていうときもあるし，そのまま寝ちゃって，朝はお母さん仕事に行っちゃうので……。

Th 20：「ごめんなさい」っていうとお母さんは？

IP 20：お母さんも「言い過ぎてごめんね」って。でも「もう少し頑張ろうね」って。

Th 21：そうすると，お母さんは普段は分かってるから言わないけど，お医者さんに言われたのもあって，イライラしている時につい「もっと食べなさい」って言っちゃう。Ｏさんもお母さんのイライラで落ち着かなくなって，お母さんに言われちゃうと，パニックになっちゃって当たって喧嘩になっちゃって，お母さんが黙るとよく分からなくなっちゃって，部屋に行って泣いちゃうってことかな？

IP 21：そんな感じです。

Th 22：Ｏさんもお母さんも，お互いのこと分かってて気遣っているけど，病気のことでうまくいかなくなっちゃうことがあるんだね。

IP 22：お母さんの仕事の愚痴を聞いたり，ＴＶ見たり仲良しの時もあるんですけど……。

小吉：今度は食事に関するIPと母の喧嘩のパターンだよ。概略を聞くために流すのではなく，パターンが把握できるようにThが押さえていくところ。

ハジメ：こんなふうに話を聞いたことないです。細かいような，具体的なよう

な，でも母と IP のやりとりがイメージしやすいというか。

小吉：そう思ってもらえたら嬉しいね。一つずつ見ていこう。Th が場面設定
し，母と IP の喧嘩のパターンが見られるコンテクストでのしばりをかけた質
問からスタート。

ハジメ：これは前の章と同じですね。IP が「最近多いんです」って言って（IP
2），Th が「いつから？」（Th 3）と聞いていますが，これはどういうことで
すか？

小吉：喧嘩のパターンが現れることが増えたとなると，いつからで，それがな
ぜなのかを押さえようとしているところ。パターンの発生に関わってくると
ころだからだね。あと IP が「最近」と言ったので，Th が合わせて聞いてい
る面もあるね。

ハジメ：それで診察で母も呼ばれて，医師に言われてからということが分かっ
たっていう流れですね。

小吉：そうだね。食事のメニューに関することも，IP が食べないので，母が合
わせる形で決まっていることが分かる（IP 8）。それで改めて話を戻して「夕
食」と場面設定して聞いていく（Th 9）。

ハジメ：話を戻すんですね。後のやりとりでも見られますが。

小吉：パターンとして情報収集するのは，セラピーのためでもあり，Th が理
解するためでもある。このあたりは Th が「やる」と決めて情報収集しないと，
把握できないからね。CI が提示する関連する要因に触れながらも，パターン
の話に戻して聞いていくんだ。

ハジメ：Th の仕事ってことですね。

小吉：それで母が帰ってきて，イライラしているのが分かって，IP が何とか
しようと働きかけるけど，母のイライラは変わらずってなって。

ハジメ：Th 13 で「それで？」とどうなるかを聞いているのですが，IP 13 が
あった後で，Th 14 で「ごめんね」ってなってますが，これは？

小吉：このあたりがパターンの情報収集で大事なところなんだ。IP 13 は「私
も落ち着かなくなって。そうしているとお母さんが言ってきて，喧嘩になっ
ちゃう」だよね。これって分かる？

ハジメ：えっ!? 　僕なら「そうなってるんだ」って思うところですが……。

Chapter 11 情報収集

小吉：IP が落ち着かなくなると，母が「もっと食べなさい」って言うのかな？
　　そうつながってるのか？　仮に IP の落ち着かなさが，母の食べるよう促す
　　ことにつながるなら，それはどんなことだろう？

ハジメ：うーん……。分からないかもですね。

小吉：だから「IP：落ち着かなくなる（⇒母：○○⇒IP：◇◇）⇒母：もっと
　　食べなさい⇒……」となっているんじゃないかと Th が想像したんだ。母の帰
　　宅後から，食事の場面までの時間も少し飛んでるようだし，キャッチボール
　　としてつながっていないのでは？　と考えて，Th が確認するために「ごめん
　　ね」と一言入れて，質問していく流れなんだ。（　）のところが分からないっ
　　てことで。

ハジメ：それって IP があえて言わなかったってことですか？

小吉：イヤイヤ，そうではないよ。人は自分のフィルターを通して語るものだ
　　し，Th が知りたいように情報提供なんてしないのが普通だよ。だからこそ，
　　Th が何を聞きたいのかを明確にして，質問していくことが大事なんだ。

ハジメ：それで Th 14 になるんですね。（　）の部分を聞く質問をする。IP が
　　落ち着かなくなると食べる気になれなくなって，それを見て母が言うってい
　　う。

小吉：医者にも言われたため心配な母が，IP がいつもより食べないのを見て，
　　「もっと食べなさい」っていうつながりだね。「食べられなくなって，お母さ
　　んが言い出すんだ」と IP とポイント・流れを共有しながら，進めていく。

ハジメ：Th 16 はどういうことですか？　「そう言うの？」って。

小吉：Th 15 で「どうする？」と行動について聞いたけど，IP 15 が言われた
　　時の気持ちになって泣いたのか，実際にそう母に言ったという具体的な行動
　　をしたのかがハッキリしない。そのため IP に共感しつつも，どう反応したの
　　かを確認しているところ。

ハジメ：それでパターンを聞く流れに戻して，情報を集めているんですね。

小吉：そうやって喧嘩でエスカレーションしていくやりとりがどう収まったか，
　　一連のパターンが収束し，結果どうなったかが分かるところまで聞いていく
　　んだ。

ハジメ：この場合は，O さんが部屋に行って，一人で泣いているところでパタ

ーンが終わりですか？　それとも〇さんが謝って仲直りするところまでですか？

小吉：喧嘩のエスカレーションとしては，IP が部屋に行くところで終わってるね。ただし，IP が部屋に行ったとして，母が追って部屋に行くって行動が続くと，まだ終わってないことになる。だから Th 19 で「その後は？」と聞くことで，これで収まったかどうかを尋ね，喧嘩としては一区切りで，IP が謝るなどして仲直りっていうことに後々なることが聞いてみたら分かったってところだね。

ハジメ：部屋に行っても終わってない場合もあるんですね。

小吉：その後で，得られたパターンを Th がある程度まとめて提示し，IP に確認しつつ共有しておく。つながりも提示して，セラピーの場で使えるようにしておくんだ。

ハジメ：これも治療システムの一要素として，枠組みづけ共有するっていうところですね。ところで，得られたパターンですが，これで何が分かるのでしょうか？

小吉：ここは次の仮説（アセスメント）設定にもつながるところだけど，パターンの情報収集のポイントにもなるから，少し取り上げるね。

〈得られた IP と母のパターン〉
母：イライラして帰宅⇒IP：機嫌を取る（「家事やったよ」）⇒母：何も言わない⇒IP：落ち着かなくなる……⇒母：食事を出す⇒IP：あまり食べられない⇒母：「もっと食べなさい」⇒IP：反論（「分かってるよ」）⇒母：さらに食べるよう促す⇒IP：パニックになって当たる⇒母：黙る⇒IP：その場を離れ，部屋に行き泣く……IP：謝る⇒母：謝り，頑張るよう伝える

小吉：得られた情報を，Th 側がまとめて簡略化し，行動の連鎖・相互作用としてまとめたものだよ。

ハジメ：たとえば「母：さらに食べるよう促す」とありますが，そういうふうにも読めますが，これが Th のまとめ方ですか？

小吉：パターンとして把握するのは Th の仕事って説明したよね。これが「食

Chapter 11　情報収集

べるよう指示」でも構わないし，唯一の正解があるわけじゃない。ただし，相
互要求のキャッチボールとしてつながり方が分かるように，便宜上枠組みづ
けたものだよ。行動レベルでね。

ハジメ：Th 側の整理の仕方なんですね。行動レベルってのは？

小吉：たとえば IP 15 のように，IP が「頑張ってるのに分かってくれない」っ
ていう思いだけだと，相手に対してどんなボールを投げたか分からない。だ
から実際にどんなことが起こっていたのかを押さえまとめていく。

ハジメ：つながり方が分かるように，行動レベルでまとめるってことなんです
ね。

小吉：ポイントとなるつながり方を見てみよう。ハジメさんは，このパターン
から，母は IP にどうなって欲しくて，それで結果どうなってると思う？

ハジメ：母が IP に，ですか？　医者にも言われてるし，少しでも体重が増え
るように食べて欲しくて，「もっと食べなさい」って促してます。

小吉：うん。それでどうなった？

ハジメ：えーっと，そういうと IP が反論し，パニックになって，喧嘩になっ
てしまう。

小吉：そう。それで？

ハジメ：パニックになって当たられると，母は黙ってしまう。

小吉：もっと食べるようボールを投げたのに，IP は食べずにパニックになり，
母が黙るってのは，どういうことだろう？

ハジメ：もう言っても無駄とか？　諦めとか？

小吉：母に聞いてみないと分からないけど，そうかもしれないよね。そういう
行動をとる母の枠組みが付随しているはず。それにここで母が食べさせよう
とする働きかけを止めている。

ハジメ：食べさせたいけど，そうさせようとしても IP がパニックになっちゃ
うし，どうしていいか分からないってことですか？

小吉：推測だけどそういう感じだよね。だから食事の内容も，母が言っても食
べないから，豆腐やら鳥のササミやら母が合わせざるを得ない。

ハジメ：そういえばそうだ！　それもこうしたパターンの結果ってことです
か？

11-5. 相互作用・パターンとしての情報収集

小吉：というように考えるんだ。逆に IP 側で見ると，頑張っててそれでもできないのを母に分かって欲しい，なんで分かってくれないんだってボールを投げていて，母が黙る，つまりボールを受け止めてくれないと，離れて一人部屋で泣くって形になる。

ハジメ：つながりが少し分かってきました。

小吉：だから一つひとつの行動とその要求のボールがどうなっていったかというつながりが見えるように，パターンを聞いていくんだ。IP がパニックになると母は何も言えなくなってしまうし，母が分かってくれないと IP は悲しくて一人泣くっていう。こうした「どうつながり，関わり合っているか」が分かると，一つのパターンからいろんなことが分かるようになるよ。

Chapter **12** 仮説（アセスメント）の設定

⇨ 12-1. システムズアプローチにおける仮説設定

　基本となるのは「問題」のシステムと Cl・家族のシステムです。この場合の「問題」とは，Cl や家族あるいは他の関係者（医師などの治療者側のスタッフあるいは，Cl や家族の関係者）から見ての「問題」であり，たとえば「病気」＝「悪いこと」として問題とするのではありません。Cl や家族が「問題」とし，それに関わる人たちの相互作用をシステムとしています。「問題」のコンテクストにおける関係者間の相互作用・パターン，あるいは Cl や家族システムの相互作用・パターンの概要を押さえることが，仮説（アセスメント）の設定の基本です。

　ここでのポイントは，「**実際に起こっていること**」を**把握**することになります。パターンとして「**誰と誰が何をどうやりとりし，結果どうなったか**」という**関係者間の動きが見えてくる**ようにします。このことは，システムの骨組や基本となる動きを理解することとも言えるでしょう。具体的なやりとりや動きを Th が押さえたうえで，関係する枠組みを併せて理解していくことになります。

　情報収集をし，システムの概要を把握する。まずはここまでが基本の仮説設定です。こうして設定した Th の仮説をもとに，どこからどう働きかけるか，どの部分が変えやすいかなど次の段階へ向けて情報収集し，その部分の仮説を設定し，検証し，修正していき，妥当性のある仮説にしていく。そこから治療

的な文脈を形成・共有し，介入の下地をつくって，具体的なポイントへ治療的な介入として働きかける過程が続きます。こうした一連のプロセスを仮説設定と呼びます。本章では基本となる仮説設定と，そこからの展開までを取り扱います。前章（Chapter 11）と同じ摂食障害の事例を題材として説明します。

なお，ここでは治療対象のシステムとしての問題と家族システムについて取り上げていますが，Th 自身を含めた Th‐Cl・家族の治療システムの仮説（アセスメント）というものもあります。慣れていないと難しく，ややこしくなるため，本書では最後にコラムとして述べるに留めてあります。

⇨ 12-2. 得られたパターンから，何を把握し，仮説（アセスメント）とするか

パターンとして把握することは，そのシステムのあるコンテクストにおける機能（動き方）を捉えることになります。「問題」について，誰と誰がどんなやりとりをし，結果どうなっているかという対応パターンは，Cl や家族が対応しつつも行き詰っている・困っているそれぞれの動きを示すものとも言えます。

パターンを見ていくにあたっては，ただ時系列に行動を並べるのではなく，「相互要求のキャッチボール」として，つながり方を押さえていくことが重要です。誰がどんな要求のボールを投げて，結果そのボールがどうなったか。相手が応じたか応じていないか，どう応じたか。応じたならば，どうすることで要求が通ったか，などが分かるようにすることです。一つのパターンにおいて，投げられるボールは一つとは限りませんし，さまざまなボールが交わされ，それぞれがどうつながったかも含め，関係者間での動き方のポイントが見えてくるようにすることが必要です。

また，パターンは事象レベルの行動として表すのが基本です。それによって，それぞれの行動に付随する枠組みは，その一連の行動を説明する枠組みになると考えます。たとえば「母：『勉強しなさい』⇒子：反発する⇒母：叱る⇒子：泣く⇒母：なだめる」というパターンの場合，「勉強を促して子が反発すると叱るものの，子が泣くとなだめ，勉強させることを諦める」という行動に合う枠組みを母が有している，と考えられます。示されたパターンから，それ

Chapter 12　仮説（アセスメント）の設定

らの行動をする人の意図や考えといった枠組みが想定され，これも仮説の一つ
となります。

　なお，関わる人の年齢や家族構成，その発達段階といったことも当然のこと
ながら考慮されています。「システムの発達」で説明した家族ライフサイクル
のように，発達段階に応じた課題にその家族がどう対応しているかも，起きて
いるパターンを考える際に用いられています。同時に，あるコンテクスト（た
とえば初対面の人とどう接するかという場面）における多くの人がとる行動パ
ターンとその人との差異なども，仮説として考慮されることになります。

事例の追加情報とパターン

　前章での逐語の情報に追加したものが以下になります。

〈事例の追加情報〉

　現在の生活は，ジムに行って運動したり，仕事で大変な母を助けようと
家事をしている。また，一人で漫画や本を読んだり，TV を見ていること
もある。今の IP の交友関係は，母とジムでの知り合いがほとんどである。
母には食べられず太りたくない気持ちなどを分かってくれず辛いと思う一
方で，病気のことで迷惑をかけている罪悪感があり，家事など他のことで
母の役に立とうと行動している。主治医から言われて体重を増やさなけれ
ばいけないのは分かっているが，太りたくない気持ちが強い。「病気」につ
いても，摂食障害そのものというよりも，身体が思うように動かないこと
や，イライラしたりいろいろ考え落ち込んでしまうなど辛いことを「病
気」と IP は考えており，またそれを分かってもらえないことを「辛い」と
訴えている。

---

① IP と母の喧嘩のパターン

　・母：イライラして帰宅⇒IP：機嫌を取る⇒母：何も言わない

（・IP：体重計に乗る⇒IP：増えていることに不安を感じる）

（・IP：ジムでの人間関係でイライラする⇒IP：考え込む）

　⇒IP：落ち着かなくなる……⇒母：食事を出す⇒IP：あまり食べられない

⇒母：「もっと食べなさい」⇒ IP：反論（「分かってるよ」）⇒母：さらに食べるよう促す⇒ IP：パニックになって当たる⇒母：黙る⇒ IP：その場を離れ，部屋に行き泣く……　IP：謝る⇒母：謝り，頑張るよう伝える

②普段の IP の母への気遣いパターン

母：仕事の愚痴を言う⇒ IP：労う⇒母：疲れを示す⇒ IP：肩を揉む⇒母：「ありがとう」と言う……⇒ IP：（母のためになろうと，迷惑かけているからと）家事をする，家事のためにジムの時間を調整するなど

③ジムで嫌なことを言われた時のパターン

おばさん（以下「お」と略）：声をかける⇒ IP：返事をする⇒お：世間話をする⇒ IP：話に応じる⇒お：IP のことを聞く⇒ IP：答える⇒お：食事や体型のことを言う⇒ IP：（嫌だけれど笑顔で）同意する……（おばさんの話が途切れるか，タイミングで離れる）……⇒ IP：「なんで言われないといけないのか」と悩む⇒ IP：イライラする⇒ IP：「なんでこんな病気になったのか」と考え込む⇒ IP：泣く……（しばらくして）⇒ IP：落ち着く……　IP：なるべくおばさんに会わないようにする

小吉：追加した情報とパターンだけど，これで分かるかな？

ハジメ：IP は「なんでこんな病気になったのか」と言っていましたが，摂食障害としてちゃんと病識があるわけではないんですね。あとはパターンなんですが，もうちょっと説明してください。

小吉：IP と母との喧嘩のパターンはだいたい説明したよね。ここで追加されたのは，「母がイライラして帰宅」するだけでなくて，IP が体重が増えているのを見たり，IP が何かで悩むなど，さまざまなきっかけによって IP が落ち着かなくなり，普段より食べられなくなると，食事の場面で母との喧嘩のパターンになるってところ。

ハジメ：きっかけは一つじゃないこともあるんですね。

小吉：もちろんそうだね。というか，同じコンテクストとされれば，パターンの発生条件となる。この場合，「IP：あまり食べられない」っていう行動を，母が見ると「もっと食べなさい」となる。母からすると，普段ぐらい食べていればいいけど，「いつもより少ない」ってなると，同じコンテクストと認識さ

Chapter 12 仮説（アセスメント）の設定

れて，「もっと食べなさい」となる。

ハジメ：IP の落ち着かなくなるきっかけはいろいろで，母にとっては「あまり食べられない」時のパターンってことですね。次の「普段の IP の母への気遣いパターン」は？

小吉：母が愚痴や疲れを示すと，IP が母を気遣って合わせて，母の役に立つよう行動するっていうパターンだね。

ハジメ：？？？　どういうことですか？

小吉：相互要求のキャッチボールとして考えてみて。母が仕事の愚痴を言うと，IP は聞く。母が疲れを示すと，IP は肩を揉む。これって母からどんな要求のボールが投げられているかな？

ハジメ：えーっと，愚痴を話すってことは，「愚痴を聞いて」っていう母のボールですよね。でも母が疲れを示すっていうのは，「肩を揉んで」っていう要求のボールですか？

小吉：ハジメさんだったら，家族が疲れている様子を示すと，どうする？

ハジメ：いやー，声をかけたりすることもありますが，肩を揉むってのはないですね。そこまでは頼まれたりすれば別ですけど，普段はしないです。

小吉：そうだよね。母は IP に「自分のために何かをして」っていう要求もあるかもしれないけど，ちょっと疲れを示しただけだと，IP にそこまで何かをしてっていう要求のボールを投げているつもりでないかもしれない。だけど IP は？

ハジメ：頼まれてもいないけど，IP は母の気持ちや疲れを察しようとして，何かちょっとしたことでも母のための行動をしている！　それがジムの時間を家事のために調整したりするってことにもなっている？

小吉：「ジムの時間」っていう自分がしたいことよりも，「母のために」している家事を優先しているよね。それも一つ。つまり，IP は母からのどんなボールも受け止めようとしていて，母の動向を気にしているし，ボールがくれば（と IP が思えば）キャッチしようとしているってこと。

ハジメ：極端ですね……。これがこのパターンから分かるってことですね。

小吉：二つベースとなる考え方を。一つはコミュニケーションや家族の発達の観点から。赤ちゃんと母であれば，赤ちゃんが泣くなどのサインを IP のよう

12-2. 得られたパターンから，何を把握し，仮説（アセスメント）とするか

に母が受け止めようとしても，発達的に見て母の行動は自然なことかもしれない。だけど発達年齢から見て，IP と母にとって適切かどうかってところ。

ハジメ：発達的視点ですか!? そんなに説明されてこなかったですが，システムの発達とかに関連する部分？

小吉：そういうのも仮説の一つの指標にしているんだ。二つ目のポイントは，個人でも家族でも，それぞれのシステムの自律性って言えるかな。あまりうまく言葉にできないんだけど，それぞれのシステムがまとまりを保ち，機能できるようにしていけているかっていうポイント。

ハジメ：どういうことですか？

小吉：それは通常いいキャッチボールであれば，お互いに要求のボールを投げ合い，それを受け止めるっていうこと。たとえば二者関係において，お互いに分かって欲しい大事なところはボールを投げて，相手に分かってもらう。嫌なことは断ったり，「嫌だ」と伝えて，そういうボールを投げないようにする。そうして安心してボールをお互いに交わせるようにっていうこと。

ハジメ：それぞれの気持ちを尊重して，自分の考えを伝え，相手が受け止めてっていうアサーションみたいなことですか？

小吉：まあそんな感じだね。たとえば社長の秘書っていう仕事だと，社長が動きやすいようにあれこれ気を遣って合わせるってこともある。それが仕事だと納得してやっていれば，合わせることばかりでも，その人にとっては OK かもしれない。極端なパターンでも，その人たちの役割分担などによってOK なこともある。でも，納得していなかったり，自分の気持ちが後回しばかりになっていれば，その人にとっては心理的にいいものではないかもしれない。

ハジメ：そう考えると，IP は母のボールを取ることばかり考えていて，自分がどうしたいかっていうボールを投げていないってことですか？

小吉：そうだね。喧嘩のパターンでパニックになって IP が母に訴えることはあっても，他で IP は自分の要求のボールを投げたりしていないのかも。このように，出てきたパターンの特徴とともに，出てこないパターンのことも併せて考えていくんだ。ベイトソン曰く，「ゼロ（ないこと）も情報の一つ」だよ。

Chapter 12　仮説（アセスメント）の設定

ハジメ：これって母からするとどうなんでしょうか？

小吉：ボールを投げるといつも受け止めてくれ，また投げなくても気持ちを察してくれる相手となると，その人のことをどう思うかな？

ハジメ：すごく助かるような……，でも甘えちゃうような……。

小吉：もしかしたら母にもそういうところがあるかもしれない。一方で，食事や体型以外のことで，ボールを投げてこない相手ってどうだろ？

ハジメ：他に考えることはないの!?とか，あるいは何考えているか分からないとか。

小吉：ってのもあるかもしれないね。

ハジメ：パターンから，こんなふうに人との関わり方やキャッチボールの仕方を捉えていくんですね。次のおばさんとのパターンは？

小吉：同じように相互要求のキャッチボールとして考えてみよう！　おばさんは「世間話」など話に応じるよう IP にボールを投げた。IP はこれに対してどう応じているかな？

ハジメ：おばさんに声をかけられたり，話をされると，IP は返事をし，話を聞くなど応じていますね。

小吉：さらには逐語に出てくる IP にとって嫌な話題である「食事や体型」のことを言われると？

ハジメ：嫌な話でも，笑顔で同意している？？？　確か逐語では IP は「聞き流す」って言ってましたが？

小吉：具体的に行動を聞いたら，IP の「聞き流す」というのは，笑顔で「はい」と答えることだったてってことだね。

ハジメ：そんなのあるんですか!?

小吉：そういうこともしばしばあるんだよ。一般的には「聞き流す」は，投げられたボールを受け取らないことを意味するだろうけどね。だとすると？

ハジメ：話をされても，嫌なことを言われても，IP はボールをちゃんと受け取ろうという行動をしている。これじゃあストレスが溜まりそう……。

小吉：そうだね。IP は心理的に「嫌」と思ってるはずなのに，行動としてはむしろ相手にとって，「好意的に聞いている」と思われるような行動をしている。それにおばさんとの話の終わり方も，嫌なのに自分から断れていない。

202

ハジメ：それで話の後で，悩みイライラして，おばさんと会わないようにって
　なっている。うーん，嫌な人と会っても，離れられないし，ダメージを受け続
　けちゃうみたいな感じで，会わないようにするっていう対処になっている。
　これって母との関わりと似ていますか？

小吉：似ていると考えられるよね，IP の場合。もちろん家族や親しい人だと，
　関わり方が違うっていう人もいるよ。

ハジメ：IP の枠組みはどうなっているでしょうか？

小吉：このパターンから考えて，嫌な話などの要求に対して応じるっていう行
　動をすることに合う枠組みが IP にあると想定できるよね。「相手の話が嫌で
　も応じようとする，あるいは応じなければいけない」といったもの。そうじ
　ゃないと行動との間に矛盾が生じるから。さて，どんなのが考えられるだろ
　う？

ハジメ：「自分の気持ちを差し置いて，嫌な気持ちにさせちゃいけない」とか，
　「嫌な人って思われないようにしたい」とか？

小吉：そういう可能性もあるね。実際のところは IP に聞いてみないと分から
　ないけど，そういったものかもしれない。

ハジメ：少しは分かってきたような……（苦笑）。

⇨ 12-3. 仮説（アセスメント）の設定へ

　問題と家族システムの概要を押さえ，パターンを把握する。ここまででおお
よその仮説を設定します。初回面接で言えば，ここまでの Th が理解したもの
をもとに，面接をどう終えるか（治療契約するか），可能ならばパターンのど
こに働きかけるかなどを考え，さらに情報を集めたり，治療的な文脈形成へと
進んでいきます。地図のたとえで言えば，どこに何がありどんな道があるかと
いったざっくりとした地図までできた段階です。ある程度ポイントを絞って，
どこに進んでみるか，どこをより詳細に描き込むかは，Th それぞれが選択し，
Cl や家族とやりとりしながら進めていくことになります。事例ごとにポイン
トはあるものの，結果 Cl や家族にとって問題が改善していき，ゴールに辿り
着けば，道はどれでも OK と考えられます。

Chapter 12　仮説（アセスメント）の設定

　また「仮説（アセスメント）」としてありますが，Th の頭の中で絶えず続け
られる仮説設定のプロセスです。固定された正解のようなアセスメントがある
わけではありません。ある時点・場面での家族のパターンが実際にどうであっ
たかの把握においては，適不適はあります。一方で，面接室内での Th‐Cl・
家族のやりとりによって変わることもあれば，介入だけでなく，面接までの間
に起こった偶発的な出来事（エピソード）によって変わることもあります。い
ずれにせよ，Th はその時々の自分の理解したことに基づき，その次の手を打
っていくことになります。そのため，仮説設定のプロセスの中ではあるものの，
ある程度概要を押さえた時点で，把握したものをどうまとめて決断するのかに
ついて，Th の頭の中を示しつつ，説明していきます。

ここまでの情報から，Th が設定した仮説の例
・母は IP が食事や体型のことを気にしているのを分かってはいるが，心配し
ていて，IP があまり食べられないと「もっと食べなさい」と言う。一方 IP は，
落ち着かず食べられない時にそう言われると，パニックになり，母に当たって
しまう。
・食事や体型のことについては，母は IP に言っても聞かないので，半ば諦め
もあり，IP に食事のメニューなど合わせている。
・主治医から「摂食障害」とされ，体重減少もあり，もっと食べるように言わ
れており，IP は頭ではそうしないといけないと理解している。一方で，運動が
もともと好きでもあり，また太らないようにと，毎日スポーツジムに行き，ダ
ンスなどに没頭している。
・IP は疲れているといった身体感覚は鈍く，「身体が思うように動かない」な
ど頭で考え行動しようとする。
・ジムでの対人関係では，IP は声をかけられると嫌な話でも応じてしまうパ
ターンがあるため，そのなかで「体型や食事」の話題をされ，応じてしまうこ
とで，イライラしたり，悩み考え込んでしまう。
・母が愚痴を言ったり，疲れを示すと，IP は母の役に立とうと自分の気持ちを
差し置いて合わせる行動をする。これには，「母が大変だから役立ちたい」「辛
いこと・頑張ってることも含め，母に分かってもらいたい」「病気で迷惑をか

204

12-3. 仮説（アセスメント）の設定へ

けているから，できることをしたい」といった枠組みが関与している。
・IP は他者に合わせていて，自分の考えや意見を基本的に言わない。そのため，母は「IP が何を考えているのか分からない」と思う部分がある。
・こうした IP の他者に合わせるパターンは，離婚し，大変だった母を見てきたなかで，IP が学習し，形成されたものかもしれない。

小吉：ここまでの情報をまとめてみたよ。確かなデータから構築した部分もあれば，可能性として想定した部分もあるけど，だいたいこんなところ。

ハジメ：まとめてみると分かりやすいです。これで家族システムや問題システムの概要となっているってことですか？

小吉：あくまで現時点のね。IP の行動パターンや枠組み，母と IP の家族のシステムとパターン，「問題」のシステムにどんな人が関係しているかや何をどう問題とそれぞれがしているか，そこでのパターンなどが概要に含まれている。そうした現在の IP や関係者のシステムの全体をざっくり見たもの。

ハジメ：「現在のシステム」ですか？　そういえば過去の経過が全然出ていないですね。これでいいんですか？

小吉：セラピーの目的は，CI や家族が困っている現在のシステムとそこでのパターンを変えること！　極論かもしれないけど，必要がなければ，過去は取り扱わなくてもいいって考えるんだ。

ハジメ：でもそれで変化につなげられる？　改善できますか？

小吉：だから必要に応じて，ってなるよ。展開にもよるし，必要な部分についてはさらに情報を集めて，過去のことも理解できるようにしていく。たとえばストーリー仮説として，発症前の IP と母のパターンと枠組み，発症後の IP と母の枠組みなど，ポイントとなる時期ごとのシステムを押さえて，それをセラピーに活かすやり方もある。これまでの経緯や事情を踏まえて現在のシステムの変化へとセラピーに役立てられるなら，それも良し。ただし，不要に過去のことばかり聞いて，CI や家族にとってのうまくできなかったことばかりクローズアップされてもよくないよね。

ハジメ：最後の一文，離婚や母の大変さを見てきたなかで，IP の他者に合わせるパターンが形成されてきたのかもってのは，過去のものですよね？　こ

Chapter 12 仮説（アセスメント）の設定

れは？

小吉：これは面接からというよりも，事前情報から Th が想定したものだね。
確かめていないし，経験的な部分もあるけど，そうした情報も理解につなげ
られるなら，想定しておいても OK だよ。

ハジメ：そうなんですね。ですが，やっぱり気になります。

小吉：どんなこと？

ハジメ：パターンとして問題や家族とのつながり方・関わり方を見ていくこと
や，それに関係する枠組みを押さえていくことは納得したのですが，「摂食障
害」なのに，これでいいのかなって。精神医学的な部分など，もっと他にもい
ろいろ押さえておくべきことがあるんじゃないかなって思うのですが……。

小吉：精神医学的なアセスメントも大事だよ。だけれど，それは一つのコンテ
クストであり，全体のシステムの一部。IP や母，ジムでの人たちといったつ
ながり，関わりの中での一つのコンテクストだよね。そうした「問題」も含め
てのコミュニケーショナルな世界でのその人たちの関わり方やそこでの行き
詰まりって考えてみたらどうかな？

ハジメ：問題は一つのコンテクストで，コミュニケーショナルな世界での行き
詰まり？

小吉：IP の「摂食障害」，つまり食事や体型にこだわってしまうことによるあ
れこれも全体の中の一部分。それには他にどんなことが関わっているかな？

ハジメ：IP が嫌なことでも応じてしまうパターンとか？

小吉：それも一つだね。他には？

ハジメ：うーんと，母の役に立とうと辛くても頑張って行動することとか。

小吉：うん。他には？

ハジメ：頑張っていることを母に分かって欲しいけど，うまく伝えられないこ
ととか。

小吉：いいね！　さらに言うと？

ハジメ：身体の感覚が鈍くて，疲れているとか分かっていないこと。極端な捉
え方や，何かあると落ち着かなくなってしまうこと。あとは以前大学など学
校でうまくいかなかったこともですかね。

小吉：そういうことがいろいろ関係している全体の中での，行き詰まりの現れ

206

が「問題」のコンテクストって考えてみるってこと。

ハジメ：そういうことか‼

小吉：すごーくシンプルに考えると，CIや家族が望む方向に，生きやすくなっていけば，「問題」も変わってくる。だとすれば，「問題」に関係するCIや家族のパターンや枠組みが変われば全体も変わってくるのだから，ある意味それはどこからでもいい。変化がつながり，広がっていけば，「問題」も変わってくるよ。

ハジメ：そうすると「食べる食べない」から取り扱わなくてもいいってなりますね。変化のチャンネルが広がると言いますか，IPの何とかしたいことから話し合っていってもアリですね。

小吉：ある意味視点を拡げてシステムを見るようにして，CIや家族のニーズを活用しながら，つながり方・関わり方の一部を変えていく。主訴のパターンそのものをすぐに変えようとしなくても，問題のシステムの一部が変化し，それによって他の部分の変化につなげていく。変化がつながり，システムの動き方が変わっていき，「問題」も変化していく。

ハジメ：発想が広がった気がします。でも具体的にはどうしたらいいですか？

小吉：この事例でいくつかやり方を示すところまでしてみよう。

⇨ 12-4. 仮説（アセスメント）からの展開

　パターンのつながり方の一部が変われば，後に続く反応も変わり，関連するパターンも変化していきます。ただし，パターンのどこを取り扱うかは，極論すればTh次第です。現実的な課題として，CIや家族のニーズや着目しているところ，変えやすいところはありますが，それらを踏まえつつも，Thが決断して働きかけてみることになります。それには，Thが得意な展開やアプローチの仕方，発想の仕方にもよります。つまり**「仮説（アセスメント）は共通，方法はさまざま」**と考えられます。

　多くの場合，まず押さえるべきところとして問題あるいは主訴のパターンを把握することから，問題や家族システムの概要を押さえることになります。もちろん，この問題のパターンそのものを変化できると，治療効果は高いかもし

Chapter 12 仮説（アセスメント）の設定

れません。しかし，そう簡単にはいかないこともしばしばです。そのため，関連する異なるコンテクストでのパターンへと話題を展開させたり，パターンを変えるためのネタを探していくなどして面接を展開していきます。時にはこの試行錯誤が数回の面接にわたる場合もあります。得られたパターンを指標とし，どこを取り扱い，どう働きかけていくかを主体的に行っていくことが重要です。

小吉：ここまでの仮説からの展開を考えてみよう。主訴の一つである IP と母との喧嘩のパターンをもう一度取り出してみよう。行動順に数字を入れてみたよ。

〈IP と母の喧嘩のパターン〉
・①A　母：イライラして帰宅⇒IP：機嫌を取る⇒母：何も言わない
（①B　IP：体重計に乗る⇒IP：増えていることに不安を感じる）
（①C　IP：ジムでの人間関係でイライラする⇒IP：考え込む）
⇒②IP：落ち着かなくなる……⇒③母：食事を出す⇒④IP：あまり食べられない⇒⑤母：「もっと食べなさい」⇒⑥IP：反論（「分かってるよ」）⇒⑦母：さらに食べるよう促す⇒⑧IP：パニックになって当たる⇒⑨母：黙る⇒⑩IP：その場を離れ，部屋に行き泣く……⑪IP：謝る⇒⑫母：謝り，頑張るよう伝える

ハジメ：一部を変えて，変化をつなげるってことは分かったのですが，どこからどうするのがいいのでしょうか？

小吉：実際の事例では，IP のニーズや変えやすいところ，Th が得意な展開などでも変わってくる。「仮説（アセスメント）は共通，方法はさまざま」で，ある程度 IP や家族などの基本の動き方となるパターンは共通している。でもどこから変えるかには正解はないよ。たとえばでいいから，どの部分が変わったらいいかな？

ハジメ：うーん，食べる食べないのあたりは，今は IP にとって抵抗がありそうですし……。

小吉：それも文脈を作ったり，母も同席してモチベーションを上げてってなら

12-4. 仮説（アセスメント）からの展開

不可能ではないかもしれない。でも IP の個人面接だし，考えやすいところか
らでいいよ。

ハジメ：IP の個人面接だからっていうのは？

小吉：当たり前だけど，その場にいない人の行動や枠組みは直接的には介入で
きない。それを変えるにしても，それにつながっている面接場面にいる人，
ここでは IP の行動を変えることで相手の反応を変えるしかできない。だから
IP の行動やそれに付随する枠組みからってなる。

ハジメ：そうですよね。でも，このパターンのどこかを変えないといけないの
ですか？

小吉：先ほどハジメさんが挙げたような関連しているポイントでもいいよ。ど
んなのを考えたの？

ハジメ：IP が「辛くても頑張っているのを分かって欲しい」っていうことで
す。

小吉：それでも OK だよ。これまでの情報からは，IP はパニックになって当た
るぐらいしか，母へ自己主張していないよね。他で「IP：意見を伝える⇒
母：理解する」っていうパターンが作られるなら，それでも OK！

ハジメ：だとすると，どんなことを IP が母へ伝えられるようにしたらいいで
しょうか？

小吉：むしろ発想が逆だね。

ハジメ：どういうことですか？

小吉：どんな内容かを考えるよりも，「パターンを変える，新たなパターンを
作る」ってことを優先し，そのために「どんなコンテクストで，どんなネタ
（内容）」を用いればいいかと考えるんだ。IP からすると，「〇〇については
（だけでも）△△と伝えたら母に分かってもらえた」となるように。

ハジメ：つながり方を変えることが優先で，そのためのコンテクストとネタを
探すって考える!?

小吉：たとえば IP の「辛くても頑張っているのを分かって欲しい」という枠
組みは，どんなことが考えられるかな？

ハジメ：食事や体型のこと

小吉：聞けばまず出てくるよね。でも他には？

Chapter 12 仮説（アセスメント）の設定

ハジメ：他だとジムでの人間関係で辛いことや，家事を頑張っていることとか。

小吉：「IP が意見を伝え，母が理解する」っていうパターンを作る方針を Th が立てるなら，たとえばそういうことを IP に聞いていく。その中で，どのコンテクストでどのネタが役立ちそうかを探していくってことになる。

ハジメ：人間関係や家事のことでもいいんですね。

小吉：膠着したシステムや変えにくいところでなくて，パターンが変わりやすいところからでいい。そのために付随する枠組みを聞いたり，別のコンテクストでの「IP と母とのパターン」を探していったりするんだ。

ハジメ：それで喧嘩のパターンも変わってきますか？

小吉：つなげられれば変わるよ。たとえば②の「IP：落ち着かなくなる」の後に，これが「④ IP：あまり食べられない」のサインだから，②の後で IP が「今日は落ち着かないから，あまり食べられそうにない」と伝えられたら，母も喧嘩になりそうなことが分かって，無理に食べさせようとしないかもしれない。

ハジメ：そうなるとパターンの一部につながっていることになりますね！

小吉：そうだね。他にも①で IP が落ち着かなくなるきっかけ（ジムでのことなど）について，母に相談するとか。⑪の「IP：謝る」の部分あるいは⑫の「母：謝り，頑張るよう伝える」の後など，落ち着いている時に IP が分かって欲しいことを伝えるとか。

ハジメ：そんなのもアリですか!?　でもそれってうまく行きますか？　IP がジムで悪口を言われたことについては，母は IP に「気にしないでいい」って言ってたし，IP が伝えたとしても，母が理解したってならない可能性もあるんじゃないですか？

小吉：その可能性はあるね。表向きの IP の行動が「IP：伝える」になっても，続く母の反応の変化につながらないと，結局元のパターンってことはある。ただし，Th がすぐ結果としてのパターン変化を求めて，うまくいかないとダメって考えるんじゃなくて，そのパターンが変わるための次の課題が見つかったって考えたらどうかな？

ハジメ：パターンが変わるための次の課題？？？

小吉：「IP：伝える⇒母：理解し，受け止める」っていうパターンを形成する

っていう治療的な文脈をつくり，IP と共有したとする。そこで IP がどんなことを分かって欲しいかというニーズを検討し，変えやすそうなコンテクストやネタを探す。それがうまくいくかどうかは，母の「気にしないでいい」という行動やそれに関わる枠組み，あるいはそうした母の反応につながる IP の伝え方が関わっているとなれば，それを次の課題とするってこと。

ハジメ：すぐにうまくいかないからダメなのではなくて，次のステップとして考えるってことなんですね。となるとどうするんですか？

小吉：次の課題として IP と共有し，母の枠組みや IP の伝え方について話題を展開させ，それについての仮説設定ができるように情報収集していく。仮説設定⇒検証⇒修正のプロセスを IP の伝え方や母の枠組みについてしていくってこと。ここで挙げた仮説の情報ですべてなんてことはないから，問題や家族システムの骨組や概要を理解したうえで，セラピーのために必要な部分に焦点を当て，展開していくんだ。

ハジメ：システムズアプローチや家族療法の本だと，初回面接で介入して改善することが多いので，そうならないといけないのかとも思ってました。

小吉：ケースややり方によっても違うだろうし，熟練した Th だと要領よく情報収集したりできるっていう部分もあるよ。でも簡単にいかないことも当然あるし，それぞれの Th で試行錯誤しながら一つずつやっていくしかないよね。仮説として，セラピーのための大まかな地図が描けた。じゃあこのあたりを進んでいこう！　具体的に進むには，その部分のより詳細な地図が描けるようにっていうふうに，一つずつやっていく。

ハジメ：試行錯誤しながら一つずつ地図を書いていくように，仮説設定を進めていくんですね。これが仮説設定からの展開かあ。

小吉：事例に戻ってみよう。ここまで母と IP のパターンで考えたけど，たとえば「IP の伝え方」っていうなら，相手を変えてみてもいい。いきなり母へは難しいなら，他の人へ IP が伝えてみる形でも。

ハジメ：ジムのおばさんとか？

小吉：それだと難しくないかな？　IP の話しやすい相手，たとえばダンスのうまい人など IP にとって話しやすそうな人とか，ジムの受付やスタッフとか。

ハジメ：それも練習相手として IP がやりやすい相手を設定するってことです

Chapter 12 仮説（アセスメント）の設定

ね。おばさんで言えば，嫌なことを言われた時に IP が断れるようにするには方法ありますか？

小吉：そこから取り扱ってもいいね。それには IP が「（嫌な相手でも）応じる」ことに関連する枠組みを取り扱うことが必要かも。だとしても「断る」って，たとえばどんなことかな？

ハジメ：「体型のこと言わないでください」って言うのはハードルが高いだろうし，言ってもおばさんが受け入れるかどうかなって思って。

小吉：そんなにストレートに「断る」ってのじゃなくて，たとえば IP が「すいません。ちょっとお手洗いに」とかで離れるってことでもいいんじゃない？

ハジメ：相手に理解してもらわなくてもいいのか！　IP が我慢して応じ続けなければ，まずは OK ってこと？

小吉：そうそう。「用事がある」でもいいし，言葉にしなくてもおばさんの話が続かないように何かできるなら。パターンが変わればいいし，でも付随する IP の枠組みが工夫しても違った行動をとれないようなものなら，IP の枠組みの取り扱いを次の課題にしてもいいし，別の部分へと展開してもいい。

ハジメ：もしも母も同席だったり，別で母と面接するとしたら，母へのアプローチってどんなのがありますか？

小吉：まずは母から話を聞いてみる。それでたとえばだけど，喧嘩のパターンで「②IP：落ち着かなくなる……⇒③母：食事を出す⇒④IP：あまり食べられない」なので，母の枠組みを取り扱ったうえで，③が「母：どうしたの？」と聞けて，IP の落ち着かない理由について話し合いができるようにとか。シンプルに言えば，IP の伝え方や断り方でもネタはなんでもいいけど，「母：理由を尋ねる⇒IP：話す⇒母：受け止め，アドバイスする⇒IP：実行する」なんてパターンができてうまくいけばいいよね。簡単にはいかないし，得られたシステムとそこでのパターンの概要を指標として，地図を描いていきながらやっていくことになる。

ハジメ：予想していたのと少し違って，もっと正解というかハッキリしたものがあるのかと思っていましたが，ある程度の把握をしたら，一つずつ試行錯誤なんですね。

小吉：情報を整理し，パターンとして全体の概要を押さえ，あとは展開に応じて仮説設定のプロセスを進めていく。実際の面接では，CIや家族のニーズを活用するなどやりとりしながらになるけど，Thの頭の使い方として説明したよ。次は介入の下地づくりから治療的介入を取り扱うよ。

コラム12　治療システムの仮説（アセスメント）

　「治療システムが最も重要！　だからジョイニング最優先」と述べてきましたが，治療システムにも仮説（アセスメント）というものが適用されます。たとえば対人不信が強いCIの場合，「Thは専門家だから別で，信じていい」というコンテクストなら支障は少ないかもしれません。しかし，Thの言動一つひとつにもCIの対人不信のパターンが適用されている場合，「Th：質問する⇒CI：応じる」ということになりにくく，難しいこともあります。こうした場合には，治療システムの仮説設定をしながら，ThがCIと工夫してやりとりすることが求められます。

　治療システムの仮説設定をするには，ThがCI・家族とやりとりをしながらも，Th自身の言動を一つの要素とし，それがTh – CI・家族でどんなパターンになっているかを把握することになります。細かく言えば，Thの一つひとつの動作やメッセージに注意を払いながら，CIや家族の反応も含め，相互作用として見ていく。自分自身を客観的に捉えることが必要であるため，こうした視点はメタ・ポジションと呼ばれます。あるマスターセラピストは，視覚的に面接室の上から自分自身を映像で見ているかのような視点を持ちつつ，同時にCIや家族とやりとりをしているとのこと。治療対象のシステムと同時に，Thも含めた治療システムを見るのは決して簡単なことではないですが，できるようになるとThとしての幅が広がることになると考えられます。

　なお，家族療法の歴史を見ると，マジックミラーで共同セラピストがThの動きを見たり，ビデオに撮って検証することがその発展の一つの契機でした。今ではこうしたトレーニングは物理的にも経済的にも難しいでしょう。しかしながら，ロールプレイでトレーナーに見てもらい指導を受けることや，ビデオにとって自分の振る舞いを見てみるといったことは，トレーニングの一環として現在でも行われています。

Chapter **13** 介入の下地づくりと治療的介入

⇨ 13-1. 治療的介入に向けての下地づくり

　問題のシステムに望ましい変化を導入するための Th の働きかけを「治療的介入」と呼びます。「問題」についての Cl や家族のパターンやそれに付随する枠組みが変化し，Cl や家族が「問題」に対応できるようになるなど，つながり方・関わり方が変わるように Th が働きかけていきます。これを行うにあたって重要となるのが，「介入の下地づくり」の過程です。

　「介入の下地づくり」とは，その名のとおり治療的介入の下地をつくっていく段階です。得られたパターンを Cl や家族と共有すること。パターンのどこが変えやすいかを探ること。治療的な文脈を形成すること。ニーズの活用や介入に役立つネタを集めること。Cl や家族のモチベーションを上げるためのプレゼンテーションなど，さまざまなポイントが含まれています。こうした下地がつくられてこそ治療的介入の有効性につながるものとなり，治療的介入の成否は下地づくりにあるといっても過言ではありません。以下，下地づくり過程に含まれるポイントについて説明しますが，それぞれ独立したものというよりは，つながっているものと考えられます。

1）パターンを共有する

　情報収集し，得られたパターンを Cl や家族と共有することです。Th から

「Aが○○して，Bが××し，そしてAが△△した」などとそれぞれの行動を
つなげて相互作用・パターンの形で提示し，Clや家族と理解を共有します。そ
れぞれの行動に付随する意図やニーズの枠組みを加えることもあります。

　多くの場合，Clや家族に限らず，人は相互作用やパターンとしてそれぞれの
行動のつながりを認識していません。また，たとえClや家族が語ったことで
あっても，あまり意識していないこともあります。そのため，Thからパター
ンの形で提示し（枠組みづけ），Clや家族が意識した治療システムの一要素に
することで，共有されたパターンをClや家族とやりとりできるようにするの
です。それによって，パターンとして共有することで，そのつながりのどこを
どうするかを話題にして展開することが可能になります。別の角度から言うと，
「『問題』をパターンの形にして共有する」と言い換えることもできます。何が
どう問題で，それは誰が誰と何をどうしたというつながりで起こっている，と
いう形にする場合もあります。パターンの形にすること自体は，ある意味問題
がリフレイムされたものになっています。

　実際にこれを行うにあたっては，パターンのすべて（始まりから終わりま
で）をThが提示する必要はありません。むしろClや家族に分かりやすいよう
にしたり，焦点を当てたい部分など目的に応じた形にして，Thが提示するこ
とになります。また，Clや家族にフィットするように，それぞれの立場に合う
枠組みを用いることも大切です。

2）パターンに触れてみて，どこが変えやすいかを探る

　共有されたパターンをもとに，それを話題にしながら，パターンのどこが変
わりやすいか，あるいは変えにくいかを探っていきます。「パターンの一部が
変われば，全体も変わる」のですが，どこでもなんでも変えられるわけではあ
りません。Clの強い信念の枠組みが付随した行動は変えにくいですし，ニーズ
に合うかもポイントです。また，Clがコントロールできない時の行動（例：パ
ニック時の行動など）は，変化は困難です。変えやすい，変えにくいのポイン
トはいくつもありますが，パターンを話題にしながら，「そのシステムの動き
方をどう変えるといいか」をClや家族と探していくのです。

　Thが仮説（アセスメント）から想定し，Clや家族に質問しながら探ってい

きます。一方で，Th だけで考えるというよりも，Cl や家族も考えながら，「もしも○○したとしたら，どうなるだろうか？」などと話し合っていくことも重要です。「もしも A が××した時に，B が△△したらどうなるか？」などと仮定法の質問をし，シミュレーションしてみることもあります。これは，Cl や家族にとって，望ましくまた負担の少なく，実現可能性のある変化を探っていくことになります。

3）治療的な文脈の形成

治療的な文脈の形成とは，「誰が何をどうすることがセラピーなのか」「そのためにどんなことをしていくのか」といった，問題の改善・解決のための文脈をつくっていくことです。セラピーとして何を目指していけばいいのか，問題のどこから取り扱うか，そのためのステップとしてまずどこから話し合うのか，といったことになります。これには治療目標や方針の共有といったことも含まれます。

たとえば会社員で「うつ」で休養が必要な事例の場合，大まかには「休養して状態を回復する」ことを治療方針として共有したとします。でもそのために何をどうしていくかは事例によって異なるでしょう。家族（たとえば妻）に理解してもらい，休養できる環境を整えるなら，そのために何をどう伝えるか。あるいは来談してもらい，Th より説明するのか。また，会社からのストレス負荷となっているものへの対処から始めることもあれば，Cl の休養のための生活の仕方，否定的な認知パターンを確認すること，Cl が負ってきたプレッシャーの歴史からふれるといったこともあるでしょう。面接のその時々で，どんな目的で何を話題とし，どんなことに取り組んで行くかといったことを，やりとりしながら Cl や家族と治療的に有効な文脈を作っていきます。

4）ニーズの活用と介入に役立つネタ集め

Cl や家族の要求や望んでいることであるニーズは，治療的介入につなげることが基本となります。当然のことながら，望んでいる方向への変化の方が Cl や家族はしやすく，治療的介入もそのニーズを活かした方が実行しやすいものです。また，たとえば IP に関わろうとしている父がいたとして，父の IP への

関わりが逆効果であったとしても，その関わりを悪いこととして止めるよう Th が指示すれば，ニーズに沿わず動きが逆方向となるため，父は不満かもしれません。その場合，何かしら望ましいあるいは逆効果でない他の形で父が IP に関わるようにした方がベターです。あるいはモノは言いようで，「『止める』という関わりをする」や「次の関わりに向けて準備をしておく」といった表現であれば，同じ行動でも父のニーズに合うものになるかもしれません。

　また，ニーズもその一つですが，治療的介入に役立つネタを Cl や家族から集めることも大切です。情報収集とも言えますが，仮説設定を目的とした場合と異なり，オチに使えそうなネタを集めることです。仮に父の IP への関わりをストップするのであれば，「親が直接関わらず見守っていることが役立つ」というエピソードを Cl や家族から引き出したり，家族になくても他で聞いたことがないかを探すこともあります。また，Cl や家族の好みや趣味，考え方といったことを聞きだし，プレゼンテーションに役立てるといったこともあります。

5）Cl や家族のモチベーションを上げるプレゼンテーション

　治療的介入がうまくいくか，効果的になるかには，Cl や家族のモチベーションが関係しているのは言うまでもありません。彼らにとって，「こうすれば良くなるんだ」「望ましい方向に向かうために頑張ってみよう」などと，積極的にやる気になることは重要です。これは「自分の困っていることはこういうことだったんだ」と理解できたり，Th に「分かってもらえた」と共感されたりすることでも上がります。その他にもモチベーションを上げるものの一つとして，Th によるプレゼンテーションが挙げられます。

　治療的介入として具体的なアドバイスを行っていくにあたり，Th は積極的にプレゼンテーションを行います。ある種のセールストークのように，Cl や家族に売り込みをかけるのです。何のためにそれを行うのか，それをすることでどういいことがあるか，それによってどんな効果が期待できるかなど，Th はセラピーがうまくいくようにアドバイスや提案をします。もちろん倫理的にも配慮したうえで，Cl や家族にとって望ましい方向にいくようにです。Cl や家族からすると，改善・解決のための期待が高まり，Th からの提案をやってみ

Chapter 13 介入の下地づくりと治療的介入

ようとやる気になるようにするのです。セラピーにおいて，Cl や家族をその気にさせる Th のトーク術も，大事なスキルの一つと考えられます。

　これらのポイントは，下地づくりの段階においてのみ行われることではなく，ジョイニングや情報収集といった段階でも部分的に行われていることもあります。また，順番が決まっているものでも，必ずすべてのポイントが入らなければいけないものでもありません。事例によっては直接的な治療的介入を初回でせずに，数回に分けて下地をつくっていくこともあります。いずれにせよ，治療技法やそれによる介入の重要性もさることながら，それ以上にそれまでの下地がいかにつくれるかも大切と考えられます。

コラム 13　介入について― Th の一つひとつの言動も介入になる？ ―

　介入というと，一般的には治療技法を用いた Th からの働きかけなどがイメージされるかもしれません。Cl の状態をアセスメントし，「問題」や「病気」が改善するように技法を用いて変化を導入する。もちろんこれも「介入」と考えられますが，介入を「Th による働きかけ」と広く捉えると，Th の一つひとつの言動，一挙手一投足も Cl に影響を与える働きかけとなりうるものであり，「介入」とも考えられます。

　ジョイニングは Th が Cl や家族のシステムに加わり，治療システムを形成しようとする介入，Th の働きかけとも言えます。Th による質問も，Th 側からすると情報収集のための行為かもしれませんが，Cl や家族から見れば「Th はその質問に関することに注目している・関心があるんだ」と思うことにもなる。Th が「○○は××なんですね」と枠組みづけて提示すれば，Cl は「そうなんです（あるいは違う）」と応じる一方で，「○○って××と Th は捉えたんだ」と考える。また，Th が夫婦面接で妻に視線を向ければ，「妻が答えるように」というメッセージになることもあります。Th が自覚しているにせよ，そうでないにせよ，治療システムにおける Th‐Cl・家族との相互作用・やりとりでセラピーが行われるのであり，Th の一つひとつの行為も Cl や家族に影響を与えるものになりえます。そのため，本章で「治療的介入」と説明しているような，問題や家族のシステムへの Th の働きかけも，Th‐Cl・家族との一つひとつのやりとりの積み重ねがあってこそなされるものであり，そのための下地づくりが重要と言えます。

　なお当然のことですが，面接冒頭で Th がニコッと笑えば，問題のシステムが変わるというものではありません。問題や家族のシステムは，Cl や家族がさまざまな人たちと関わり合いながら形成されてきたものです。Th の一つひとつの言動がどう Cl や家族に影響するかを考慮しつつも，影響を与えることを恐れて縛られるようになるのではなく，目の前の Cl・家族とのやりとりを積み重ねていくことが求められます。

218

⇨ 13-2. 仮説（アセスメント）からの治療戦略

　治療戦略とは，Th が問題のシステムに対してセラピーを進めていくための**戦略的な仮説**です。戦略と表現していますが，Cl や家族と協力し，問題を改善・解決していくためのものです。問題や家族のシステムとそこでのパターンの仮説（アセスメント）をもとに，どこからどう進めるか，下地をどうつくっていき，どうオチをもっていくかなどの仮説設定のプロセスを，やりとりしながら展開していきます。

　本章では，以下の事例を題材にします。介入の下地づくりを進める前に，簡単にどんな仮説（アセスメント）を設定し，治療戦略を描いたのか，そこから下地づくり⇒治療的介入へと展開させたのかを説明していきます。

〈事例〉　Tさん，28 歳，第二子を妊娠中（妊娠 8 か月）
家族構成：Tさん，夫（30 歳，会社員），長男 4 歳。両親（50 代）は近隣に在住。
来談経緯：第一子出産後に，しばらくして軽度のうつ状態となり，U 心療内科を受診した。当時は軽い服薬と療養により回復し，終了となった。仕事復帰し，元気に働いていたが，2 か月前に急に「死にたい」などと考えるようになった。なんでそんなことを考えてしまうのだろうと落ち込み，長男の世話をしていても辛くなってしまう時がある。夫は無理しないでいいと言ってくれ，1 か月前から仕事も辞めて家にいるが，いろいろ考えてしまう。U 心療内科を再受診したところ，妊娠中ということもあり，主治医よりカウンセリングを勧められ，受けることとなった。
初回面接の冒頭の様子：Th が挨拶し自己紹介すると，Tも笑顔で挨拶を返した。主治医よりカウンセリングを勧められたことについて尋ねると，Tは「前（第一子出産後）と同じになってしまった」「あの時は医師に『休むように』と言われ，しばらくしたら良くなった」「でも根本的なところは変わっていない。前向きに考えられない」と訴えた。Th から「なるべく根本的なところを何とかできるようにカウンセリングで話し合えるといいか」と尋ねると，Tは「よろしくお願いします」と答えた。
経過概要（初回面接 30 分まで）：実家の美容室は家族で経営し，父が主と

なり，母が手伝う形で回していた。Tさんも専門学校を卒業し，美容師として働いていた。第一子出産後にも，「死にたい」と考えてしまうことがあったが，母が自主的に子育てを手伝ってくれたり，受診し「うつ病」で「休むように」指示されたことで，しばらくして回復した。息子は手がかからず，2歳時より保育園に預けて仕事に復帰した。半年ほど前に母が腰を痛め，母の負担を減らそうと仕事を頑張っていた。2か月ほど前に，急に「死にたい」とふと考えてしまうようになり，「なんでまたそんなおかしなことを考えてしまうのか」と悩み，前向きに考えようとするも，落ち込んでしまうようになった。心配した両親から，「お腹の子のこともあるし，仕事のことは気にしなくていい」「家でゆっくり休んでいて」と言われ，1か月前から仕事を休み，家で生活している。美容室は臨時で手伝いのパートを雇いながらも，母が出るようになったが，「お店は大丈夫だろうか」などと気にかけていて，好きなTVドラマを見ていても気が休まらない。普段通りに息子に接していても，「辛い」「死にたい」と思ってしまうことも出てきた。心配した夫から受診を提案され，Tも「そうした方がいい」と考え，受診した。

「根本的なこと」について尋ねると，Tは「前向きに考えられず，悩んでしまうこと」と答えた。元気な時であればそう考えることもなく，子どものことも好きだし，夫も優しく幸せであるはずなのに，笑顔でいられない。辛くても我慢し，頑張ってきたのに，「なんでまた同じように悪いことを考えてしまうのか」と。前向きに考えられないことが根本的に問題で，「考え方を変えたい」と語った。

パターン1：夫との関わり
・T：落ち込む⇒夫：心配し，声をかける⇒T：「辛い」などと話す⇒夫：無理しないで，休んでいるよう伝える⇒T：承諾する⇒夫：子どもや家事のことなど，できる範囲でする⇒T：なんでできないのかと落ち込む

パターン2：子どもとの関わり
・（T：子どもの様子を見て，声をかける⇒）子：要求する⇒T：（辛くても我慢して）応じる。

小吉：下地づくりの前の，仮説設定から治療戦略の部分だよ。ここまでの情報で，どう思ったかな？

ハジメ：Tは妊婦さんなんですね。一度良くなったけど，同じ状態になってし

13-2. 仮説（アセスメント）からの治療戦略

まった。急に「死にたい」と考えるようになり，「前向きに考えられるように」
したいと。

小吉：うんうん。それで？

ハジメ：頑張ってた美容師の仕事も，今は辞めて家にいるのに，お店のことを
気にしていて，いろいろ考えてしまっている。夫も両親も心配し，気にかけ
てくれ，家族関係も問題なさそうだし。うーん，なんでこうなったんだろう
……。

小吉：そうだね。明らかに何かが悪いとか，原因ってのは，これまでの情報か
らは出てきてないね。でもいろいろポイントとして考えることはあるよ。

ハジメ：そうですか!?

小吉：たとえばだけど，「死にたい」って考えちゃうのって，どんな時だろ
う？

ハジメ：うーん，すごく辛いことがあった時とか，精神的に追い込まれている
時とか。

小吉：ハッキリしたことはＴに思い当たらないみたいだから前者はないとして，
Ｔは「追い込まれている」ってなって，こうなったのかもって仮説を立てて
みてもいいね。

ハジメ：それだと母の代わりに，仕事を頑張ろうとしていたってあたりです
か？

小吉：今の情報だと分からないけれど，Ｔ：頑張っていた⇒Ｔ：「死にたい」
と考えるってのは，つながりとして変だよね？

ハジメ：考えてみればそうですね。抜けてたというか，そういうのを気に留め
ながら考えるんですか？

小吉：起こった出来事の順番として，どうつながっているかは考えるよ。Ｔ：
頑張っていた⇒〇〇⇒××⇒Ｔ：「死にたい」と考える⇒Ｔ：「なんでおかし
なことを考えるのか」と悩む⇒Ｔ：前向きに考えようとする⇒Ｔ：できずに
落ち込む，っていう流れだよね。つながり方として変であれば，その〇〇や
××がどうだろう？って頭に入れておくんだ。仮に「追い込まれている」と
すれば，〇〇や××で，そうしたことが起きていたかもしれない。

ハジメ：とすると，〇〇や××について質問してみる？

Chapter 13 介入の下地づくりと治療的介入

小吉：そうなるね。これもちょっとした治療戦略になる。

ハジメ：これも治療戦略なんですか？

小吉：治療戦略って，もっといろんな情報をもとに綿密に考えるものもあるけど，そこまでじゃなくても，「面接をここから展開してみよう！」ってものでもまずは OK！　Th の力量に応じてだけど，面接展開の可能性や CI や家族の負担の少ないものを考えて，主体的に進めていく形で。

ハジメ：それぞれの Th なりに少しずつってことですね。

小吉：話を戻して，「死にたい」となった後の T の対応パターンはどうだろう？

ハジメ：なんで？と悩み，前向きに考えようとするも落ち込むってヤツですよね。

小吉：それでうまくいってないっていうのもあるけど，医師からは「うつ」と診断されている場合，「前向きに」って考えられるかな？

ハジメ：もしそうなら難しいかもですね。それってのは？

小吉：対応パターンとして，何とかしようとすることがうまくいかなくて，悪循環になってしまっている可能性がある。仮にストレスによるうつ状態だとして，リラックスしてストレスがなく，のんびり休養できれば，生理的には少しずつ回復していくはずだけど，そうなっていない。

ハジメ：そのあたりのパターンとして行き詰っている部分を考慮するんですね。でも CI は「前向きに考えられるように」っていうニーズですが？

小吉：ニーズでもあるんだけど，その解決策そのままだと難しい場合もある。ニーズはやりとりで一緒につくっても，別の解決策を提示して変えていってもいいんだ。

ハジメ：ニーズをつくっていく，ですか？

小吉：友達と遊びに行くのに遊園地を予定していたけど，雨降るかもしれないし，話し合って水族館に行先変えて，結果楽しかったってこともあるよね。この事例でも，この状態から脱して改善するのであれば，行先や方法は CI が当初考えたものから変わってもいいかもしれない。

ハジメ：話し合って納得して，結果満足すれば，T もいいかもってことですね。

小吉：他にもパターンとして示されている部分で，子どものことも辛くても頑

張ってやろうとしているし，夫が気遣って手伝ってくれても，「自分ができていない」と考えて落ち込んでしまっている。自分でやるべきであり，できないのはダメだっていうように。

ハジメ：そういえば仕事も心配した両親に言われて，休むようになってますね。同じパターンかも。

小吉：簡単にまとめると，「死にたい」ってなるには〇〇や××といったTが気づいていない何かがあるかもしれない。また，その対応として「前向きに考える」ってことが，無理なことかもしれず，より悪循環に陥ってしまっている。さらには，Tはしんどい状態になっても，周りは気遣うものの，自分で何とかしないとと考えていて，できない自分を責めてしまっている。

ハジメ：というようにThは仮説設定をした。

小吉：じゃあ〇〇や××は何かってところから始めてみよう。そのうえで，「前向きに考える」とは別の対応パターンにできるように。また，「自分で何とかしないと」ではなく，周りの人にもしんどい部分は任せられるパターンを形成できれば，とThは治療戦略を立てた。

ハジメ：そういうふうに仮説設定が治療戦略につながっていくんだ！

小吉：仮説設定はセラピーのためだからね。実際は面接しながらやるものだから，すぐにとはいかないかもしれないし，Thの得意なスタイルや方法にもよる。とりあえずここではこの治療戦略で下地づくり段階へ入った逐語を見てみよう。

⇨ 13-3. 下地づくり過程の実際①：パターンの共有と問題の再構成

　以下Tさんの事例について，ThとTさんのやりとりの実際を示します。面接開始30分程度で，上記の治療戦略をもとにThが下地づくりを始めていく部分からのスタートになります。

Th 1：少し話が戻るけど，2か月前の急に「死にたい」っていうのが出てくる以前のことを聞いてもいいかな？　「お母さんの分も」って頑張っていた頃っ

Chapter 13　介入の下地づくりと治療的介入

て，どんな様子だったの？

Ｔ１：うちは家族でやっているので，父が主でカットして，母がシャンプーし
　　たり，接客したりと全部やるんです。それで母の代わりに私が全部してて。

Ｔh２：子育てもしながら，仕事も全部だと大変じゃないですか？

Ｔ２：でもお迎えとか時間間に合わない時は，母に代わりに行ってもらうこと
　　もありました。

Ｔh３：もちろん少しは手伝ってもらわないとと思うけど，お腹も大きくなっ
　　てたでしょうし，動きにくかったりとかは？

Ｔ３：ずっと立ちっぱなしの仕事なので，その頃はさすがに大変でした（笑）。
　　前にかがみにくかったりもしたので。

Ｔh４：ですよね。保育園預けて，仕事して，またお母さんに行ってもらう時も
　　あるけど，お迎え行って。

Ｔ４：毎日バタバタしていて，自分の時間はほとんどなかったです。家に帰っ
　　たら子どもの世話をしながらご飯つくって，食べてお風呂に入れて寝かせて
　　ってなってて。寝た後に少し時間があっても，疲れててすぐ寝ちゃってまし
　　た。

Ｔh５：随分忙しくて，そりゃあ疲れるよね。身体もきつかったんじゃないか
　　な？

Ｔ５：たぶん疲れてたんだと思います。朝起きにくくなったり，肩こりもひど
　　くなってました。でも仕事も楽しかったし，そんなこと考えなかったのに
　　……。

Ｔh６：かなり疲れて，身体もきつかったんだよね。疲れも溜まってたろうけど，
　　それはどうしてたのかな？

Ｔ６：我慢して頑張ろうって

Ｔh７：疲れてても，我慢して頑張ろうってしてたの？

Ｔ７：はい。あと数か月だし，それぐらい何とかなるかなって。

Ｔh８：そうなんだ。そうすると，ずいぶん疲れてたから「死にたい」って考え
　　が出てきた，ってなってないかな？

Ｔ８：疲れてたから？？？

Ｔh９：頑張って疲れが溜まってきてて，それでも我慢して頑張ろうとしたけど，

身体がキツイ，もう無理！ってなって，「死にたい」って考えが出てきた。

T 9：疲れてたからそうなった？？？　じゃあ前向きに考えられないのは……。

Th 10：そうじゃないかな。もしもひどい風邪で 39.5 ℃の熱が出ていたとしたら，前向きに考えられるかな？

T 10：……，それは無理です（笑）。

Th 10：だよね。熱がひどかったり，身体が疲れすぎていたりすると，前向きに考えられなくても当然だし，それが普通なんじゃないかな？　だとすれば，まずは熱が下がるように，休んで風邪を治すことが大事だよ。

T 11：疲れてたからなんだ！　そうだったのか……。

Th 12：根本的にっていうのも，疲れて心身が追い詰められて「死にたい」ってなっていたのに，「我慢して頑張ろう」「なんでおかしなことを考えちゃうんだ」「前向きに考えないと」ってしていたから，かえって休めなくて悪い方にハマっちゃったんじゃないかな？

T 12：前向きに考えられなくても当然なんですね。それも疲れてたからかあ……。

Th 13：だからまずは前向きに考えようってするのではなく，疲れが取れるようにあれこれ考えずに休むってことから始められるといいと思うけど，どうかな？

A 13：はい，でも……。

小吉：治療戦略で，「死にたい」ってなる前の〇〇や××の情報収集からスタートしたところだよ。

ハジメ：Th は具体的なことを聞きながら，「大変だった」や「疲れていた」っていうのを引き出す質問を続けていますね。

小吉：何かしら CI が心身的に追い込まれていたのでは？　それに当たるような〇〇や××が出てくるんじゃないかって質問をしているね。T の状況を想定して，T に思い出してもらいながら語れるように。

ハジメ：思い出してもらえるように質問しているんですか？

小吉：CI が意識していない部分だと，Th が状況を設定して質問して，〇〇や××について語ってもらうようにする。これは情報収集のポイントと同じ。

Chapter 13 介入の下地づくりと治療的介入

あとは，枠組みとして共有するようにするためにも，CI に意識してもらえるようにするってこと。

ハジメ：それでTが多忙だったことや，「疲れていた」っていうこと，身体的にもきつかったってことが出てきた。

小吉：そうそう。それで「疲れ」にTがどう対応していたかってことを尋ねた。

ハジメ：「疲れ」がこの場合は○○で，出てきた「我慢して頑張る」が××ってことですか？

小吉：結果的にそうなったね。ただこれは「すごく心身が疲れていた」⇒「（それでも）我慢して頑張ろうとした」で，⇒「死にたい」って考えが出てきた，とつながったからこれで OK と Th は判断したってこと。事例によっては，つながらなければ△△⇒◇◇⇒とかも必要な場合もある。

ハジメ：パターンとしてつながるかってところですね。その後の Th 8 がパターンの共有ってことですか？

小吉：Tが意識していなかった「すごく心身が疲れていた」ってことをセットにして，パターンとして提示し，共有を図ったってことだね。それでTと共有できるように，やりとりしてる。

ハジメ：共有できるようにやりとり？

小吉：Th 8 で提示してみると，Tが「？」となったから，Th がより具体的に説明（Th 9）をした。するとTから「前向きに考えられないってのは？」と，疑問が出てきた（T 9）。それで Th 10 で「ひどい風邪で高熱の場合」っていう，一般的で類似の状況のメタファーを示してTに考えてもらうと，Tに伝わり理解した（T 10）。

ハジメ：パターンを共有していくのにも，やりとりを続けていってなんですね。

小吉：それもその前にパターンとして情報収集し，CI にも意識できるようにし，時系列で起こった出来事を整理しておくステップを踏んでのこと。また，パターンを提示してみて，CI の疑問点を説明して理解できるようにするなど CI の反応をみながら，共有していく。一つひとつのやりとりの積み重ねが大事なんだ。

ハジメ：こうした積み重ねが下地づくり過程なんですね‼

小吉：パターンの共有にしても，どこが変わりやすいかを探るにしても，モチ

ベーションを上げるにしても，やりとりの積み重ねだよ。それが結果として下地づくりになる。

ハジメ：話戻りますが，Th 8 からのやりとりは，パターンの共有を意識してのものなのでしょうか？

小吉：パターンの共有は Th の意図にあるよ。でも，「急に『死にたい』ってのが出てきて，前向きに考えられなくなって自分がおかしい」っていう問題が，「『死にたい』って考えるようになったのも，前向きに考えられないのも『疲れている』から」となったという点で言えば，問題の再構成とも言えるね。

ハジメ：パターンとして共有すること自体がリフレイムになるっていうのは，こういうことを言うんですね。CI にとっての「問題」が変わるのか。

小吉：さらに言えば，「疲れているから，○○になる」ってことは，「疲れを取る。休息する」っていう文脈につながるよね。それがここでは治療方針の提示（Th 13）へとなっていく。

ハジメ：この部分のやりとりは，いろんな意味があるんですね。それぞれが別のものっていうよりは関連している。

小吉：そうだね。大事なのは，パターンを治療的に変えること。そのための下地をつくっていくこと。それぞれも関係してるし，たとえば「私がこんな状態なのは，○○だからなんだ」となれば，CI のモチベーションも上がったりもする。事例に応じて，必要な下地をつくることが大事であり，①～⑤のポイントを全部するってことではないよ。

ハジメ：モチベーションがもともと高ければ，上げなくてもいいとかですか？

小吉：たとえばそういうことだね。さて，Th 13 で治療方針の提示をしてみた。T 13 は，「はい。でも……」となった。続きを見てみよう。

⇨ 13-4．下地づくり過程の実際②：変化にあたっての課題へ対応する

　実際の面接では，面接時間も含めた制限があります。情報収集をいくら効率的に行ったとしても，把握できる情報には限界もあります。治療的介入に向けての下地づくりも，非常に多くの情報を得て，Th がゴールを決めて行うこと

Chapter 13　介入の下地づくりと治療的介入

もあれば，ある程度の治療戦略を立ててやりとりをしながらゴールをつくって
いくこともあります。これらは Th のスタイルやケースバイケースでもありま
すが，いずれにせよ治療的な変化に向けてのやりとりを続けていくことになり
ます。そうすると，その変化にあたっての課題が出てくることになります。

　たとえば，Th が提示した治療方針について，Cl から疑問点が出てきたり，
その方向で進みにくい事情が語られることもあります。良くなるためであって
も，一歩進むことの不安やためらいもあります。もちろんニーズがズレていた
り，Cl の嫌がることを無理強いすれば反発されるでしょうし，治療的であって
も Cl の負担が大きければできないこともあります。これらのことはそれ以前
の段階で Th が把握し対応することが基本であり，大きくズレているのは下地
づくりとは別の話になります。それでも変化に向けて進むとなると，Cl がパタ
ーンや枠組みを変えるための，関連する枠組みや関係者の動きなどが出てくる
のが普通です。そのため，変化にあたっての課題となるような関連する事柄に
ついては，これを「心理的抵抗」などと捉えずに，適宜 Th が対応し，変化へ
とつなげていくことが求められます。

〈逐語の続き〉

T 13：はい，でも……。

Th 14：でもっていうのは？

T 14：私の母は「子どものことで嫌だなんて思ったことない」って言うんです。
　　私ってワガママだったと思うんですけど，子どもの時も何か言えば嫌な顔せ
　　ず母がやってくれたりして，すごい愛情をかけて育ててくれて。なのに私は
　　……。

Th 15：お母さんが嫌だって思ったことないのに，Tさんは子育てで辛いって
　　思っちゃうのがおかしいってこと？

T 15：はい。子どもも可愛いはずなのに，なんでこんなこと思っちゃうんだろ
　　うって。

Th 16：そうなんだね。でもTさんがお子さんのことで「嫌だ」「辛い」って思
　　っちゃうのって疲れて，「死にたい」って考えちゃうようになってからですよ
　　ね？

228

13-4. 下地づくり過程の実際②：変化にあたっての課題へ対応する

T 16：そうです。それまではなかったです。

Th 17：じゃあやっぱり疲れてたから，可愛いお子さんのことでもそう思うようになっちゃったんじゃないかな？　お母さんから今もそう言われてる？

T 17：言わないです。無理せずゆっくり休みなさいって。

Th 18：そうだよね。ちなみにTさんが小さい時，お母さんはお仕事ってしてました？

T 18：いや，小学生までは専業主婦でした。学校から帰ったら家にいて。

Th 19：お仕事してなかったんだ。何か理由とか聞いたことありますか？

T 19：両親の方針らしくて，私が大きくなるまでは家にいようってことだったみたいです。その時はお店で働いている若い人もいて。

Th 20：じゃあTさんが小さかった時のお母さんと，今のTさんは状況が違うんじゃないかな？

T 20：あー，そうかもしれないです。

Th 21：お母さんだって「嫌」とは思わなくても，何かあれば「大変だ」とは思った時もあったかもしれないんじゃないかな？　それを言葉にはしなかったとしても。いずれにせよ，Tさんがお子さんのことで「辛い」って思ってしまうのは，疲れているからだと思うんです。

T 21：そうですね。

ハジメ：お母さんの話題が出てきましたね。これがこの事例の場合での「変化にあたっての課題」ってことでしょうか？

小吉：Thが提示した「疲れているから休む」という治療方針に対してのTの反応だよね。Tの「自分がおかしいんじゃないか」っていう文脈で，Thの方針に乗ろうとしても，「子どものことを嫌に思ってしまったのはやっぱりおかしいのか」っていうことがひっかかって進みにくいっていう感じかな。

ハジメ：このことはもっと前もって情報収集しておけば，話題になったんじゃないでしょうか？

小吉：情報収集の仕方によっては出てきた可能性もあるね。でもこういうやりとりしたから，出てくるようになったことかもしれない。いずれにせよ，面接時間の制限もあるし，Thは方針を提示しTの反応を見ながら，治療戦略の

Chapter 13　介入の下地づくりと治療的介入

仮説を進めやりとりしていくんだ。

ハジメ：母の話題がどんなことを確認して（Th 15 ⇒ T 15），その後の Th 16 はどういうことですか？

小吉：子どものことを辛い，嫌だと思った時期の確認だね。それで Th の仮説を検証している部分。

ハジメ：仮説の検証ですか？

小吉：「子どものことを辛い」っていうのは，これまでの Th の理解では，「死にたい」が出てきた後。ならば，心身の疲労 ⇒「死にたい」って考える ⇒ 子どものことも「辛い」，の順番だし，心身の疲労になってからのこと。そうだと検証できれば，「疲れ」仮説・方針はそのままで，母の話題へ対応すればいい。でも仮に，子どものことで「辛い」⇒ 心身の疲労 ⇒「死にたい」って考える，の順番なら，子育てのことで悩んでいたことが二次的ではなく心身の疲労につながる要因になってるから，Th が仮説を大幅に修正しないとならない。

ハジメ：そういうことですか‼　変化にあたっての課題といっても，いろいろあるし，それがどんなものかを Th が検証するんですね。

小吉：出てきた話題がどこにどうつながっているかだね。それで確認できたから，Th は方針は維持。そのうえで，出てきた話題に対応する。

ハジメ：母の話題を聞いたり，Th 17 の「お母さんに今でもそう言われてる」っていうのも確認ですか？

小吉：今言われているのだとすると直接関わりや影響があるから，対応の必要性があるかもしれない。そうでなければ，T なりに納得できればいいかもしれないってことだね。

ハジメ：そういう意図なんですね。

小吉：それで母の子育ての状況を尋ね，T と比較し，「状況が違う」ってことを共有した。

ハジメ：変化に向けての課題に対応している部分ですね。もしもですが，これで T がスッキリこない場合はどうなりますか？

小吉：そうであれば，「疲れているから休む」という方針のもと，「そのために母に言われていることが引っかかっているなら，それを次回相談しましょう」として面接を終えるかもしれないね。残り時間にもよるだろうけど。

ハジメ：やりとりして進んだところまでってことですね。治療的介入や課題ま
　　　でいかなくてもいいのですか？

小吉：いつでも課題を出してるわけでもないよ。必ず一回の面接で行動課題ま
　　　でいかなくても，少しずつ進んでででもいいよ。

ハジメ：Th 21 は，これで母との違いについて Th が対応できたって判断した
　　　ってことですか？

小吉：疲労から「死にたい」などと考えるようになってからの，二次的な問題
　　　として「母との子育ての違い」って Th が考えて，時間も考慮して，次に進め
　　　たってところかも。すべて絶対とまではいかないし，ここは T の反応が悪く
　　　ないってことで，面接の締めくくりに進めようとしているね。

ハジメ：終わり方が気になります。

小吉：じゃあ最後を見てみよう。

⇨ 13-5. 治療的介入と面接の結び方

　最後に「治療的介入」についてです。問題のシステムに望ましい変化を導入
するための Th の働きかけです。これまでのやりとりを抜きにして必殺技を用
いて変えるというものではありません。面接終盤では，そこに至るまでのやり
とりを踏まえて，望ましい治療的変化をもたらすよう Th が働きかけることに
なります。「問題」についての Cl や家族のパターンやそれに付随する枠組みが
変化するようにします。下地づくりまでの流れを踏まえて，Th は意図的にパ
ターンや枠組みへ働きかけ，それを変化させる試みをします。これには，面接
室内での Th‐Cl・家族の治療システムにおけるやりとりで，直接的にパター
ンや枠組みを変えるものと，治療的な課題などによって，面接室外で Cl や家
族がそれを試みることで変化を導入するものがあります。ただし治療的介入と
いっても，パターンや枠組みそのものを変化させるものもあれば，課題を Cl
や家族がどう行うかをという反応を見るためのもの，パターン変更のための種
となる変化をつくるというように，どのような変化を意図して働きかけるはさ
まざまです。また実際の面接では，パターンや枠組みのどこにどう働きかける
かを具体的にかつ明確にすることが重要です。Cl や家族にとって誰がいつ何

をどうするかが分かり，実行できるようにします。Th にとっても，どこに働きかけたかを明確にすることで，次回の面接で検証することが可能になります。

　治療的な介入を行うにあたっては，Th の責任性・倫理性といったものが関与します。Th が主体的に変化を導入するにあたっては，それによって望ましい方向に行くように，少なくとも悪い方向へ行かないようにすることが求められます。Th が理解し，望ましい変化となる，悪くならないと予測できている範囲で介入を行います。ムチャな介入は Cl や家族にとっては当然のことながら，Th にとっても望ましいことになりません。誤解されがちなことですが，面接ごとに必ず具体的な行動指示をして，パターンそのものを変化させるというものではなく，不確かであれば面接室内でのやりとりで変化するようにし，課題は出さないこともあります。Th が主体的に治療的な変化を導入するアプローチであるからこそ，Th のチャレンジや大胆さも大切ですが，慎重さや責任性も併せて求められると考えてください。

　面接を終えるにあたっては，次回の面接へとつなげるようにすることが重要です。初回面接であれば，治療契約も含め，セラピーの場で何をしていくのかを共有することになります。これに治療的介入が含まれる場合もあれば，「次回○○について，じっくりお話を聞かせてください」として終えることもあります。Th はそれまでのやりとりのまとめや，ある程度の方針の提示をし，可能であれば Cl や家族が期待を持てるようにします。いずれにせよ，その面接で起きた変化を押さえ治療システムや Cl・家族のシステムに定着させることを行い，次へとつなげて治療的な方向へ変化が続くようにしていくことになります。

〈逐語の続き〉

Th 22：だから「前向きに考えよう」とか「おかしい」って考えるのではなくて，お腹のお子さんのためにも，今は「休むのが仕事」って考えて，休むことから始められたらと思うのですが，いかがでしょうか？

T 22：はい。でもどうしたらいいですか？

Th 23：今はどのように生活されてますか？

T 23：平日は子どもを保育園に預けたら，迎えに行くまでは一人でいるんです

13-5. 治療的介入と面接の結び方

が，家事をしたり，ぼーっとしたりしています。

Th 24：休めてますか？

T 24：いや，好きな TV ドラマを見たりしているんですが，お店大変かなとか，いろいろ考えちゃってます（苦笑）。

Th 25：あれこれ考えちゃっていたら休めないですよね？

T 25：そっか。何もしてないけど，考えちゃってたから休めてないのか。

Th 26：お店も遅かれ早かれ任せるしかなかったでしょうし，今は「休むのが仕事」って考えて，あれこれ考えずに TV ドラマを楽しんでもらえますか？

T 26：分かりました。録り溜めてたドラマを見ることにします。

Th 27：息子さんがいる時や休日は？

T 27：主人は仕事が忙しいですけど，いる時は手伝ってくれるので大丈夫です。

Th 28：大変な時は，「今は休むのが仕事」なので，ご主人にもお願いしてくださいね。

T 28：分かりました。

Th 29：それで休んでもらって，どうなったかを次回お話し聞かせてもらえたらと思うのですがいかがでしょうか？

T 29：それでお願いします。次はいつ来ればいいですか？

Th 30：休んでもらってなので，すぐっていうのではなく，でもご出産のこともあるし，2 週間後はいかがですか？

T 30：2 週間後なら大丈夫です。保育園に預けている時間なら動けます。

Th 31：じゃあ昼ぐらいの空いている時間に。最後に何か聞いておきたいことってありますか？

T 31：えーっと，家事とかは普通にしたりしてもいいですか？

Th 32：現実的にやらないといけない部分もあるでしょうし，ただ無理はしないで，T さんにとって気持ちも身体も休めるようにしてもらえたらと思います。

T 32：分かりました。

Th 33：それじゃあ 2 週間後に。ありがとうございました。

T 33：ありがとうございました。

233

Chapter 13　介入の下地づくりと治療的介入

ハジメ：最後はこんなふうになったんですね。Th 21 は，方針を提示したってことでしょうか？

小吉：Th 13 で方針の提示をしたけど，お母さんの話が出てきてっていう流れがあったから，再度方針の共有をしているところだね。それで T 22 で OK の応答があって，具体的にどうするかを話し合っていく，っていう展開だね。

ハジメ：それで「あれこれ考えずに，ドラマを見るなどして休む」っていうことになったんですね。でもこれって，行動パターンとしては変化しているんですか？

小吉：一見同じ行動をしていても，付随している枠組みは変わっているし，必ずしも目に見えるような行動を変えるってことでなくてもいいよ。気にせずドラマを見てくれれば，あれこれ考えて落ち込むっていうパターンにはならないだろうし。

ハジメ：そうなんですね。ハッキリ違うことをするっていうようにしないとって思いこんでました（苦笑）。

小吉：学んでいる人でも，どうしても○○技法を使ったとか，具体的な課題を出さないとって考えちゃう人は多いみたい。でも形が大事なのではなく，治療的な方向へ進んでいくことや，そのための変化につながることを優先して。

ハジメ：Th 27 は，T が「自分で」ではなく，ご主人など誰かに任せるパターンをつくろうとしての介入ですか？

小吉：そう言えるね。でもちょっとお試しぐらいかも。

ハジメ：お試し？

小吉：ここまでの流れで，それほどご主人とのパターンは取り扱ってないよね。もう終わりの時間だし，T もご主人とのことが大変とも言ってない。だから，もしそうできたらベターかもってぐらいのお試し。

ハジメ：そういう介入でもいいんですか？

小吉：ここでは「休む」文脈が大事であり，そのなかでなら，夫とのパターンが変わっても変わらなくても，少なくとも悪いことにはならないと Th は考えた。もちろん悪化するかもしれないなら，不用意に介入するのは止めるべきだね。

ハジメ：この事例では，問題のシステム，そこでの T のパターンや枠組みのど

こをどう変えようとしたのでしょうか？　具体的に説明してもらえたら。

小吉：了解！

問題のパターン

① （仕事など）頑張る⇒疲れる⇒頑張る⇒疲れが溜まる⇒我慢して前向きに頑張ろうとする⇒心身的に追い込まれる⇒「死にたい」と考える⇒「なんでおかしなことを考えるのか」と悩む⇒前向きに考えようとする⇒できずに落ち込む……。

②一人で TV を見る⇒お店のことなどあれこれ考える⇒自分が頑張れればと気に病む⇒落ち込む・疲れる……。

Th の意図する変更パターン

①について

・疲れる or 疲れが溜まる⇒（我慢したり，前向きに頑張ろうとせず）休む⇒回復する……⇒回復に伴い，否定的に考えなくなる。

・「死にたい」など否定的に考える or 身体の疲れを感じる⇒（おかしいことと考えるのではなく）心身の疲れのサインと気づく⇒休む……回復する。

②について

・一人で TV を見る⇒あれこれ考え始める⇒「今は休むのが仕事」と考える⇒（気に病まず）TV を楽しむ……⇒心身が休まる。

小吉：ある程度予測した Th の変化を言葉にすると，こんな感じになるかな。問題のパターンは下地づくりや介入までのやりとりも含めて Th が把握したもの。それに対して Th が意図したパターンの変化となっているよ。

ハジメ：①は T が我慢して前向きに考えようとせず，また「おかしいこと」と考えるのではなく，疲れたら休むようにすれば，回復していくってことですね。このようになっていくものですか？

小吉：生物学的っていったらいいかな。身体のメカニズム的に，疲労したり弱れば，心理的にも弱って前向きに考えにくくなる。回復して体調が良くなれば，心理的にも元気になる。心身相関とも言えるけど，生物学的なパターンって

Chapter 13　介入の下地づくりと治療的介入

のは，ある程度方向性が決まっているものが多い。

ハジメ：確かに疲れが溜まってきたらどうなるかとかは，誰でも似たような傾向が見られるかもしれないですね。でも，これまでパターンとなると，具体的な行動レベルで把握することって強調されていましたが，Th の意図した変更パターンでは抽象的にも思えるんですが，これは？

小吉：よく気づいたね。たとえばだけど，風邪ひいて寝込んで，その後元気になったら，ハジメさんなら何をするかな？

ハジメ：えーっと，私なら家にずっといたから，外に出かけることが多いです。ドライブしたり，買い物に行ったりとか。

小吉：ハジメさんならそうなるとして，T なら何をするかな？

ハジメ：T は……，子どもと楽しく遊ぶとかかな……。どんな生活しているかとか，趣味とか情報で出てきてないので，分からないですね。

小吉：そういうことなんだ。「休んで回復する」「少し元気になる」っていう方向へ変化するだろうことは分かるけど，そうなった時に具体的にどうするかまではその人次第だから，そこまでは予測できない。ある程度の望ましい方向性へってぐらいにはなるんだ。

ハジメ：だから変化したパターンは，抽象的になっているんですね。

小吉：そういうこと。②のパターンの方は，より具体的な情報になったから，うまくいけば「TV を見て，楽しめた」ってことになりそうと予測はできる。

ハジメ：治療方針を共有し，T の今の生活から具体的な様子を聞いて，「休む」にあたって具体的にどうするかを話し合う。②のパターンでは，Th は「休む」の流れで割とシンプルな提案をし，T が受け入れ，やってみることになった。

小吉：そうそう。〇〇技法ってものじゃなくていいし，シンプルな提案でもいい。大事なのはパターンや枠組みが望ましい方向へ変わること。

ハジメ：もしも TV を楽しんで見る話が出てこなかったとしたら，どうしますか？

小吉：「具体的にどうするかは次回相談しましょう」ってことでもいいね。ただこの事例だと，T は出産間近だから，また大変で心身が疲れる場面が訪れることが予想されるので，できることはしておいた方がいいね。

13-5. 治療的介入と面接の結び方

ハジメ：CI のそういう状況も考えるんですね。だとしても，「次回相談しましょう」ってなって，面接を締めるのでもいい？

小吉：面接としてはその回ごとに一区切りになる。だからその面接で起こった変化を共有し，次回につなげられるようにする締め方がいいね。面接の場で何をどうして，次回どんなことをやりとりするのか。可能な見通しをつけられると CI も分かりやすいし，動機づけも高まることにつながるよ。

ハジメ：Th 32 ですが，T の「家事はしてもいいか」に対して，「気持ち的に休めるように」っていうのはどういうことですか？

小吉：抽象的な答えではあるけど，T の状況では，子育てや家事を全部休むってわけにはいかないよね。それに「心理的に休む」っていう場合，家事をしないで身体は休めても，「自分のやることやってない」と気にしていれば，休めないこともある。その CI にとって望ましい「休み方」ってのは違う。

ハジメ：なんでもかんでもやらなければいいってわけではないってことですね。

小吉：最後に，面接の終わった時点でどうなっていたかが，次回面接のスタート時のデータとなる。そのため，介入も含めて Th が具体的に押さえておくことが大事。

ハジメ：どういうことですか？

小吉：問題のシステムのパターンや枠組みを把握する。それのどこにどう働きかけたかを押さえておく。これが終わった時点での問題のシステム。次回面接までに，介入した部分も含めて，何がどう変わったか，これを把握することからスタートになるんだ。

ハジメ：前回面接との差，変化した部分とそれがどう変わったかを，仮説検証するってことですか？

小吉：そういうこと。検証のためにも，Th の意図したパターン変化の仮説を具体的に立てておく。それを Th は携えて面接に臨むんだ。

Chapter **14** 継続面接と治療的変化の定着，増幅

⇨ 14-1. 継続面接開始時のジョイニングと仮説検証

　継続面接を行うにあたっては，まず前回の面接からの変化を尋ねることから始めることが基本です。前回と今回の面接の間で，変わったところがあったのか。どこがどう変わったのか。それによって Cl や家族のパターンや枠組みがどうなったのか。前回面接の Th が意図した介入はもちろんのこと，意図していなくとも Cl が Th に語ったこと・分かってもらえたことで変化する部分もあります。また，来談したことを Cl が家族などに語ったり，変化が見られたことで関係者への影響が出ることもあります。さらには，Cl や家族に予測し得ない出来事が起こったり，急に誰かが関わり出すといったことも。こうした変化の有無やその良し悪しを，やりとりをしながら把握していくことになります。

　ジョイニングという観点からすると，Cl や家族のその時点でのシステムに再度加わり，治療システムを形成することになります。問題や Cl・家族のシステムも，面接間の出来事によって変化が起きているならば，変化したシステムに Th は合わせ，加わっていく。Th は前回の姿勢のままでやりとりをしていいのか，何か修正しつつ加わった方がいいのか。いったん治療システムができ，Cl や家族と関係ができたといっても，それぞれのシステムは変化していくものです。そのため，どう変化したかを見極めつつ，常にジョイニングを意識することになります。

238

仮説検証という観点では，把握された前回面接時の問題のシステム，Cl や家族のパターンや枠組みをベースの仮説として，それのどこがどう変化したか・していないかを検証することから始めます。特に Th が治療的介入を行った場合は，意図された方向への変化が起きたかを検証することになります。治療的な課題に取り組んだなら，Cl や家族が実際にどうして，その結果がどうなったか。Cl や家族の語りや枠組みだけでなく，具体的なデータを集めながら仮説を検証します。うまくいかなかった場合でも，Th の意図が伝わっていなかったためか，予想外の出来事が起こったためか，考慮すべき課題があったのか，これらを押さえることは，仮説をどう修正すべきかの有益な情報になります。望ましい変化であれば，Cl や家族と共有して定着するようにしたり，それを糸口にさらに大きな変化へとつながるようにすることもあります。

　ジョイニングによって治療システムを形成すること。治療システムの中で，問題のシステムについての仮説を設定し，治療的な変化が起こるよう働きかけること。起きた変化がどうだったのかの検証をし，修正を加えながら，さらなる治療的な変化が起きるようやりとりを続けていくこと。これがセラピーであり，継続面接では起きた変化を把握しながら，それをつなげていくことになります。

⇨ 14-2. 仮説検証と変化の定着の実際：第二回面接冒頭から

〈Tさんの事例の第二回面接冒頭（2週間後）〉
Th 1：こんにちは。よろしくお願いします。
T 1：よろしくお願いします。
Th 2：さて，「休むのが仕事」って考えてもらってってことでしたが，この2週間いかがでしたか？
T 2：ずいぶん疲れていたんだってのが分かりました。肩こりがひどくて，すごい寝ちゃったりして。子どもの相手をしていても，ウトウトしてしまったり。
Th 3：もう少し詳しく教えてもらえますか？
T 3：この前お話ししてから，大分無理して頑張っていたのかなって思って。

Chapter 14 継続面接と治療的変化の定着，増幅

それで息子を保育園に預けてから，一人の時間にドラマを見ていたんですね。そうしたらいつの間にか寝てしまって，気づいたらもうお迎えの時間だ！ってなった時があって。それ以来しばらくはドラマを見るよりも，保育園の時間は寝る時間みたいになっちゃったんです。

Th 4：大分疲れが溜まってたんですね。

T 4：そうみたいです。夫に話したら，「大変なのに，いつも頑張ろうとしていて，疲れないのかなって不思議に思ってたよ」って言われたんです。夫から見ても無理してるように思えていたみたいで。あー，そうなんだって思って，なんか気が抜けたっていうか，そこまで頑張らなくていいのかなとか思って。そうなったら，息子が遊んでいる時にウトウトしちゃう時があって，「ママ」って言われて気づいたりもして。あー，寝ちゃってたんだ，ごめんごめんってなって。

Th 5：そうなんだ。

T 5：気づいたら肩こりがひどくて，なんか身体も重くて。家事もあんまりできなくて，いい加減になっちゃってて，これでいいのかなって思うんですけど，主人は「無理しないで休んでて」って。母からも「大事な時期だから」って言われて。頑張ってもしょうがないかって思って，休んでいるんですけど，これでいいんでしょうか？

Th 6：溜まった疲れに気づいて休むようになると，それまでの疲れがばーっと出てきて，身体がきつかったり，重くなるってのはよくあることかもしれません。それで休んでみて，今はどうですか？

T 6：始めはすごく疲れが出たんだと思うんですけど，今はそこまでではないです。

Th 7：そこまでではないっていうと？

T 7：少し肩こりも楽になったり，まだ重い感じもしますが，前よりは家事もできて動けています。そう言えば少しは元気になったというか，楽しい時間も出てきたような……。

Th 8：それはいい変化ですね！　楽しい時間っていうのはどんなことかな？

T 8：子どもと遊んでいて自然と笑顔になれる時も最近ではありました。頑張ろうとしてじゃなくて。

Th 9：だとすると，バーッと疲れが出て身体がすごく重くなったけど，無理せず休んでいたら，少しずつ元気が出てきたってところかな？

T 9：あー，そういうことなんですね。休んでいたから元気になってきたんだ。

Th 10：うん。うまく休めて少しずつ疲れが抜けて，回復してきたって証拠だと思います。

T 10：これで良かったんだ！　やっぱりお店のこととか気になったりもしたんですが，先生（Th のこと）から「今は休むのが仕事」って言われて，考えてもしょうがないって思って。息子がお腹をさすって「赤ちゃんもうすぐ？」なんて言ってきたりもするので，お腹の子のためにも休まないとって思って。

Th 11：そうやって考えを切り替えられたのですか？

T 11：これまで頑張ろう，前向きにいい方に考えようとしていたのですが，疲れている時はそういうのばっかりじゃダメなんだって思いました。考えてみると，３か月ぐらい前までは，週に一回整体に通ってマッサージとかしてもらってたんです。でも忙しくなって，「あと数か月だから」って思って止めちゃったんですけど，自分にとって大事な時間だったんだって気づきました。

Th 12：そういうこともあったんだ。整体にせよ，頑張るだけじゃなくて，どこかで身体も心も休める自分の時間を作るのって大事ですね。

T 12：本当にそう思いました（笑）。

Th 13：大変でご主人にお願いした時ってありましたか？

T 13：主人はこのところ仕事が忙しいみたいで，それもあって特にお願いするってことはなかったです。休日は主人から声をかけてくれますし。

Th 14：そうなんだ。お一人で大変ではなかったですか？

T 14：家事とかサボり気味ではありましたが，でも息子のことも「嫌」って思わないでやれたので大丈夫です。

Th 15：それは良かったです。

小吉：Ｔの事例の第二回面接の冒頭だよ。初回面接での介入がどうなったかの仮説検証を行っている部分。

ハジメ：これまで継続面接のはじめに仮説検証をするっていう考えがなかったです。どんな様子だったかを知るぐらいで。

Chapter 14　継続面接と治療的変化の定着，増幅

小吉：介入など働きかけをするなら，その検証はセットって考えるからね。その目的だから， Th 2 で，「休むのが仕事って考えてもらって」と CI にしばりをかけた質問をしてるんだ。

ハジメ：仮説検証なんですが，どうやっているんですか？

小吉：まず始めに検証するためには Th が仮説をもっていること。

ハジメ：そっか。仮説があっての検証なんだ。

小吉：当たり前だけど，Th が仮説を立てているのが必要だよ。前章で Th が立てた「我慢したり，前向きに頑張ろうとするのではなく，あれこれ考えずに休むと，回復し，元気になっていく」という方向へ変化するという Th の仮説を検証するんだ。

ハジメ：T 2 では「ずいぶん疲れていたんだってのが分かりました。肩こりがひどくて，すごい寝ちゃったりして。子どもの相手をしていても，ウトウトしてしまったり」ってありますが，これっていい変化ですか？　変わったのは分かるんですが，好ましくもないような……。

小吉：うん。分からないから，検証のために具体的に聞いていくんだ。

ハジメ：そうか。質問の答えだけで決めないんですね。

小吉：T 2 では，「疲れていたのが分かった」と T にとってもいい変化というような表現もしてるけど，「○○したりして」と好ましくないような表現もしてるね。だからこそ Th が具体的に聞いていき，良い変化なのか検証していくんだ。

ハジメ：T も疲れが分かった一方で，家事とかあまりできなくなった（T 5）って言ってますよね。でも Th は具体的に聞いていき，「今はどうですか？」（Th 6）って聞いていくのですが，これはどういうことですか？

小吉：これはね，「疲れ」に関する身体的なパターンとでもいうような，Th 6 や Th 9 でまとめたような身体反応のパターンを Th が仮説としてもっていて，T がどの過程にあるのかを確認するためにも聞いているんだ。ある程度休んでみて，今どうなったかって。

ハジメ：そういう仮説も変化の指標にしているんですね。ただ T は「これでいいんでしょうか？」（T 5）って言ってますが，T が迷っていたり，あるいは「良かった」って言っても，具体的に聞いていくんですか？

14-2. 仮説検証と変化の定着の実際：第二回面接冒頭から

小吉：CI の評価ってのも一つの指標だね。でもそれは枠組みだし，実際にどう
　変わったのかっていう具体的な行動レベルでの変化も併せて押さえることで
　検証するんだ。

ハジメ：どういうことですか？

小吉：たとえば以下のようなことだよ

〈Tから語られた行動の変化〉

初回面接⇒T：疲れに気づく⇒身体が重くなる・これまでよりも寝る⇒周りも
「それでいい」と言う⇒家事などあまりやらなくなる……⇒（今は）肩こりが
少し楽になる・家事も少しできるようになる⇒子どもと遊んでいて自然と笑顔
になる。

小吉：具体的な行動変化として，休んで回復している流れになっているかどう
　かの検証で，そのとおりになっているから，Th はいい変化と判断したってこ
　と。

ハジメ：具体的な行動を押さえるんですね。これは情報収集の時と同じ？

小吉：そうだよ。枠組みも大事なんだけど，たとえば CI が治療的な課題を
「うまくできなかった」と言っても，行動レベルで聞いたら，うまくやれてい
　たり，少なくとも一部はできているなんてことはよくあるんだ。

ハジメ：だから実際にどうだったかを押さえる。

小吉：うまくいっていなくても，何がどううまくいかなかったかを押さえるこ
　とで，仮説をどう修正したらいいかのデータになる。CI の評価だけに任せる
　んじゃなくて，Th として把握できるように情報収集するんだ。

ハジメ：分かりました。他にもいい変化かどうかの検証ってありますか？

小吉：Tの語り方のパターンも変わってるよね。これも検証の一つだよ。

ハジメ：語り方のパターン？

小吉：初回面接では，「自分ができていなくて，ダメなんだ」っていう語り方
　だった。今回は「疲れに気づいて，こんな状態だけど，いいのでしょうか？」
　っていう語り方。これも変化の一つで，Th‐CI のシステムのパターンが違っ
　ている。

243

Chapter 14 継続面接と治療的変化の定着，増幅

ハジメ：前回の語り方のパターンも仮説のデータなんですね！

小吉：文面では示せないけど，表情や発話のスピードなど非言語情報もデータ
になるよ。恐らくＴは切迫感や疲れた表情が休むことで緩んで，落ち着いた
ものになってるはず。これも検証の一つ。

ハジメ：いろんなことを前のデータと比較しながら，検証していくんですね。

小吉：そういうことだね。Ｔの枠組みも「（お店のことなど）あれこれ考える」
から，「考えていてもしょうがない」って変わり，それに基づく行動（「整体は
自分にとって大事な時間だった」と考える）が出てきているから，Th は OK
と判断する。

ハジメ：2 週間の様子を聞きながら，仮説検証していくのは分かりました。そ
れで変化の定着ってことを教えてください。

小吉：たとえば Th 9 は，Ｔが語った行動変化を Th が枠組みづけ，「休んだか
ら回復した」として提示し，Ｔと共有しているよね。Ｔにこの変化が続くよ
うに，変化したパターンを枠組みづけて共有し，変化が定着するようにしく
んだ。

ハジメ：枠組みづけて共有することが大事なんですか？

小吉：共有しなくても，CI に変化したパターンが学習されていれば OK だよ。
大事なのはつながり方，関わり方，体験の仕方となるパターンが変わるこ
と！ CI が「〇〇するようになったから，◇◇になって良くなったんだ」っ
て分かってて，今後そのようにできるならいい。この事例だと，Ｔは「これで
いいんでしょうか？」と腑に落ちていない様子で，Th は具体的なデータを集
めると OK だから，やりとりしながら変化のストーリーを共有していくこと
になっているね。

ハジメ：やっぱりパターンが大事。それができるように，この事例では枠組み
づけて共有していった。

小吉：仮説として立てた変化の方向へ CI がパターンと付随する枠組みが変わ
った。我慢して頑張ろうとするのではなく，あれこれ考えずに休めるように
なった。検証の結果 OK ってなって，Ｔが分かるように枠組みづけて共有し
ていき，変化の定着を図った。

ハジメ：これはうまくいっているからいいと思うのですが，全部はうまくいか

なかったとしたら，どうしますか？

小吉：基本は一緒だよ。面接間の変化を具体的に押さえていく。どこがどう変わったのか検証していき，望ましい変化は定着するようにする。うまくいかなかった部分は，何がどうだったのかを検証し，必要な修正をして次へいく。

ハジメ：全部仮説設定⇒検証⇒修正のプロセスの繰り返しなんですね。

⇨ 14-3. それで？　この後は？

　第二回面接以降の継続面接では，基本としてこれまで述べてきたことの繰り返しになります。面接間の変化を確認し，その時の問題のシステムや Cl・家族のシステムについて仮説設定できるよう情報収集します。そこから治療戦略を用いて，どこからどう変えるかやりとりしながら，下地づくりをし，治療的な介入をします。再びどう変化したかの検証を行い，治療的な望ましい変化を拡げ，問題が解消していくようにしていく流れです。事例によって一進一退することもあるでしょうし，途中で仮説の変更を求められることも。どこにどう進めばいいか分からない時は，セラピーのための地図を描いていき，道が分かるようにしながら，少しずつでも目的地に辿り着くようにしていきます。これらを Th‐Cl・家族でやりとりしながら進めていくのがセラピーと考えます。

　どうやって終結を迎えるかは，一言で言えばケースバイケースです。治療目標をどこに置くかにもよりますし，治療機関システムや Th の立場の影響もあるでしょう。Cl がもう自分でやっていけるようになればもちろんのことですが，まだ症状などが残っていても「あとは自分で何とかする」となれば，それで終わることもあるかもしれません。一方で，Cl が「終わりでいい」と言っても，Th から見てどうしても今後が危惧されるなら，それを話し合ってもいいかもしれません。ただし，Th の独りよがりな心配で Cl を引き留めるのは望ましくありません。多くの場合は問題のシステムが解決，または改善していることが求められるでしょう。いずれにせよ，どう終えるかも含めて，ニーズに応じ，やりとりをしながら決めていくことになります。

ハジメ：あれ，これで終わりですか？　Tの事例はどうなりましたか？

Chapter 14 継続面接と治療的変化の定着，増幅

小吉：ここまでの流れを踏まえて，Ｔの事例を考えてみようか。ハジメさんなら，あとどうすればいいと思う？

ハジメ：ずいぶんいい方向に変わったのは分かるんですが，今後大丈夫かまでは……。

小吉：問題のパターンとしては，疲れていても我慢して前向きに考えようとするなど頑張ることで，疲れが溜まって悪い方向に考えちゃうだったよね。この後Ｔが疲れたら無理せず休むようになったら，どうなるかな？

ハジメ：それが続くなら，同じような状態にはならないかもですね。

小吉：だから変化が定着したかどうかってのが大事だね。CIが学習して，新たなパターンでやっていけるように。

ハジメ：でもＴはあと２か月ほどで出産ですよね？　その時また大変になるのでは？

小吉：いいポイントだね！　また大変になるだろうことが予想されるから，その時に新たなパターンで動けるかどうかをシミュレーションするみたいに，この後で相談しておいてもいいね。

ハジメ：そうすればいいのか。それでＴが「こうすればいいんだ！」ってなって，大丈夫そうならOK？

小吉：同様の課題が求められるコンテクストで，CIがまた行き詰るんじゃなくて，乗り越えやっていけるパターンを覚えて対応できればいい。そういう意味では，セラピーの後でCIがパワーアップっていうか，生きやすくなるパターンを習得できていると望ましいね。

ハジメ：確かにその時だけでなく，今後も対応できるパターンがあるといいですね。

小吉：そういう意味では，出産前後など大変な時にＴから夫へ頼めるパターンができるといいかもしれない。Th 13からTh 15のやりとりでは，Ｔ一人で何とかなったことをThは「それは良かったです」（Th 15）って話している。でも出産時のことを話題にして，「出産前後は疲れも含めて大変になるのでは？　その時は夫に頼めるか」とＴと話し合ってもいい。

ハジメ：Th 13から15のやりとりは，お試しのＴから夫に頼むパターンの検証し，変わってなくてもいいってことじゃないんですね。

246

小吉：これはＴから出たニーズじゃないから，Ｔh のお節介かもしれない。でも予想される課題として提示してもいいね。普通に考えれば一人でやろうとすると，行き詰ってしまうかもしれないし。

ハジメ：Ｔの「うつ」みたいな状態はこのまま回復しそうですか？

小吉：がっつりひどい「うつ」なら，休めても２週間でここまで回復してないかもね。もっと休んで少しずつ回復していこうって話になるかも。でもこれでここまでよくなるなら，このままいけば大丈夫かもしれない。

ハジメ：回復状態も押さえているんですね。あと他にはどんな取り扱うべきことがありますか？

小吉：というよりも，Ｔに聞いてみてもいいね。「相談したいことありますか？」とか「困ってることありますか？」って。

ハジメ：他にも何かあるかってことですか？

小吉：当初持ち込まれた主訴や問題のパターンって意味だと，出産時など同様のコンテクストでＴや家族が対応できるようになれば OK だと思う。でもたとえば，初回面接で最後に出てきた「母のこと」がまだＴはスッキリきてなくて，相談したいなら，それを取り上げていってもいい。もちろん他のことでもね。

ハジメ：Ｔから出てくるのか，Ｔに聞いてみてもいいんだ。出てくるならその相談へと展開する。

小吉：主訴や問題のシステムに変化が起き，CI が対応できるようになるってのが多くの場合求められる。それが何とかなりそうなら，あとはやりとりして決めていく。Ｔの事例なら，出産時のことぐらい話題にし，Ｔから特になければ終わりでもいいと思うよ。

ハジメ：問題のシステムを取り扱い，変化を拡げ，CI や家族が対応できるようにしていく。どこで終えるかは，目的にもよるけど，やりとりして決めるってことですね。

小吉：実践にあたっての基本の考え方はここまで説明した通りだよ。あとは少しずつ身に着けていってね。

ハジメ：ありがとうございました。

Part IV
各論編

　ここでは，臨床的な場面におけるいくつかの疑問としてよく提示されるもの
を取り上げ，具体的な解説を試みています。もしかすると，いずれも初学者だ
けではなく，中堅の臨床家にとっても，システムズアプローチを実践するうえ
で重要なポイントとなっていることを含め，述べていきたいと思います。

Chapter 15 システムズアプローチの基本的留意点

⇨ 15-1. システムズアプローチの実践における疑問

1）治療対象システムに誰を取り込むべきか

　この疑問は，システムズアプローチの最も有効な「システムの要素の設定は，観察者が行えばよい」という命題と深く関連しています。いわば，「Th の視野をどう設定するか」という疑問であり，どこまでを視野に入れるべき対象とすべきか，という疑問になるだろうと思います。

　家族療法がシステム理論を取り入れたのは，家族という複数の対象を臨床的にどのように位置づけるとよいかという問題への対応のためだったという経緯があります。しかし，「家族システム理論」などと称される視点は，家族療法の発展の初期段階だけで消滅してしまいました。

　ベルタランフィ（von Bertalanffy, L.）が提唱した「一般システム理論」には，微細な物理科学から宇宙科学までのいずれもについて，「観察者がシステムの要素を設定し，研究の対象としている」と述べられています。初期の家族療法は「家族」だけを観察対象として研究を進めました。しかし，1980 年代以降は，治療者が面接場面に存在するということ自体が議論になり，治療者と家族のそれぞれを要素とした「治療システム」という視点が提供されるようになりました。したがって，本書でも示したように治療者が検討すべき仮説は，「問題に関わる主要な家族などのシステム」と「その治療に直接的に関与して

いる自分を含めたシステム」という二つの視点が求められています。

　ここで明確にしておくべきなのは，面接場面そのものをシステムとして観察するための「治療システム」と，いわゆる従来「家族システム」とされてきた「治療対象システム」には，大きな違いがあると考えるべきです。特に「治療対象システム」には，クライエントを中心として問題解決に関与している重要な人，たとえば不登校であれば「担任」や「クラスメイト」，医学的問題が関与しているならば「主治医」や「薬剤師」などを含むかもしれません。成人の事例であれば「会社の関係者」「友人」「親戚」など，家族外の影響力の大きな存在を治療対象システムの要素として含めるべきかもしれません。

　この「治療システム」と「治療対象システム」の違いは，より高度な治療的ネットワークを積極的に活用し，治療者が外部専門家と協働的に介入することを前提とするならば，広義では「治療システム」として位置づけるべき存在と考えることもあります。しかし，こうした視点はシステムズアプローチによる治療的対応のなかでも相当高度な方法で，基本的な対応としては考慮すべきことではないかもしれませんが，留意事項として位置づけておく方が適切だと思います。

　最も重要なことは，治療者が「治療対象システム」の要素を決定するにあたって，治療者が必要か否かを決定するということが基本である限り，絶対的に正しい設定の仕方はないということを明確に意識しておくべきだと思います。また，いったん設定した「治療対象システム」の構成要素は，随時治療者の判断で増減が可能な流動的なものであると考えるべきだと思います。

２）個人面接 vs 複数面接

　システムズアプローチの実践においてよく耳にするのは，「面接対象を複数で行う必要があるのか」とか，「個人を対象としたシステムズアプローチはあり得るのか」といった疑問です。システムズアプローチの前身である家族療法においても，家族を同席させることが必須か否かという議論が存在した経緯があります。

　しかし，この疑問のもとになっているのは，面接構造が個人か複数かという違いに過ぎません。疑問を置き換えるならば，システムズアプローチの面接で

は当時者が同席である必要があるのか，個人を対象としてシステムズアプロー
チは可能なのか，という疑問になります。

　結論から述べるならば，「どちらでもよい」ということになります。それは，
個人面接では，「複数の面接対象者の間で生じる葛藤に直面する必要がなくな
る」というメリットと共に，「治療者が複数の関係に直接的な働きかけができ
ない」というデメリットがあります。また，複数面接では，個人面接の功罪が
逆転します。

　なにより重要なのは，治療者が対象となるシステムの要素を決定することが
前提であれば，その要素となる人のなかで，だれを面接の場に臨席してもらう
方が面接しやすいかどうかになります。たとえば，いわゆる個人面接であれば，
クライエントとされている人が来談した方がよいのか，むしろ影響力のある人
だけの方がよいのか，より間接的な変化を求めるならば，周辺的な存在でパタ
ーン化した相互作用に関わる人がよいかなど，治療者の好みの問題だと言える
かもしれません。

　また，複数を同席させる場合でも，クライエントとされている人が含まれて
いる方がよいのか，クライエントがいない方がよいのか，同居や別居にかかわ
らず，新たな存在をあえて含めるという場合さえあるかもしれません。加えて
複数の場合には，常に複数を対象として同席面接を行うのか，分離して並行面
接の形式を行うのか，面接全体を分けて逐次面接対象者を変更するという分離
面接なども考えられることになります。

　先に述べたように，システムズアプローチの面接構造は，治療者がシステム
の構成員として仮説設定した対象の人たちを常に視野に入れて面接を行うこと
が前提であるため，結果的に面接構造は治療者がやりやすく，来談者の希望に
準じた選択をすることが適切であると考えられます。

3）家族ライフサイクルの具体的な応用方法

　家族研究のなかでも「家族ライフサイクル理論」というものがあります。多
くの家族研究は，直接的に臨床に貢献するようなものではないことが圧倒的な
のですが，この家族ライフサイクル理論は，治療者が家族という人間関係を臨
床対象とする場合には，ある程度有効なものだと思います。それは，この家族

Chapter 15　システムズアプローチの基本的留意点

ライフサイクル理論を把握しておくことによって，問題発生に関する「必然的発生要因」として位置づけられるような事項の多くが把握しやすくなるからです。

　問題の機能性の側面から見て問題の発生に関わる出来事は，「偶発的発生要因」と「必然的発生要因」とに弁別できるとおおむね考えることができると思います。家族にとって日常生活を維持しているなかで，外的要因，つまり家族とは関わりのない場面や状況で何かが起こったことにより，二次的に家族の誰かが影響され，その解消が家族にとって困難になることで，問題が生じる場合です。たとえば，家族の誰かが事件や事故，災害に巻き込まれること，重大な病気に罹患すること，会社が倒産するなどの社会的問題の二次的影響を受けることを示します。これらは，家族にとって予測不能で，事前対処ができない種類の出来事であり，大きなストレッサーとなって家族に多大な負荷を与え，その処理を誤ると解消不可能になる可能性のある影響となるものです。

　一方，「必然的発生要因」は，家族にとってそれぞれの家族構成員の変化に応じた家族のあり方そのものを変更すべき状況に置かれることを示します。たとえば，子どもの成長に伴って親子関係のあり方を変えること，祖父母世代の高齢化によって介護などによる日常的負担がかかること，親世代が職場や地域での新たな役割を担うことによる影響など，家族内で予測がある程度でき，その変化を少しずつ事前段階から変更することが求められるものです。これらは，家族にとってある程度の個々人の発達・成長・老化などが予測できるものであり，それまでの家族が状況によって可変的な対応変更の準備ができるか否かによって，大きなストレッサーになり得る可能性のあるものだと考えられます。家族ライフサイクル理論は，この「必然的発生要因」を見出すために積極的活用されるべきものだと考えられます。

　家族ライフサイクル理論は，家族心理学の中心的な概念の一つです。個人の「人としての発達」の基本概念であるエリクソン（Erikson, E. H.）が提唱した個人の発達段階であるライフタスクなどとは異なるものであり，ピアジェ（Piaget, J.）やフロイト（Freud, S.）が幼児期を中心とした発達過程の段階論などとも異なるものです。基本となる家族ライフサイクル理論は，「独立期-新婚期-乳幼児対応期-思春期対応期-青年独立期-老年期」という6段階とされる

15-1. システムズアプローチの実践における疑問

ことが一般的です。この区切りは，あえて言うならば，催眠療法で著名なエリクソン（Erickson, M. H.）の臨床的知見をヘイリー（Haley, J.）が整理する段階で，家族ライフサイクルの節目ごとに問題が生じることを整理したところからはじまると考えられます（Haley, 1973）。それぞれの各段階では，家族に多大な負担がかかり，家族がその解消のために新たな対応を生み出すことで，新たな安定状態を生み出そうとするものです。しかし，一方では，各段階が次段階の課題に移行するとき，家族にとっては問題が発生しやすいのだと述べています。

　このように，家族を基本とした場合には，家族ライフサイクルを「家族の発達段階である」と考えることによって，多くの事例が内包している問題発生要因を特定することで，治療者が容易に仮説設定を行えるようになると考えられるのです。いわば，家族を単位とするシステムを考慮の対象としたシステムズアプローチでは，家族ライフサイクル理論を積極的に活用することで，家族の変遷過程を要因把握でき，そこに生じている問題に関わる仮説設定を容易にできるようになると考えられます。

4）「家族」以外を対象とすること

　システムズアプローチは，家族療法のように特別に「家族」を対象として限定するのではなく，援助者が援助対象の要素をどのように設定するかによって，任意の集団や対象を設定することができます。いわば，社会的な人間関係が存在するなかで生じている問題や困難については，システムズアプローチを応用的に活用できる可能性が常にあると考えられます。

　たとえば，産業メンタルヘルスの領域では，任意の会社集団，たとえば「ある営業Ⅱ課」を対象として設定し，そこでの営業成績の改善を問題として設定することも可能となります。任意の学校であれば，「特定のクラス」でのいじめや学級崩壊を問題として設定することもできます。より大きな規模の任意集団であれば，後藤（1988）などが行った地域社会システムでの自死率の改善を目標とした地域社会に対する介入がすでに行われています。また，より微細な身体症状を生み出す内臓器官と副腎の相互作用を要素とし，頼藤（1984）の家庭内暴力に対するシステミックな薬物療法として設定することも可能です。

255

Chapter 15　システムズアプローチの基本的留意点

　しかし，これらの「家族」以外の要素間の相互作用を把握するためには，独自の視点が必要になることもあると考えられます。たとえば，産業メンタルヘルスであれば，労働法という会社全体に影響を与えるようなルールが設定されていたり，身体医学であれば，ストレスに対する副腎の基礎的なホルモン分泌の機序を理解しておく必要があります。学校集団であれば，教職員集団を視野に入れないとクラス運営の問題には介入できないという特別な視点が必要であると考えられます。

　また，別の視点で考えるならば，通常の治療という名の下に行われているシステムズアプローチでさえ，「治療対象システム」の設定の段階で，関係する専門家集団を視野に入れる場合も少なくありません。いわば，家族療法と称されていた段階での「家族至上主義」というしばりを超え，より緩やかな「治療対象システム」を設定したなかでパターン化した相互作用を変化の対象とすることが，システムズアプローチの「治療対象システム」の設定であると考えることもできるかもしれません。

　いずれにせよ，システムズアプローチが家族療法という「家族」限定からその対象を拡大することを前提にした過程では，何を対象システムとして考えるか，いわばシステムとして見るべき対象を自由に設定できることがシステムズアプローチにとって重要な〈ものの見方〉であると考えられます。

⇨ 15-2.　他の対人援助との相関について

1）他のオリエンテーションとの統合可能性

　心理療法の諸理論は，それぞれの異なる理論によって体系化され成立しており，類似していたとしても，他の理論との差別化を特徴としているようにさえ見えるものです。いわば，それぞれが独自に人の心に対する理解のための理論として成立していると考えられます。しかし一方では，臨床的対応の類似性や，理論的説明の近似性から，いくつかの複数の心理療法を統合した方法論について論じられることも少なくありません。ただし，これについてもある一定の類似性や近似性があるがゆえに成立していることがほとんどだと思います。ただ，この前提はある種矛盾しているかのように思えるかもしれません。一定の心理

療法は，それに準じた技法を伴って補完的に完結しているのだという立場と，それらの複数の心理療法が統合可能だという立場では，まったく異なる主張をしているかのように思われるかもしれません。しかし，これは論理的には矛盾はしていても，実質的な臨床場面においては，あり得ることだと考えます。それは，臨床的対応そのものは，○○療法という方法論の原型をそのまま踏襲したものとして成立するのではなく，個々の治療者が自分流に咀嚼し，改変したものとして実施していることが多いからです。

　心理療法を実施している多くの人たちは，一定の○○療法に固執したものではなく，あえて言えば折衷的な心理療法を行っているという立場がほとんどです。その折衷療法をその治療者なりに整理し，理論的背景として必要なものとの関連を示していくなかで，いわゆる結果的に「統合療法」というものができあがるからです。

　では，システムズアプローチではどうなのか，という問いも生まれるだろうと思います。厳密な解答をせよとのことから言えば，システムズアプローチの折衷的対応という意味での統合療法は，存在するはずがありません。それは，本書で何度も示したようにシステムズアプローチの実施のために必要な〈ものの見方〉を獲得したとすれば，ある意味で他の心理療法との統合ということができないからです。ただし，逆の立場から言うならば，システムズアプローチの〈ものの見方〉に依拠したうえで，他の心理療法で活用されている技法を用いることは，何の問題もありませんし，容易に臨床場面で活用できる戦略の一つとして位置づけてもよいと思います。いわば，積極的にいずれかの心理療法で活用されている技法や理論などを，システムズアプローチの治療に持ち込むことは，容易にできることだと思います。

　そのうえ，あまり褒められたものではありませんが，システムズアプローチの〈ものの見方〉に基づいて，精神分析療法的技法である「無意識の解釈」を用いた事例があったとすれば，精神分析的に事例を語り直すことは容易にできるかもしれません。ただ，専門家として倫理的にはとてもではないですがお勧めできるものではないと考えます。

Chapter 15　システムズアプローチの基本的留意点

2）医学モデルにおける診断・疾患との整合性

　医学モデルには，いろいろな比喩が持ち込まれています。身体機械論的な「特定臓器の崩壊」という比喩，特定の部位の変容によってもたらされる「特定臓器の病理」という比喩，相互影響を前提とした「複数臓器間の機能失調」という比喩など，多彩な視点が存在しています。精神医学も医学である限り，こうした複数の比喩を用いてはいるものの，基本的には機械論的に人を見なすという視点を前提としており，そのなかでも精神病理の原因の多くを「脳機能の状態変容」という比喩によって成立させています。

　しかし，社会的な現実を検討した場合，医学モデルは医学神話ともいうべき絶対的な価値がある存在としてみなされ，対人援助の領域では，他の何者にも比較しがたいほどの権威ある存在として位置づけられています。この前提を無視したところで議論したとしても，有効とは思えません。つまり，いったん医学モデルを意識し，その準拠枠に沿った説明が求められるということが社会には存在していると考えるべきです。いくらシステムズアプローチが特殊な〈ものの見方〉を必要とする存在であっても，この前提は変えられないものだと思います。

　ここで大事なことは，医学モデルそのものは，機械論的認識を前提とした説明概念によって構成されているということです。つまり，この説明概念に基づくものであるという立場で考えた場合，医学モデルによって説明されていることは，再度別の説明モデルでも解釈可能だということになるのです。ただそのためには，もとの医学モデルによる説明を十分に理解し，そのうえで咀嚼する必要があるということです。

　個人的な発想として用いているのは，診断や治療という医療的用語をそのまま理解するだけではなく，実際の現場でその用語がどのような意味をもって活用されているかを考慮するということです。たとえば，「うつ病」という診断が医師によってなされた場合，医師は「うつ病」という診断に基づいてどのように援助を行うかを考慮しています。ただし，この「うつ病」という診断名は，クライエントの状態を病理学的に分類し，治療のガイドラインとして活用しているだけだということです。個々のクライエントによって「うつ病」になるに至った経緯や，今後の改善のために意図するべきことには，大きな違いがあり

ます。何よりシステムズアプローチの発想からすれば，この「うつ病」という状態を維持している相互作用やパターンは，必ず存在しているはずです。それは，医師の行う「診断」という行為にクライエントの日常での繰り返される相互作用を評価の基本としていると考えられるのです。

　加えて，「うつ病」の状態を改善するための治療を行うために，診断は，医学独特の「薬物療法」を実施するためのガイドラインとして活用されています。精神科医の最も重要な治療的ツールである「薬物療法」は，薬物そのものの効果を期待して行われるものですが，一方では，その薬物を選択・提供した医師との治療関係の促進に寄与していることは周知の事実です。それに準じて精神療法は成立しているのです。同様に，システムズアプローチでの対話を基本とした治療的対応によって，治療関係の促進を図ることは，当然のこととされています。

　薬物を用いた治療関係の促進と，対話によって生み出された治療関係の促進という意味では，同様の効果を援助対象者に提供していることになります。いわば，「うつ病」という診断によって生じる治療関係の促進という効果は，類似する行為であると考えることができるのです。

　また，精神科医が精神療法を実施し，クライエントの日常的活動に影響を与えようとする場合，問題とされている「うつ病」に関連する習慣的行動の改善が目的となります。この習慣的行動とは，ある意味でのパターン化された相互作用の断片を指し示すことが多く，治療のターゲットとされるべきクライエントの行為は，システムズアプローチと類似するものだと考えられます。

　このように，それぞれの医学的援助の本質的対応の基礎を検討すれば，結果的にシステムズアプローチで扱おうとしている現象や相互作用，パターンなどと類似していることが分かるはずです。つまり，医学モデルが社会的に優位であるとするならば，積極的にこれらのモデルに準じた視点を活用し，以下に述べるようなシステムズアプローチ独特の「関係する専門的な援助者を視野に入れる」という視点において，容易にそれぞれの専門性との協働的視点を用いることができるのかが分かると思います。

Chapter 15　システムズアプローチの基本的留意点

3）他の専門職との協働のための前提条件

　対人援助職には，多様な立場が存在しています。そして，それぞれの援助目的が異なるため，職能のなかでは，人に対する対応の基本となる視点に微妙な違いが見られることを理解しておくことが最も基本となります。くわえて，可能であれば，この違いを事前知識として把握するためでなく，そのために生じる職能上の重視すべき視点の違いについても，充分把握しておく必要があります。

　システムズアプローチでは，援助対象のシステムの要素を援助者が決定するという前提がある以上，対象となるシステムには，近接領域の多職種が関わっていることが当然であり，それらの専門家を含めたシステムを想定することが求められます。他職種の専門家を治療対象システムに含めるという考え方は，あまり積極的に提唱されてはいませんが，実際の事例の中では，複数の援助者が存在することも少なくありません。ただ，その援助者を治療対象システムに含めて治療的展開を想定するという発想そのものが希な手続きになっていると考えられます。

　実際の事例に関与する他職種の専門家には，教員のような職能のごく一部が重複する場合から，精神科医師などの職能の多くが重複する専門家もあります。極論するならば，子どもの治療に関与している親でさえも，ある意味での専門家として位置づけることもできるかもしれません。それは，それぞれの「職能」として対象となるクライエントへの支援を含んでいる場合は，ある意味すべて専門職として位置づけることもできると考えられます。

　一般的に「チーム治療」や「協働的対応」，「連携」や「並行治療」など，多くの専門家同士の職能を連動するための用語が蔓延しています。しかし，実際には，それらが現実的に機能していることは希だと言ってもよいかもしれません。たとえば，虐待の関係者が集まって行う会議などでは，それぞれのもつ情報共有がなされるだけで，実質的な協働的対応の指針が示されることはほとんどありません。批判的な意味ではなく，これは実際にどのような目的で行われ，それぞれがどのような目的に準じた援助を行うのかを決めるということが求められているはずなのですが，それが明確に示されることがないため，相互の情報共有に留まり，その後の指針が生み出されるところまで議論が発展しないと

いうのが実状です。

システムズアプローチの立場のような〈ものの見方〉であれば，人が集まったなかでのそれぞれの職能の基本となるのは，肩書きによる職能ではなく，それぞれの個々人のもつ職能，言わば，得意領域の対応の相互間の戦略構築です。このためには，目的や変化の指針を明確にする必要があるため，結果的に会議の中での相互理解を促進する必要はあるかもしれません。ただし，その相互理解の基本となるのは，それぞれの専門家がどのような指針によって何を行おうと考えているのかを共有し，そのうえで戦略構築を行う必要があるのです。ここまでの議論を行おうとすれば，その場面に関与する専門家が相互に高い意識をもつことが要請されるか，その場を適切に方向づけられるような立場の存在が不可欠になると考えられます。

いろいろな場に集まる会議という場だけではなく，何気なくクライエントへの支援のための働きかけを行うという行為を含め，専門家間の協働的対応を促進するというのは，あまり容易ではないように考えられます。しかし，システムズアプローチの〈ものの見方〉に準じれば，治療対象システムの要素として専門性をもつ存在の人たちがいるのだと位置づけることができ，これまでにない協働的対応を基本とした戦略構築が可能となると考えられます。

⇨ 15-3. システムズアプローチの治療者としての成長を視野に入れる

1）トレーニング初期の治療構造

システムズアプローチの初学者からの質問として，「どのようなケースでトレーニングすることが上達のために有効か」や「初学者が対象として有効なケースのガイドラインはないのか」といった質問をされることが少なくありません。「初学者」という定義がどのような対象を指すかという問題がありますが，ここでは「他のオリエンテーションによる臨床経験を数年積み，本書によってシステムズアプローチの基礎的なことが知的に理解できている段階の者」と定義し，以後の解答を示すこととします。

まず，最も適切な来談者は，子どもの行動障害（不登校など）の問題で，か

Chapter 15　システムズアプローチの基本的留意点

つ病理的所見が軽微であることを主訴とし，その家族の両親が子どもの問題に
主に関わっている事例で，両親が自らの対応を変えることによって子どもに変
化が起こると考えているような事例が最も適切な事例であると考えられます。
最初の段階から慢性化した問題を治療対象とすることは，治療システムについ
ての俯瞰した立場から観察することが困難であるため，治療者が容易に巻き込
まれてしまう危険性が高いので，避けるべきだと思います。慢性化した問題で
あれば，多くの専門家が関わっており，それぞれがその事例に巻き込まれてし
まっている可能性が高く，来談者たちも意識しないうちに専門家を巻き込んで
しまいかねないからです。

　次に，明確に変化の指標を把握できるようにするためには，行動様式の差異
が明確で分かりやすい方が，変化の有無や働きかけの有効性の判断がしやすい
と考えられます。合目的的な〈ものの見方〉による面接である限り，目的がは
っきり意識できないままであれば，初学者にとっては変化・変容のガイドライ
ンを見出せないままとなる危険性があります。したがって，問題行動の頻度や
種類など，客観的に数値化できたり比較できたりするようなガイドラインを持
ち込める問題を選ぶべきだと思います。

　そして，子どもの年齢にもよりますが，面接場面で子どもが自分の意思表示
をしているかのような言動が見られた場合，多くの親はその「内容」に大きく
影響を受けて，自らの意思に基づいた対応を中断してしまう危険性を孕むこと
になります。いわば，「子どもの意思を尊重する」という金科玉条が問題解決
よりも優先してしまうことが多く見られます。いくら親がこれまで以上に子ど
もにとって必要であると思えるような対応へと変化したとしても，それ自体は
単なる変化のために必要な「枠組み」でしかないはずなのです。しかし，子ど
もの発言が自らの意思に基づくものであるとみなすならば，親が設定した「枠
組み」以上の重要性が高いものだとして位置づけられてしまうことが多いから
です。

　最後に，一部の事例で見られるのが，治療者のもとに問題の子どもを連れて
来て，治療者に対して「お任せします」的に，責任を回避するかのような対応
をする事例も見られます。こうした事例の両親を治療の場に定着させ，変化の
主体者が日常的な関わりの大きい自分たちであると意識させることは，治療的

というより教育的な関わりが必要になる場合も少なくありません。したがって，来談初期段階から「自分の対応によって子どもに変化が起こるのだ」との立場をある程度でも考えているような事例でないと，この「子どもを治療者に預けておけばよい」というパターンに治療者が巻き込まれてしまうことになるからです。

　いくつかの留意事項を示しましたが，小学生の子どもの不登校で，両親が来談し「親としての対応を検討したい」的な主訴である場合が，初学者のシステムズアプローチのトレーニング事例としては複数面接を基本とした対応の訓練に最も役立つものになると考えられます。

２）〈ものの見方〉の向上

　本書で繰り返し伝えてきた〈ものの見方〉という視点の転換は，多くの人にとってそれほど簡単に自由に使いこなせるようにはなりません。人がものごとを考える場合に，直線的因果律，いわゆる「原因－結果」という区切りでものごとを考えることが習慣化してしまっているからです。いわば，日常生活での当たり前の〈ものの見方〉と，システムズアプローチの実践場面における〈ものの見方〉では，出来事をどのように捉えるかについて，大きな違いがあるからです。

　システムズアプローチの習熟のためには，〈ものの見方〉を自由に使いこなせるようになることが最も有効です。しかし，一朝一夕に新たな〈ものの見方〉は獲得できないのが実情です。これまでの多くのトレーニーたちも，日常的な〈ものの見方〉に引きずられ，思わず無効な視点での観察をしてしまっていることが見られました。

　まず，人にとって起こっている出来事を「相互作用」としてみなすことは，慎重な取り組みをすれば，ある程度できるようになるかもしれません。しかし，いくつもの「相互作用」の中から，「パターン化した相互作用」を見出すことは，相当な困難が伴います。それは，治療者が日常的に人の話す「ことば」や人の「情緒的反応」にどうしても引っ張り込まれてしまうからです。「ことば」を相互作用の説明のためのツールとして考えるならば，いわゆる一般的な人同士のコミュニケーションの多くは，「誰かが誰かに関わった」という程度の現実と

Chapter 15 システムズアプローチの基本的留意点

して把握すべきものになります。しかし，そこで使われている「ことば」に影響されれば，「誰かが誰かを非難した，攻撃した，同意した，反対した，からかった，卑下した，責めた，言い訳した……」などという相互作用に枠組みを加味した日常的な関係性にまつわる用語として「理解したつもり」になってしまう傾向が強いからです。

　ある程度の習熟者たちがケースのディスカッションをしているのを見れば，すごく断片的なところだけを取り上げて，「○○とみなすこともできるかもしれない」や「○○について話を広げることもできるかもしれない」などと話をしている場面を見聞きされるかもしれません。しかし，このディスカッションには，暗黙のルールが設定されています。人同士が話をする場合には，話し言葉そのものが直線的因果律に支配された文法形式をもつものである，という暗黙の了解があるのです。そのうえで相互作用の断片を切り取って，そこについてのみ話の表面に登場させているので，背景には相互作用の全体像がある程度把握できているうえでの対話である，というやっかいなことを自然にやっているからです。

　トレーニーの習熟度は，ケースについての説明を聞けば，ある程度〈ものの見方〉を自由に使いこなせているかどうかが分かります。たとえば，「治療対象システム」の要素である特定の人について語るとき，その人が「ある状況において，特定の行動を行う」という前提で話そうとしているかどうかや，一定の状況設定の中での特別なパターン化した相互作用であることを説明したうえで，そこで起こっている出来事の断片を話そうとしたりしています。いわば，常に補足的に状況設定を意識し，枠組みを相互作用の説明用語として使っているのだという意識をもって話しているのです。

　基本的な考え方は，単純な発想の切り替えですが，システムズアプローチの〈ものの見方〉は，人にとってそれほど容易に手に入るものではないと思います。それは，日常を維持し，言語を用いて人との対話を続けるなど，直線的因果律を無意識的に活用しているからです。それを面接という特別の場面だけシステムズアプローチの〈ものの見方〉を活用するために切り替えることは，それほど容易ではありません。ただ，どのような職能であっても，職務の場面に必要な認識に切り替えることは，臨床に特定されているものではありません。その

意味では，習熟するというより，自らの職能のために頭を切り替えられるようになることが，唯一の解決策なのかもしれません。

3）実践を振り返る習慣

　システムズアプローチの実践では，「ことば」「対話の文脈」「応答性の変化」「メッセージのタイミング」「対話の相手の反応の変化」「表現方法の妥当性」など，言い始めればきりがないほどの細かなことによる影響を自らが見直す必要があると考えます。それは，複数の人が同一のメッセージを受け取っていたとしても，どのように受け取っているかについては決して常に同一ではないのが普通のことだからです。いわば，治療者の単独のメッセージがどのように理解されているかは，次の相互作用を引き継いだ人の反応によってこそ，やっと明確になる，いわばメッセージの接続の形式から類推するしかないからです。

　こうした細かなことを初期段階から徹底することは，むしろ混乱を引き起こしますので，とてもお勧めはできませんが，それでもできる限り自分の面接場面を振り返ることが必要です。可能であれば，できる限り逐語の形式で起こすことによって，「ことば」や「対話の文脈」などは，チェックできると思います。ただし，自分の話している内容を逐語の形式にしてみればわかると思いますが，とてつもなく恥ずかしいものです。

　しかし，実際の面接を振り返るための方法が，自分の記憶だけであったり，その時の記録などだけであれば，あまり適切な振り返りとは言えないと思います。それは，明確な再現性のないデータをもとに，自分の臨床行為の妥当性や修正すべき部分を検討しようとした場合，やはり人である限り「自分に対して甘くなる」というリスクは付きまとってしまいます。自分に甘い振り返りでは，実際の臨床実践を振り返っているのではなく，都合のよい部分だけを都合のよいように解釈しているに過ぎないからです。臨床実践を振り返ることそのものは，治療者としての成長を目指すという目的だけでなく，合目的的な〈ものの見方〉の活用である限り，それを逸脱した治療者の恣意性が反映していないかどうかを検討するという意味にもなると考えられるのです。

　もしも可能であれば，ビデオなどによって実践場面を録画し，それを振り返るという方法も可能だと思います。ただし，細かな部分を修正するのであれば，

Chapter 15　システムズアプローチの基本的留意点

やはりこれを逐語にしつつ，その時の表情や所作，動作などという非言語コミュニケーションをチェックするとより良いと思います。ただし，自分の意図した非言語コミュニケーションは，必ずしも相手にとって適切にそのまま伝わっているとは限りません。可能なら，非言語コミュニケーションの修正については，第三者の習熟したトレーナーから指摘してもらえる機会があれば，それが最も適切な修正の仕方だと思います。

　いずれの方法を選択できるかは，それぞれの臨床の場の設定に依拠しているとは思いますが，もしもどのような機材も困難であれば，ボイスレコーダーを持ち込むことの許可を得るという方法が最も簡便なものとなります。再現性のある手続きによって面接場面を治療者が確認することは，臨床行為の最低限の自己チェックであり，治療者の恣意性を抑制するために必須の行為であると考えるべきかもしれません。

　システムズアプローチによる臨床行為は，合目的的な方法論に基づいた関わりであり，基本的に指示的・操作的な側面を前提としたものだと考えるべきです。それであれば，治療者自らが自分の臨床行為に対して厳しい視線を向けるようにすべだと考える理由は，やはり臨床行為が他者の人生を左右するほどの大きな影響力をもつ行為であるということです。加えて，それがある種のサービス業務に類するとするならば，サービス受給者にとってできるかぎり不要な負荷を与えずに目的を達成できるようにすることが，社会的にも求められているサービスを提供する側の基本的な姿勢であるべきだと考えます。

■ 文　献

後藤雅博（1988）．地域精神医療と家系図　石川　元（編）　家族療法セミナー２家系図と家族療法　金剛出版

Haley, J. (1973). *Uncommon therapy: The psychiatric techniques of Milton H. Erickson, M.D.* New York: Norton.

頼藤和寛（1984）．人間関係ゲーム―タテマエとホンネの研究　創元社

von Bertalanffy, L. (1968). *General system theory: Foundations, development, applications.* New York: George Braziller.（長野　敬・太田邦昌（訳）（1973）．一般システム理論：その基礎・発展・応用　みすず書房）

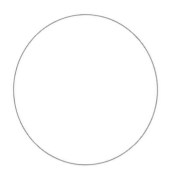

あとがき

　学生の時にベイトソンと家族療法の書籍に出会い，大学院生の時にシステムズアプローチの研修に参加し衝撃を受け，それ以来システムズアプローチの実践家として一人前になろうと憧れ学び続けてきました。しかし，その〈ものの見方〉の習得と実践は一筋縄ではいかず，試行錯誤の連続でした。そうしたなかで，自分が「ハジメさん」であった頃に，「こんな本があったらいいな」と思い，執筆したのが本書です。また，「システムズアプローチは名人芸だ」と周りから言われることがあり，学び実践する者として悔しい思いをすることもありました。そのため，専門用語の使用はなるべく押さえて，日常的な題材や事例をもとにポイントを分かりやすく説明し，応用としての臨床実践へと展開させ解説したつもりです。システムズアプローチの実践者には，マスターセラピストと称されるような先生もおり，私を含め誰もがそこまでなれるわけではないでしょう。ですが，臨床家が援助をする対象はクライエントや家族であり，誰もがよりよいサービスを提供できるよう成長していけるはずです。さまざまな「ハジメさん」や，個人アプローチに関係性の視点を加えようとする方，システムズアプローチの実践者になろうとしている方や試行錯誤している方などにとって，本書が入り口となり，それぞれの臨床実践のさらなる一歩へとつながるものになれば幸いです。

　本書を作成するにあたって，たくさんの方にお世話になりました。まず，臨床家の師である故高橋規子先生。先生による研修システムを引き継いだ心理技術研究会も6年目になりました。少しは恩返しできているでしょうか？　尾形

広行・辻本聡・川越友美子氏は，研究会の世話人であり，お互いに研鑽し時に励まし合う仲間として，支えてくれました。生意気な若僧を叱咤激励しつつも見守ってくれたシステムズアプローチ研究所のスタッフの先生方。研修仲間としてロールプレイなどで学び研鑽し合った先生方。未熟な指導者ながらも，心理技術研究会の研修会に熱心に参加してくれた先生方。学会の場で指導・助言していただいた日本家族研究・家族療法学会の諸先生方。自由に支持しながら育て，応援してくれた両親。最後に，共著者ではありますが，厳しくも温かいご指導をいただき，このようなチャンスを与えてくれ，偉大な目標であり続けてくれる吉川悟先生。書ききれない方も含めて，さまざまな方との関わりのなかで，学び成長し，何とか形にすることができました。

　改めて心よりお礼申し上げます。

中野真也

あとがきのあとがき

　今回の中野先生との共著については，中野先生の名誉のためにはっきりさせておきたいことがあります。全体構想や各論の構成，後段の一部は私の書き下ろしですが，ほぼすべての原稿を自らが作り上げたということです。それも，共著者が私ですから，いい加減な内容はすべて「ボツ」の一言で消えてなくなってしまったり，全面書き直しを余儀なくされたり，削除と追加の繰り返しを何度言いわたしたか分からないほどです。

　それでも，若い頃からの取り柄である「しつこさ」だけを頼りに，繰り返される「ボツ」という掛け声にもめげず，5年以上の歳月をかけて，やっとまとまりのあるものとなったと思います。その間には，心理技術研究会で今回の原稿に必要な実践と〈ものの見方〉の繋がりを何度も繰り返し話をしたり，今回の内容にあるような具体例をあれこれ選別したり，実践と〈ものの見方〉の間を，何度も何度も繰り返し伝えて，それを文章化し，やっと一冊の書籍としてできあがるまでに至ったと思います。

　あとがきで中野先生が述べているとおり，システムズアプローチは決して名

人芸ではないのですが，システムズアプローチの〈ものの見方〉の習得と現実の臨床実践にそれを持ち込むことは，すごく苦労の必要な作業だと思います。現在までにシステムズアプローチの実践者を目指して私が訓練・教育したセラピストは，どれほどこの苦行を味わったか，数限りなさ過ぎて表現できないだろうと思います。もしも身近におられるなら，一度苦労話を聞いてみるのもよいかもしれません。すごくたいへんな話を聞くことができるだろうと思います。しかし，ある時からシステムズアプローチの〈ものの見方〉が自然にできるようになると，自らの臨床実践が目を見張るほどに大きく変わっていきます。それこそが，基本的な〈ものの見方〉の使い方が分かる，ということなのかもしれません。

　社会的な場面での臨床サービスの多様性は，この10年で飛躍的な広がりを見せています。1990年代に「ひきこもり」というこれまでの臨床サービスの方法では対応できない事例に注目が集まり，その後虐待やストーカーやDVなど，これまで以上に人間関係の中で生じている問題に対する臨床サービスが要請されるようになったと思います。しかし，個人心理学を基礎とした従来の臨床心理学では，こうした人間関係のトラブルをいずれかの病理に特定できない場合や，その当事者とのアクセスが困難な場合などは，対応しきれなくなるのに留まらず，下手な付け焼刃での対応では，その人間関係をますます悪化させてしまうことの方が多いというのが現実です。

　こうした社会の要請に対して，システムズアプローチは十分に対応可能な臨床サービスの方法だと思います。ただし，システムズアプローチはあくまでも合目的な方法論であって，正しい知見や理論ではなく，システムズアプローチ独特の〈ものの見方〉によって実施できるものに過ぎません。いわば，使い方マニュアルのないままで人間関係のトラブルを改善することはできませんし，単に使い方マニュアルどおりの対応でも不充分だと考えます。

　本書で取り上げたシステムズアプローチの〈ものの見方〉は，人間関係に生じているできごとに対しての，これまでとは一風異なる対応のあり方である，と考えていただくのがよいのかもしれません。本書がその導入として，少しでも面前のクライエントや家族，そしてさまざまな人間関係のトラブルに対して活用される可能性が広がることを期待したいと思います。　　　　吉川　悟

索　引

事項索引

医学モデル　*258*
一般システム理論　*251*
因果論　*47*

介入の下地づくり過程　*149, 214*
学習Ⅱ　*80*
仮説（アセスメント）の設定　*148, 196*
仮説検証　*151, 238*
仮説設定のプロセス　*151*
家族システムの発達　*81, 105*
家族ライフサイクル　*105, 107, 253*
継続面接　*238*
コミュニケーション公理　*56*
コミュニケーション・パターン　*68, 73*
語用論　*56*
コンテクスト　*18*

サブシステム　*99*
事象　*111*
システム　*92*
システムの階層性　*102*
システムの機能　*104, 105*
システムの境界　*97*
システムの構造　*104, 105*
システムの組織性　*99*
システムの目的　*97*
事前情報からの仮説設定　*148*
"しばり"をかける　*176*
社会構成主義　*140*
社交の窓口　*154*
ジョイニング　*148, 152, 165, 166, 169, 238*

情報収集　*148, 168*
Th のスタイル　*166*
相互作用　*47*
相互要求のキャッチボール　*57*

治療関係　*12, 29*
治療システム　*135, 148, 152, 251*
治療システムについての仮説　*213*
治療戦略　*219*
治療対象システム　*251*
治療的介入　*149, 214, 231*
トレーニング　*261*

ナラティヴ・セラピー　*141*
ニーズ　*141*

バランス理論　*15*
フィードバック・ループ　*91*
プラグマティズム（実用主義）　*140*
変化にあたっての課題　*227*
変化の定着　*239*
ホメオスタシス　*93*

メタ・ポジション　*213*
メッセージの拘束性　*185*
メッセージの「要求」という側面　*57*
面接の結び方　*231*
問題の外在化技法　*140*
問題の再構成　*223*
問題の窓口　*154*

来談ニーズ　*40, 169*

枠組み　*111*

索　引

枠組み階層図　*130*
枠組み付け　*112*

人名索引

エプストン（Epston, D.）　*140*
エリクソン（Erickson, M. H.）　*255*
エリクソン（Erikson, E. H.）　*254*

コージブスキー（Korzybski, A.）　*115*
後藤雅博　*255*

ジャクソン（Jackson, D. D.）　*56*

バーベラス（Bavelas, J. B.）　*56*
ハイダー（Heider, F.）　*15*

ピアジェ（Piaget, J.）　*254*
フロイト（Freud, S.）　*3, 254*
ベイトソン（Bateson, G.）　*55, 80, 85, 91,
115*
ヘイリー（Haley, J.）　*255*
ベルタランフィ（von Bertalanffy, L.）
251
ホフマン（Hoffman, L.）　*15*
ホワイト（White, M.）　*140*

頼藤和寛　*255*

リーチ（Leech, G. N.）　*56*

ワツラウィック（Watzlawick, P）　*56*

著者紹介

中野真也（なかの しんや）
現職 国際医療福祉大学講師／心理技術研究会世話人代表
　　　日本家族療法学会理事／認定スーパーヴァイザー
専攻 臨床心理学／システムズアプローチ／家族療法
著作 家族・関係者支援の実践―システムズアプローチによるさまざまな現場の実践ポイ
　　　ント　ナカニシヤ出版（2022 年，共著）

吉川　悟（よしかわ さとる）
現職 龍谷大学心理学部教授
専攻 臨床心理学／システムズアプローチ／臨床教育学
著作 システムズアプローチのものの見方―「人間関係」を変える心理療法　遠見書房
　　　（2023 年）
　　　家族・関係者支援の実践―システムズアプローチによるさまざまな現場の実践ポ
　　　イント　ナカニシヤ出版（2022 年，共著）

システムズアプローチ入門
人間関係を扱うアプローチのコミュニケーションの読み解き方

2017 年 12 月 10 日　初版第 1 刷発行　　　　定価はカヴァーに
2024 年 12 月 30 日　初版第 2 刷発行　　　　表示してあります

著　者　中野　真也
　　　　吉川　悟
発行者　中西　良
発行所　株式会社ナカニシヤ出版
〒 606-8161　京都市左京区一乗寺木ノ本町 15 番地
　　　　　　Telephone　　　075-723-0111
　　　　　　Facsimile　　　075-723-0095
　　Website　http://www.nakanishiya.co.jp/
　　Email　　iihon-ippai@nakanishiya.co.jp
　　　　　　郵便振替　01030-0-13128

装幀＝白沢　正／印刷・製本＝創栄図書印刷
Copyright © 2017 by S. Nakano and S. Yoshikawa
Printed in Japan.
ISBN978-4-7795-1204-9 C3011

本書のコピー，スキャン，デジタル化等の無断複製は著作権法上での例外
を除き禁じられています。本書を代行業者等の第三者に依頼してスキャン
やデジタル化することはたとえ個人や家庭内の利用であっても著作権法上
認められておりません。